浙江大学金融研究院
Academy of Financial Research, Zhejiang University

"AFR浙江金融实践"系列丛书

浙江金融改革发展历史回顾丛书

· 第一卷 ·

浙江金融改革发展二十年

（1992-2012）

主编　蔡惠明　谢庆健　陈国平

ZHEJIANG UNIVERSITY PRESS
浙江大学出版社

图书在版编目(CIP)数据

浙江金融改革发展二十年：1992—2012 / 蔡惠明，谢庆健，陈国平主编. — 杭州：浙江大学出版社，2018.5

（浙江金融改革发展历史回顾丛书 / 蔡惠明，谢庆健，陈国平主编；第一卷）

ISBN 978-7-308-18121-1

Ⅰ. ①浙… Ⅱ. ①蔡… ②谢… ③陈… Ⅲ. ①地方金融－金融改革－浙江－1992—2012 Ⅳ. ①F832.755

中国版本图书馆 CIP 数据核字(2018)第 065960 号

浙江金融改革发展二十年(1992—2012)

蔡惠明　谢庆健　陈国平　主编

丛书策划	胡　宁　赵　静
责任编辑	赵　静　冯社宁
责任校对	杨立军　袁菁鸿
封面设计	杭州林智广告有限公司
出版发行	浙江大学出版社
	（杭州市天目山路 148 号　邮政编码 310007）
	（网址：http://www.zjupress.com）
排　　版	杭州林智广告有限公司
印　　刷	浙江印刷集团有限公司
开　　本	787mm×1092mm　1/16
印　　张	21.75
字　　数	285 千
版 印 次	2018 年 5 月第 1 版　2018 年 5 第 1 次印刷
书　　号	ISBN 978-7-308-18121-1
定　　价	36.00 元

浙江金融改革发展历史回顾
丛书编委会

序

　　浙江大学金融研究院组织编纂的《浙江金融改革发展历史回顾丛书(1992—2012)》回顾总结了 1992—2012 年间浙江金融改革发展的历史。它的问世是一件很有意义的事。

　　这套丛书不仅比较系统地记录了这二十年间金融改革不断探索、创新的轨迹,还动员了不少当时在金融领域具体负责这一方面工作的同志,以亲历者的身份回顾这一段不平凡的历程,为后人留下了生动而宝贵的史料。

　　1992—2012 年是市场经济奠基、探索、拓展的二十年。2003 年前我在省政府领导岗位上任职十余年,亲身参加了浙江经济、金融改革发展的实践。

　　在中国改革开放历程中,1992 年是市场化改革的重要转折年。在该年年初,邓小平南方谈话的发表,吹来了推进改革开放的强劲春风。年底,党的十四大明确了市场在国家宏观调控下对资源配置的基础性作用,提出了建立社会主义市场经济体制的改革目标,标志着中国的改革开放进入了一个新的阶段。处于改革开放前沿的浙江人民备受鼓舞,抓住机遇,大胆创新,在已经取得的改革开放成果的基础上,进一步把党中央关于建立社会主义市场经济体制改革目标的一系列方针政策与浙江的实际情况结合起来,在实践中深化了富有浙江特色的发展道路。其主要特征是:从浙江实际出发,尊重基层和群众的首创精神,从市场取向、结构多元入手推动经济持续快速发展。在市场取向方面,资源配置的范围逐步从省内市场向全国市场拓展，再融入国际大市场；资源配置的对象逐步扩大到资金、技术、人才、信息等各种生产要素。在结构多元方面，从产权制度改革入手，鼓励发展个私经济，推动国有、集体企业改制，积极探索股份合作制，推行以股份制为主要形式的现代企业制度，形成所有制结构、产业结构、投资结构、企业组织结构的多元化，从而取得体制性先发优势，将城乡一切积极因素调动起来发展生产力，推动浙江经济发展驶上快车道。全省国内生产总值以年均两位数的速度增长，逐步实现了传统计划经济向市场经济体制的历史性转变。

金融是支撑经济运行的血脉。经济的改革发展必然伴随金融的改革发展。这不仅是经济学的理论知识，还是改革开放的宝贵实践经验。

基于这样的认识，浙江省委、省政府切实加强了对金融工作的领导，通过连续多年由省政府召开，省人民银行承办的有市、地政府分管领导、省级有关部门和各级金融机构负责人参加的全省金融工作会议，举办市、县长金融知识学习班，提出"金融要为浙江经济快速发展提供优质服务，政府要为金融工作创造良好外部环境"的工作方针，使之成为全省各级政府和金融机构的共识，提高了各级政府领导指导金融工作的水准，增强了金融机构的服务意识，建立起政府与金融机构良好的合作关系。

在金融工作的具体实践中，省政府十分注重发挥人民银行的综合协调作用，各级政府与各金融机构密切配合，坚持从浙江实际出发，强调金融调控要支持和配合全省经济结构的全局性、战略性调整，注意把握调控的力度和方法，"紧"中求"活"，不搞"一刀切"。对农副产品收购资金，加强协调，给予保证，不打"白条"；对重点企业和重点建设项目、企业技术进步和出口创汇资金尽力给予保证；对企业合理的资金需求，择优给予支持；与此同时，对违规吸收存款、发放贷款、非法集资等现象，及时坚决地予以制止；对个别地方出现的挤兑风波，采取有力措施，稳妥地予以平息。在亚洲金融危机期间,根据国务院部署整顿金融"三乱"现象,各级政府清理整顿了农村合作基金会,停止了场外股权交易,消除了存在的隐患,切实避免了地区性的金融风险,保证了金融机构的正常运行。

尤其值得肯定的是,浙江的金融界不辱使命,主动顺应浙江的特色发展道路,进行了一系列可圈可点的改革创新实践,并取得了不俗的成就:

——起步于1992年的金融市场化改革,由工、农、中、建四大国有银行向商业银行转轨拉开序幕,其在浙江的分行顺势而为,在改革路上走在全国前列,纷纷取得规模、利润、资产质量在各行系统领先的漂亮业绩。

——中国农业发展银行在浙江成立全国第一家政策性银行的省级分行。国家开发银行也相继在浙江设立分支机构。随后农村信用社与农业银行顺利脱钩,农村金融改革在全国率先试点。

——经多方争取,省内首家中外合资银行浙江商业银行和首家外资银行宁波国际银行成立;继交通银行率先入浙之后,浦发、中信、华夏、招商、广发、深发展(平安)、光大、民生、兴业等股份制商业银行相继入驻浙江;1996年,我省首家城市商业银行——杭州银行成立;2004年,我省第一家以民营为主体的全国性股份制商业银行——浙商银行经过多年酝酿、筹划,终于破土诞生;2007年,宁波银行成为深圳中小板第一家挂牌的上市银行。

——以中国人民财产保险公司和中国人寿保险公司在浙江设立分公司为开端,中国平安、太平洋保险等一大批股份制保险公司也随之跟进,在浙江设立分支机构,从此保险的意识逐步在全省普及,保险的功能得到发挥。

——海宁市率先在全国开展农村信用社改革试点,将原先单一的由农民入股组成的合作制模式,根据新阶段新情况,调整为入股对象向老社员、骨干个体经营户、重点乡镇企业、重点私营企业倾斜的合作制模式,使农村信用社真正成为为农民、农业和农村经济服务的合作制金融组织。2003 年，随着改革进一步深化，全省首家农村合作银行——鄞州农村合作银行诞生。

——为保证城市信用社整顿任务的完成，同时又有利于民营金融机构的培育，省、市政府向人民银行争取保留了路桥银座、泰隆、义乌稠州、温岭城信社和象山绿叶这 5 家经营管理和资产质量好的城市信用社，后来均发展成为民营商业银行。

——浙江经济的快速发展与浙江民间资本的充裕，促进了浙江证券业的兴起，创造了一个又一个的第一。"浙江凤凰"是国内首家异地上市公司，也是上交所第一批挂牌的"老八股"之一；"沪杭甬"是省内首家在香港上市的 H 股公司；"东南电力"是省内首家在上交所上市的 B 股公司；"天通股份"是国内首家以自然人为第一大股东的 A 股上市公司；"腾达建设"是国内首家全部自然人持股的上市公司；"新和成"、"精功科技"、"伟星股份"是国内首批在深交所中小板挂牌的上市公司；"银江股份"、"华兴创业"、"华谊兄弟"三家民营企业成为全国首批挂牌的创业板上市公司。在此基础上，逐步在证券市场中形成了具有地方印记的"浙江板块"，使浙江快速发展为上市公司大省。

——以构建"金融强省"为目标，着力于健全、完善富有创新和竞争力的金融体系。地方金融在风险化解中整顿重组或创新设立；中小企业金融服务和财富管理"两中心"建设及温州金融综合改革试点、丽水农村金融改革试点、台州小微金融服务试点、义乌国际贸易金融专项改革取得突破；阿里巴巴大胆探索，成功地研发了支付宝、阿里小贷等崭新的金融服务工具。

——在服务于浙江经济建设的过程中，全省各级金融机构自身也得到了长足的发展，并因成绩斐然而成为各自系统中的标杆或典型。一大批干部在金融改革创新实践中锻炼成长，不少干部被提拔到更重要的领导岗位上发挥作用。

经过二十多年的市场化改革，浙江金融业在实践中探索，在创新中前进,基本形成了门类齐备、运行健康的金融体系,为浙江经济的发展提供了强有力的支撑。

回顾浙江经济和金融的这二十年,我觉得可以用这样两句话来概括:是波澜壮阔发展的浙江经济,成就了浙江金融事业的蓬勃兴起;是不断改革创新的浙江金融,助推了浙江经济的展翅腾飞。

当前,举国上下都在以习近平总书记为核心的党中央领导下,为实现中华民族伟大复兴的中国梦而努力奋进。浙江围绕实施"八八战略",努力"秉持浙江精神,干在实处、走在前列、勇立潮头",继续发挥先行和示范作用。我相信,丛书所反映的金融改革发展实践和历史经验,可为今后浙江金融事业的发展提供借鉴。

栗松岳

2017 年 10 月 16 日

前　言

　　20 世纪 90 年代以前,相对于浙江发达的民营经济,浙江金融不论从体量上,还是从全国的占比上看,都微不足道、无足轻重。1992年,浙江金融业增加值不足 75 亿元,只占全国的 4%,对全省 GDP 的贡献率大约也只有 4%。那个时候,浙江可谓名副其实的"金融小省"。

　　邓小平同志曾经说过,"金融很重要,是现代经济的核心。金融搞好了,一招棋活,全盘皆活",小平同志的话不仅点明了金融的重要地位,更揭示了金融改革在社会主义市场经济体制改革中的关键作用。1993 年 11 月,党的十四届三中全会通过《关于建立社会主义市场经济体制若干问题的决定》后不久,国务院在 12 月就下发了《关于金融体制改革的决定》。自此,我国金融改革的大幕正式拉开,金融发展也迎来了千载难逢的历史机遇。

　　浙江省委、省政府很早就认识到金融在经济建设中的重要作用,始终把金融工作摆在突出位置,理解、关心、支持金融工作,为金融部门创造良好的工作环境。金融部门也紧紧围绕经济建设这个中心,保障资金供给、优化资源配置、推动金融改革、维护金融稳定,为经济建设创造一个良好的金融环境。"砥砺奋进二十载,栉风沐雨铸辉煌",经过二十年的不懈努力,浙江金融实现了跨越式发展,已经取得与浙江经济总量基本匹配的地位。2012 年,浙江省金融业增加值为 2685 亿元,比 1992 年增长了 36 倍,占全国同期金融业增加值的 7.8%,对全省 GDP 的贡献率接近 8%。全省规模以上金融

业的营业收入超过 9000 亿元。社会融资规模为 7568 亿元,位居全国第五。浙江已经一跃成为"金融大省"。

二十年弹指一挥间,2013 年 11 月,党的十八届三中全会通过了《关于全面深化改革若干重大问题的决定》,中国经济迎来新一轮改革开放的大潮。浙江作为中国市场经济改革的先行区,又一次站在改革开放的潮头,面临新的挑战、迎来新的机遇。而经过二十年发展壮大的浙江金融业,也正向着"金融强省"的宏伟目标大步迈进。通过回顾、总结、反思过去二十年浙江金融改革发展的历程与得失,为今天浙江金融的改革发展提供借鉴和参考,这也是本书写作的本意与初衷。

本书共十二章。第一章"浙江金融业二十年发展概览",全面总结了浙江金融业二十年发展的主要特点,即金融业规模增长迅速、行业竞争力日益增强、金融机构发展形成品牌亮点、金融要素市场建设步伐加快、金融产业贡献度不断提升、金融对外开放水平稳步提升、金融生态环境不断优化、互联网金融领跑、全国金融人才队伍建设等九大特点。

第二章"浙江银行业二十年发展回顾",总结了浙江银行业二十年发展的主要特点,描述了浙江银行业二十年的经营状况和银行业机构的发展状况,论述了浙江银行业的发展优势及面临的主要挑战。

第三章"浙江证券业二十年发展回顾",总结了浙江证券业二十年发展的主要特点,回顾了浙江证券业和期货业的发展历程,介绍了浙江上市公司的发展状况,论述了浙江证券业面临的问题和未来的发展趋势。

第四章"浙江保险业二十年发展回顾",总结了浙江保险业二十年发展的主要特点,回顾了浙江保险业二十年的发展历程,描述了浙江保险业二十年的总体经营状况。

第五章"浙江省实施货币信贷政策回顾",记载了 1992 年至 2012 年我国货币信贷政策的历史沿革,介绍了省人民银行灵活运用多种手段,因地制宜地富有创造性地贯彻落实货币信贷政策,促进

浙江经济结构调整与优化。

第六章"浙江省金融市场发展",详尽介绍了二十年来浙江债券市场、同业拆借市场、票据市场、黄金与外汇市场、股票市场等金融市场的发展状况。

第七章"浙江省新型金融业态发展",介绍了浙江在互联网金融创新,小额贷款公司、担保公司、典当公司等新型金融组织,以及区域产权交易市场等地方金融市场的发展状况。

第八章"浙江金融基础设施建设",介绍了以浙江支付体系、征信体系等为代表的浙江金融基础设施的建设情况。

第九章"浙江金融监管与金融稳定",介绍了我国金融分业监管形成的历史,以及1992—2012年金融监管和风险处置的总体情况。分别记载了1992—2012年浙江银行业监管、证券业监管、保险业监管情况,相关部门对于小额贷款公司、民间资本管理公司等新型金融组织的监管情况,以及省人民银行履行金融稳定职能,处置金融风险的情况,最后介绍了地方政府金融办的发展情况。

第十章"浙江省区域金融改革",分别介绍了浙江温州、丽水、台州和义乌四个国家级区域金融改革试点项目的出台背景、主要举措、取得的成效及推广应用情况。

第十一章"浙江省农村信用社改革与发展",介绍了浙江省农村信用社改革的历程、深化改革中的重大事项、改革和发展的亮点特色以及全面深化改革取得的成效。

第十二章"浙江金融业面临的问题和未来发展",指出了浙江金融发展面临的主要问题,提出了未来围绕五大金融产业、四大金融产业平台和三大区域金融布局的发展方向。

总之,本书反映了浙江金融改革发展二十年的变迁历程,从某种意义上说,这是浙江所有从事金融改革发展工作者共同创造的历史。由于笔者水平和精力有限,本书并不能完美呈现浙江金融发展的全部风貌,仓促之间难免有疏漏,恳请读者谅解、指正。

CONTENTS
目录

第一章　浙江金融业二十年发展概览 / 1

第二章　浙江银行业二十年发展回顾 / 5

第一节　浙江银行业二十年发展的主要特点 / 5

第二节　浙江银行业经营状况 / 10

第三节　浙江存贷款市场发展状况 / 13

第四节　浙江银行业机构发展状况 / 18

第五节　浙江银行业的发展优势及面临挑战 / 19

第三章　浙江证券业二十年发展回顾 / 24

第一节　浙江证券业二十年发展的主要特点 / 24

第二节　浙江证券业发展历程 / 26

第三节　浙江期货业发展历程 / 29

第四节　浙江上市公司发展状况 / 34

第五节　浙江证券业面临的问题与发展趋势 / 38

第四章　浙江保险业二十年发展回顾 / 42

第一节　浙江保险业二十年发展的主要特点 / 42

第二节　浙江保险业二十年发展历程 / 44

第三节　浙江保险业经营状况 / 50

第四节　浙江保险业存在的主要问题和发展趋势 / 52

第五章　浙江省实施货币信贷政策回顾 / 55

　　第一节　货币信贷政策的历史沿革 / 55

　　第二节　货币信贷政策与浙江省经济的协调发展 / 76

第六章　浙江省金融市场发展 / 88

　　第一节　债券市场发展 / 88

　　第二节　同业拆借市场发展 / 99

　　第三节　票据市场发展 / 104

　　第四节　黄金与外汇市场发展 / 111

　　第五节　股票市场 / 119

第七章　浙江省新型金融业态发展 / 123

　　第一节　浙江互联网金融创新情况 / 123

　　第二节　小额贷款公司发展情况 / 133

　　第三节　担保公司发展情况 / 137

　　第四节　典当公司发展情况 / 139

　　第五节　浙江省区域产权交易市场 / 146

第八章　浙江金融基础设施建设 / 153

　　第一节　浙江支付体系建设 / 153

　　第二节　浙江征信体系建设 / 167

第九章　浙江金融监管与金融稳定 / 177

　　第一节　监管体系概述及其历史沿革 / 177

　　第二节　浙江银行业监管 / 179

　　第三节　浙江证券业监管 / 207

　　第四节　浙江保险业监管 / 211

　　第五节　其他行业监管 / 218

　　第六节　金融稳定及危机处置 / 227

第七节　地方政府金融办的发展　/ 238

第十章　浙江省区域金融改革 / 245

第一节　温州金融改革　/ 245

第二节　丽水农村金融改革　/ 256

第三节　台州小微金融服务改革　/ 262

第四节　义乌国际贸易金融专项改革　/ 269

第十一章　浙江省农村信用社改革与发展 / 274

第一节　农村信用社改革历程　/ 274

第二节　深化改革过程中的重大事项　/ 295

第三节　改革与发展的亮点　/ 299

第四节　全面深化改革成效显著　/ 306

第十二章　浙江金融业面临的问题和未来发展 / 313

第一节　浙江金融业发展中面临的问题　/ 313

第二节　浙江省金融业的未来发展与布局　/ 324

后　记　/ 331

第一章 浙江金融业二十年发展概览

20世纪90年代以来，浙江经济发展较为迅速，金融业也得到了蓬勃发展。总结回顾浙江金融二十年来的发展历程，具有以下几个方面的特点。

一、 金融业规模增长迅速

2012年，全省金融业增加值2762亿元，比1992年增长了36倍，占地区生产总值的近7.97%，占服务业增加值的比重达17.62%，金融业已成为服务业的支柱产业。规模以上金融业营业收入超过9000亿元。全省社会融资规模增量为7568亿元，位居全国第五，与我省经济总量基本匹配。

二、 行业竞争力日益增强

银行业金融机构存贷款规模保持平稳较快增长，2012年末，全省本外币存贷款余额分别为66679.1亿元、59509.2亿元，分别比1992年增长64倍和61倍。证券期货交易规模较大，2012年全省证券经营机构代理交易额为6.26万亿元，位居全国第三，期货经营机构代理交易额为39.22万亿元，位居全国第三，交易额占全国总量的10%以上。保险业服务领域不断拓宽，2012年全省实现保费收入、发生赔付支出分别为984.6亿元、342.6亿元，分别位居全国第四、第五，同比分别增长12.0%、33.7%；保险深度为2.85%，保险密度为1802.3元／人。其他金融业态蓬勃发展，2012年末，省内金融信托公司、金融租赁公司和财务公司资产总额达933.05亿元，融资性担保机构在保余额1101.64亿元，在中国基金业协会登记的私募基金管理人管理资金规模达780亿元。

1

三、 金融机构发展形成品牌亮点

具有"浙银品牌"之称的银行机构稳健发展,2012年末,全省银行业金融机构(含分支机构)达12072家,在浙银行机构的创新能力和风险处置能力在各大总行中享有较高声誉。证券市场"浙江板块"加速崛起,2012年末全省有各类证券机构637家,境内上市公司246家,累计募集资金4888亿元。保险业的"浙江亮点"逐步显现,农业保险、科技保险、小额贷款保证保险等业务创新发展,2012年末全省有各类保险机构3669家。期货业的"浙江军团"创新发展,2012年末全省有各类期货机构177家,经营规模、业务创新在全国保持领先地位。"浙商系列"法人金融机构加快发展,2012年末有10多家"银证保"等各领域的"浙商系列"总部金融机构,13家城市商业银行在小微企业金融服务模式方面走在全国前列。扎根基层的81家"浙江农信"资产质量、综合效益等指标在全国名列前茅。"浙江小贷"支农支小品牌逐步打响,2012年末全省有小额贷款公司277家、村镇银行48家、融资性担保机构589家、融资租赁公司105家、典当公司449家,成为基层小微金融的新生力量。一大批互联网金融企业开始涌现,成为全省金融体系的新兴力量。

四、 金融要素市场建设步伐加快

区域性交易市场体系不断健全,搭建了涵盖股权、产权、金融资产、大宗商品等各类品种的交易平台体系,满足企业挂牌、股份流转、债券融资、金融资产转让等多方面需求。2012年末,全省有地方交易场所67家,当年交易额达29723亿元。债券市场融资工具利用力度不断加大,2012年共发行银行间市场债务融资工具金额1488亿元,发行企业债426亿元,发行中小企业私募债35亿元。民间金融市场规范发展,2012年末,全省有民间融资服务中心29家、民间资本管理公司19家,当年管理民间融资规模160亿元,新型平台作用逐步显现。

五、 金融产业贡献度不断提升

2012 年,全省银行业金融机构净利润达 1165.84 亿元,证券和期货经营机构利润总额 63 亿元。金融业税收 688 亿元,占全省税收总额比重达 12.1%。

六、 金融对外开放水平稳步提升

目前,全省已拥有外资银行法人机构 2 家、分行 12 家、支行 8 家,另有 12 家外资保险机构在我省开展业务。人民币跨境贸易结算、金融机构引进战略投资者取得实质性进展,澳洲联邦银行、荷兰合作银行、摩根士丹利集团、日本三井住友等国际知名金融机构与我省金融机构开展了战略合作。

七、 金融生态环境不断优化

二十年来,全省各级政府注重打造良好的金融生态环境。制定出台了一系列促进金融业发展的政策,通过建立和完善小企业贷款风险补偿机制、强化信贷政策和产业政策的协调、鼓励企业通过资本市场直接融资等措施,有效保障了龙头企业、块状经济、转型升级重点产业、民营经济、中小企业、"三农"和"三个千亿"工程等重点领域和项目的资金需求,促进了区域经济的健康发展。同时,建立了处置非法集资的协调机制,强化对民间融资的规范引导和重大金融风险的预防处置,确保了区域金融和社会的稳定。由中国社科院金融所发布的《中国城市金融生态环境评价》报告中,浙江金融资产质量连续两次排名全国第一。金融生态环境[①]前 10 位城市中,浙江有 6 个地市入围。

---

① "金融生态"一词由中国人民银行行长周小川在 2004 年首次系统提出,中国社会科学院从经济发展、司法公正、金融机构的独立性、政府干预程度、企业竞争力、企业诚信、金融合规性、社会保障体系等方面对一个区域进行评价,并以《中国地区金融生态环境评价》报告形式发布。

3

八、 互联网金融领跑全国

浙江是互联网金融发展最为活跃的地区之一，也是全国互联网金融发展的一个缩影。截至 2012 年，浙江互联网金融总体呈现持续、快速、创新发展的态势：互联网支付保持行业领先优势、网络小额贷款稳健运营；网络理财产品更具多元化、个性化；网络银行、互联网征信等新兴业态加速发展。

九、 金融人才队伍建设

浙江是金融大省，为满足浙江打造"金融强省"工作对金融人才的需求，金融人才队伍的建设为浙江金融保驾护航。具体主要表现为金融人才队伍逐年增加、金融人才队伍质量逐年提高、金融人才政策体系日益完善、金融人才活力明显增强等方面。2003 年全省金融从业人员 18.3 万人，2012 年全省金融从业人员达 36.3 万人，增长了近一倍。为将浙江省打造成为金融人才高地，2012 年，由人民银行杭州中心支行牵头组织，同浙江银监局、浙江证监局、浙江保监局共同制定了《浙江省 2010—2020 年金融人才发展中长期规划》。这是我省首个以金融人才为目标群体的中长期人才发展规划，提出了未来十年全省金融人才工作的指导思想和战略目标，明确了人才队伍建设的主要任务、重点人才工程及相关政策措施，构筑了以人才优先发展引领我省金融业快速发展的新蓝图。

第二章 浙江银行业二十年发展回顾

第一节 浙江银行业二十年发展的主要特点

随着金融改革的持续推进,浙江银行业服务组织体系不断健全和完善,银行业金融机构整体规模不断壮大,机构网点的覆盖面不断扩大,网点布局的科学合理性也不断增强。

1992—2012 年这二十年,是浙江银行业发展最快的时期。浙江银行业无论从数量上还是质量上都进入了突破性发展阶段。1992年以来,随着当时中国人民银行分支机构职能和地位的不断加强,浙江银行业的组织体系和机制改革也在稳步推进。四家国家专业银行开始向国有商业银行转轨,两家政策性银行——中国农业发展银行和国家开发银行相继在浙江设立分支机构,并实现了农业银行与农村信用社的顺利脱钩,制定了城市信用社等各类信用合作社的合作制规范,在此基础上通过改制组建了地方城市商业银行。与此同时,全国性的股份制商业银行、外资银行的纷纷入驻,使浙江省成为拥有银行机构种类最多、最齐全的省份之一。

截至 2012 年末,浙江拥有各类银行业金融机构 203 家,共有机构网点 11267 个,其中法人机构 166 个,一级分行 108 个,二级分行121 个,支行及以下营业网点 10872 个。

一、人民银行体系重大变革

1998 年 10 月,国务院批准中国人民银行机构体系改革方案,按经济区域设立一级分行,撤销省级分行。至同年 12 月底,撤销了 32 个省级分行,并根据地域关联性、经济总量的要求,组建了天津、沈阳、上海、南京、济南、广州、武汉、成都、西安等 9 个分行和北京、重庆 2 个营业管理部,其中,上海分行在上海市、浙江省和福建省行政区划内履行中央银行职能,领导管理辖区人民银行中心支行和县(市)支行。人民银行浙江省分行作为改革的试点行之一,认真落实各项改革措施。在上海分行于 1998 年 11 月 18 日正式成立挂牌后,浙江省内人民银行各分支机构先后作了相应的改革:撤销人民银行浙江省分行和杭州市分行,通过整合设立了中国人民银行杭州中心支行。浙江省内其余 10 个地市人民银行分行更名为相应的市中心支行,人民银行县、市支行保持现状。根据人民银行机构变动情况,相应调整国家外汇管理局分支机构的设置。

二、 政策性银行在浙江设立分支机构

农业发展银行浙江省分行成立于 1994 年 12 月 21 日,注册资本金为 2.5 亿元,是在浙江成立的首家国家政策性银行的分支机构。1997 年,农业发展银行浙江省分行完成了省以下的机构组建,全省设有 74 家机构,并在第一年实现业务基本自营。国家开发银行浙江省分行成立于 1999 年 3 月 15 日,是国家开发银行总行统一法人体制下的一级分行,营运资本金为 2 亿元。中国进出口银行浙江省分行成立于 2006 年 5 月 26 日,其前身是中国进出口银行杭州代表处。截至 2012 年末,全省政策性银行本外币资产总额 3765.44 亿元,其中各项贷款余额 3682.85 亿元;负债总额 3723.88 亿元;各项存款余额 352.72 亿元。

三、 专业银行向商业银行转轨

浙江省的四家国有专业银行分支机构(中国工商银行、中国农业银行、中国银行和中国建设银行),是在 1979 年 4 月以后,陆续恢

复和设立起来的,并在改革开放中不断发展壮大。从 1994 年开始,按照国务院《关于金融体制改革的决定》和 1995 年颁布的《中华人民共和国商业银行法》,浙江省四家国有专业银行先后明确提出向国有商业银行转轨的目标,经过 3 年多的改革、探索,它们取得很大的进展。截至 2012 年末,四家国有商业银行本外币资产总额 31587.39 亿元,其中各项贷款余额 26015.4 亿元;负债总额 31228.15 亿元;各项存款余额 28807.08 亿元。

四、 农村信用合作机构不断完善

农村信用合作机构在帮助农民解决生产、生活资金困难方面,一直充当着国有银行的有力助手,发挥着积极的作用。

按照"积极、稳妥、求实"的指导思想,浙江农村信用社稳步发展。至 1993 年末,全省组建县级联社 77 个,初步建成了由县联社统一管理基层信用社,农业银行通过县联社领导农村信用社的管理体制。1996 年 10 月,全省农村信用社与中国农业银行全面脱离行政隶属关系,改由省农金办承担管理职能。1997 年 8 月,人民银行浙江省分行增设农金处,与省农金办合署办公。1999 年 11 月 26 日,浙江省信用合作协会正式成立,将浙江省农村信用社系统推向了一个新的发展阶段。

2003 年开始,浙江省被国务院确定为深化农村信用社改革 8 个试点省份之一。2003 年 8 月 18 日,时任中国人民银行杭州中心支行副行长朱文剑、浙江银监局筹建组组长傅祖蓓、宁波银监局筹建组组长袁亚敏共赴北京参加由时任国务院常务副总理黄菊主持召开的农村信用社改革试点动员部署会议;2003 年 10 月 31 日,时任浙江省委书记的习近平同志主持召开省委常委会议,听取了浙江银监局关于深化农村信用社改革试点工作情况的汇报,会议通过了《浙江省深化农村信用社改革试点实施方案》,同意组建省农信联社。随后,浙江农村信用社改革试点正式启动。

二十年

2004 年 2 月 6 日,浙江省农信联社筹建领导小组成立,楼小东任组长,杨小苹、郑志耿、朱范予、方镛泉任副组长。2004 年 4 月 18 日,具有独立法人资格的浙江省信用社联合社(省农信联社)正式挂牌成立。省农信联社由浙江省内 81 家县(市、区)农村信用联社、农村合作银行自愿入股组成,首期注册资本为 10050 万元。省农信联社实行民主管理,主要履行行业管理和服务职能,同时也是经省政府授权,依法承担对辖内农村信用社的管理、指导、协调和服务职能的省级管理机构。根据国务院、银监会和浙江省政府的有关规定,浙江省政府授权省农信联社对浙江省内的农村信用社(农村合作银行)履行管理、指导、协调和服务职能。

至 2012 年末,全省共 81 家县(市、区)信用联社改制组建为 36 家农村合作银行、9 家农村商业银行、36 家农村信用联社。

五、 股份制商业银行在浙江兴起

浙江经济的快速发展带来的金融红利吸引了全国股份制银行的入驻。1994 年,上海浦东发展银行成立了杭州分行,同年,中信银行成立杭州分行。此后,股份制银行进驻浙江的步伐不断加快。1995 年,华夏银行入驻杭州;1997 年,招商银行、广东发展银行相继入驻杭州;1998 年原深圳发展银行入驻杭州;1999 年光大银行入驻杭州;2000 年,民生银行、兴业银行相继入驻杭州。恒丰银行、渤海银行分别于 2006 年、2007 年入驻杭州。2004 年,在原浙江商业银行重组的基础上,浙江第一家民营股份制商业银行——浙商银行成立。截至 2012 年末,全部 12 家全国性股份制商业银行都在浙江设立了分支机构,总资产 18578.74 亿元;各项贷款 12734.88 亿元;总负债 18226.26 亿元,其中各项存款 13588.95 亿元。

六、 城市商业银行在浙江崛起

1996 年 9 月,浙江省第一家地方性银行——杭州市商业银行成立;随后,各地市纷纷组建当地城市商业银行。1997 年,宁波、嘉兴、绍兴、金华市商业银行纷纷挂牌。1998 年,温州、湖州市商业银行先后成立。

与此同时,对城市信用社的清理整顿进一步加快了浙江地方性银行机构发展的步伐。从 1995 年开始,根据国务院《关于金融体制改革的决定》,浙江开始推进城市信用社脱钩、撤并,着力化解城市信用社风险。在全面清产核资、摸清风险底数的基础上,通过登记重组、商业银行收购、并入农村信用社、撤销等,城市信用社数量急剧下降,使当时城市信用社"鱼龙混杂"、无序竞争的局面得到根本扭转,有效地抑制了地方金融风险的蔓延,维护了地方金融秩序和社会稳定;同时,也催生了一大批地方性银行机构。

至 2001 年年底,经过 3 年的清理整顿,浙江城市信用社已由 101 家锐减至 4 家。减少的 97 家城市信用社中,17 家被股份制商业银行及城市商业银行收购,66 家改制纳入农村信用社系统,6 家被撤销,8 家(包括台州原城市信用联社以及银座、龙翔、大丰等)于 2002 年 3 月重组为台州市商业银行。

保留的 4 家城市信用社随后也相继重组改制为城市商业银行。2005 年 2 月,浙江银监局傅祖蓓局长率队赴台州指导台州市商业银行股权结构调整和股东大会准备工作,就台州市商业银行如何建立多元化、分散化的有效制衡股权结构等提出了明确要求,直接推动了台州市商业银行的股份制改造。2005 年 12 月,在原温岭市城市信用社基础上,改制成立了浙江银泰城市信用社股份有限公司;原义乌市稠州城市信用社改制为浙江稠州信用社股份有限公司。2006 年 8 月,台州市泰隆城市信用社、浙江银泰城市信用社股份有限公司、浙江稠州信用社股份有限公司经中国银监会批准,分别改制为浙江泰隆商业银行、浙江民泰商业银行、浙江稠州商业银行。

七、 外资银行进入浙江

自1993年3月,中国人民银行总行批准浙江设立外资银行后,外资银行开始将登陆的视角投向浙江。2003年11月27日,日本三井住友银行副总裁原田裕司、三井住友银行上海分行副行长徐建明一行五人专程来杭州拜访浙江银监局,与监管部门沟通情况,增进了解,表达了设立分行的选址初步意向(包括宁波、青岛、无锡和杭州);时任浙江银监局筹备组成员杨小苹会见了来访人员,鼓励日本三井住友银行来杭州设立分行。由此拉开了外资银行登陆杭州的帷幕。2004年,浙江银行业对外开放取得历史性突破,浙江首家外资银行分行日本三井住友银行获批在杭州设立分行;2005年3月7日,日本三井住友银行杭州分行正式开业,时任浙江银监局局长傅祖蓓、副局长杨小苹应邀参加开业典礼。2005年,东亚银行杭州分行成立;2006年汇丰银行杭州分行成立。此后,外资银行进入浙江的节奏变快。2007年,花旗(中国)和恒生(中国)杭州分行先后开业;2008年,渣打(中国)杭州分行和南洋商业银行杭州分行先后设立;2010年,法兴银行(中国)杭州分行、星展银行(中国)杭州分行设立;2012年,大华银行(中国)杭州分行、澳新银行(中国)杭州分行设立。截至2012年,已有11家外资银行在浙设立分支机构。

第二节 浙江银行业经营状况

一、 经营规模快速扩大

1992—2012年是浙江银行业快速发展时期。浙江银行业资产总量从最初不到2000亿元增长至2012年末的近8.5万亿元,增长了40多倍。在国际国内经济形势十分复杂、银行业经营压力不断增

大的情况下,浙江银行业总资产年均增长率依然达到了16.2%,累计增长率56.89%。2012年末,浙江银行业金融机构资产规模合计84968.76亿元,较上年增加了9423.59亿元,增长了12.47%。从后三年增长率来看,虽然季度间增长率存在一定的波动,但是总体波动幅度并不是很大,最大振幅仅3.55个百分点。

在负债方面,2012年末,浙江银行业金融机构负债规模合计81900.83亿元,较上年增加9241.84亿元,增长12.72%。从后三年增长率来看,它与资产规模的增长趋势保持高度的一致性,年均增长率为16.02%、累计增长率为56.17%。这一现象说明这几年来,浙江金融发展较为稳健,银行业金融机构资产负债的发展步调一致、协调统一。

在所有者权益方面,2012年末,浙江银行业金融机构所有者权益合计3067.94亿元,较上年增加181.76亿元,增长6.3%。后三年年均增长21.39%、累计增长78.88%;但受资产质量等一些因素的影响,增速略有波动,最大振幅达12.28个百分点。

二、 经营效益稳步上升

改革开放以来,随着浙江经济的持续快速增长,浙江银行业各项业务稳步增长,经营效益持续向好,盈利能力不断增强,银行账面资金额实现跳跃式增长,形成了"来一家赚一家"的独特的"浙银品牌"。至2012年,全省银行业税后利润达1193.08亿元,较2000年增长了53倍。

与整体经济发展相适应,2000年之前,浙江银行业整体规模相对尚小,总体利润水平较低。随着资产质量的逐步改善,浙江银行业业务规模逐渐扩大,各项经营指标尤其是效益指标开始处于全国领先水平。

2000年,全省商业银行本外币业务共获取利润22.01亿元,同比增长55.85%,资产收益率为0.93%,比上年同期上升0.22个百分点。2003 年,在经济快速增长的环境中,全省银行业加大信贷投入的力度,优化资产结构和质量,拓展盈利空间,消化历史包袱,盈利能力明显增强,除农业发展银行因政策性因素存在一定亏损和个别银行盈利略有下降外,其他机构利润均有较大幅度增长。2003 年末全省银行业实现本外币账面利润突破百亿元,达 132.71 亿元,同比增加 54.83 亿元,增长 70.40%。

2004 年,全省银行业金融机构在宏观调控大背景下,通过调整和优化信贷结构,拓展中间业务,消化历史包袱,盈利能力明显增强,除信托公司存在一定亏损外,其他机构利润均有较大幅度增长。主要银行业机构全年累计获取本外币税前利润 239.83 亿元,同比增加 107.12 亿元,增长 80.72%。

2007 年之后,浙江全省经济水平保持稳步快速发展态势,全省银行业在业务快速发展的同时,经营效益继续提高,盈利结构得到进一步改善,利润增长步入快车道。2007 年全年税前利润达到760.13亿元,同比增加 261.23 亿元。

到 2010 年,浙江银行业金融机构税后利润突破千亿元,达 1059亿元,同比增加 296.63 亿元;资产利润率为 2.35%,高出全国平均水平 0.56 个百分点,接近世界先进银行水平。2011 年,全省银行业税后利润达 1377.58 亿元。

随着利率市场化的推进,银行业利差逐渐收窄,传统盈利模式面临挑战,利润空间开始受到挤压。在经济下行压力增大、利差收缩、不良贷款上升等多重因素叠加的影响下,浙江银行业整体经营效益自 2012 年开始下滑。2012 年,全省银行业累计实现利润1193.08亿元,同比下降 190 亿元。利润同比下降主要是由于不良贷款上升导致拨备率提高,以及整顿收费导致中间业务收入下降。

第三节　浙江存贷款市场发展状况

一、存贷款规模不断扩大

1992—2012 年,正值"八五"到"十二五"期间,浙江银行业处于稳步快走的发展时期,各项存贷款增长量基本上呈逐年增长态势。浙江银行业金融机构积极拓展存款渠道,实现了各项存款的快速增长,同时也为各项贷款的快速增长,增强经济的信贷保障提供了坚实的基础。

从存款看,1992—2012 年,浙江银行业存款从 1036.72 亿元增加到 66679.08 亿元。二十年间,浙江银行业存款增长了 63 倍。其中,"八五"期间(1991—1995 年)增幅最大,年均增幅为 46.45%。"十一五"期间(2006—2010 年),增量最大,年均增量为 6671.02 亿元。从具体年份上看,1994 年、1995 年和 2003 年三年的存款增速位列前三,分别为 45.15%、37.29% 和 37.18%,2003 年浙江银行业人民币存款增量位居全国第二(广东第一),增长幅度超过全国平均水平 9.61个百分点,列全国第一位。2011 年、2012 年存款增速减缓,分别为 11.77% 和 9.50%,其余年份增速均保持在 15%～30% 之间。2009年,存款余额增量突破历史水平,达到 9630.81 亿元。

从贷款看,1992—2012 年,浙江银行业贷款从 972.09 亿元增加到 59509.12 亿元。二十年间,浙江银行业贷款总量增长了 61倍。贷款总量增幅远超全国贷款总量增幅。同时期,全国贷款总量增长了 23 倍。"八五"期间(1991—1995 年),1992—1995 年,贷款总量保持年均 29.42% 的增速,1996 年贷款增速稍稍回落,贷款余额比 1995 年增长 22.84%。"九五"期间(1996—2000 年)贷款总量保持 21.98% 的增速。"十五"(2001—2005 年)前期,贷款增量同比上升较快,2002年增速为32.87%,2003年为44.50%。"十一五"(2006—2010年)期间,贷款年均增速为22.42%。尤其是2009年,由于国家大力引导信贷投放,各项贷款增幅加大,当年贷款增量突破历史水平,达到9565.24亿元,贷款余额同比增长32.25%,显著高于"十一五"期间其他年份增速。2011年、2012年贷款增速分别回落到13.42%和11.78%。

二、 存贷款结构

从存款结构看,1992—2012年,除2011年和2012年外,前18年,储蓄存款余额一直高于企业存款余额。

1992—2012年,企业存款增长了92倍,储蓄存款增长了51倍。企业存款年均增速最高的时期为"八五"期间(1991—1995年),1994年企业存款增速创历史之最,增速达104.77%,2005年增速最低,为8.05%。储蓄存款增速最高的时期集中在"八五"期间:1994年增速最高,达48.99%;2007年增速最低,为5.40%。

从贷款结构看,短期贷款余额持续高于中长期贷款余额,短期贷款余额增量高于中长期贷款余额增量。除个别年份外,短期贷款增速普遍低于中长期贷款增速。

2004年以前,中长期贷款增幅明显高于短期贷款增幅。2004年,按照国家产业政策和宏观调控政策的要求,在信贷总量适度从紧的政策背景下,各银行业金融机构适时把握信贷结构调整的方向和时机,科学地处理控制总量和支持合理资金需求之间的关系,加强了信贷政策间与产业政策的协调,严格在贷款投放上做到"有保有压",贷款结构趋于改善,贷款长期化趋势有所改善。2005—2007年,中长期贷款增幅逐渐回落,短期贷款增幅高于长期贷款增幅。在2009年,由于国家大型投资出现井喷,中长期贷款增幅42.64%,短期贷款增幅25.93%,前者超出后者16.72个百分点,随后在2010年中长期贷款也有22.68%的增速,短期贷款增速为20.11%。然而

2011 年至 2012 年中长期贷款增幅突然回落到 5％左右,短期贷款这两年增幅分别为 23.98％和 13.96％。

总的来看,浙江存贷款市场表现出两个显著特点。

一是存款总量保持稳定增长,居民存款出现短期化趋势。二十年来,浙江银行业存款总量保持了良好的增长势头,存款总量持续增长。自 2007 年以后,受国际金融危机的蔓延和国内外经济周期的变化影响,再加上自身结构性、素质性矛盾叠加共振,浙江经济增速出现明显回落。在这样的大背景下,自 2009 年以后,随着 CPI 同比数据的不断上升,人们对未来通货膨胀预期加大,加上长期低名义利率导致负实际利率的现状,居民储蓄意愿降低,但对存款资产的流动性偏好增强,在存款时基于机会成本因素更多地选择活期、短期存款,存款短期化趋势明显,导致月度或季度存款余额的波动性加大。自 2010 年以后,存款增速及增量相比 2009 年均出现明显回落。

二是贷款总量保持较高增幅,信贷投向不断优化。从贷款情况看,浙江银行业努力增加信贷有效投入,正确处理促经济与防风险的关系,为浙江经济平稳发展提供了有力保障。1992—2009 年,浙江银行业贷款余额及增量不断增加。2009 年,贷款增量达到历史最高水平。“十一五”期间的存款增速和贷款增速显著高于“十五”期间的平均水平。信贷投向和地区分布不断优化,2010 年以来新增贷款前五大投向为制造业、批发和零售业、个人贷款、租赁和商务服务业、交通运输、仓储和邮政业。

三、 存贷款在全国的地位

从人民币存款占比才情况看,从 1992 年开始,浙江银行业在全国银行业的存款占比逐年提高,直到 2011 年,存款占比出现下降,2012 年又出现进一步下降。“八五”期间(1992—1995 年),浙江银行业存款占比保持在 4％左右,“九五”期间(1996—2000 年)其占比增加到 5％以上，不到 6％，"十五"期间（2001—2005 年）其占比逐年提高至 2005 年的 7.36％。"十一五"期间（2005—2010 年）存款占比达到历史最高水平，2008 年占比达到 7.61％（见图 2-1）。

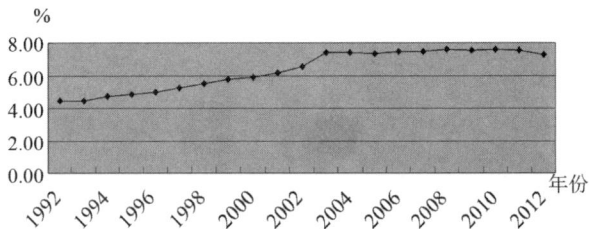

图 2-1　1992—2012 年浙江银行业存款余额占全国比重

从贷款占比情况看，浙江银行业贷款在全国的占比逐年提高，从"八五"时期的不到 4％一直持续上升到 2009 年的 9.81％，这一占比创历史新高。2010 年和 2011 年占比稍有回落，至 2012 年回落至 9.45％（见图 2-2）。

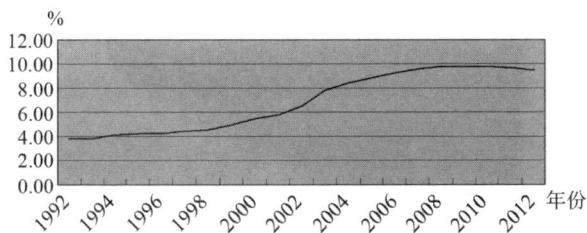

图 2-2　1992—2012 年浙江银行业贷款占全国比重

四、主要问题

浙江银行业信贷投放的增长速度明显快于地方经济增长的速度，表现为信贷增长与区域 GDP 增长不匹配，信贷投放效率较低。除了难以测算资金流出以及信贷虚增因素外，浙江产业结构低端是造成信贷投放低效的根本原因。

从浙江信贷投放与浙江 GDP 占比情况来看，浙江信贷投放由 1993 年的 64.78％上升到 2012 年的 171.67％，在此过程中，贷款增长了 46 倍，浙江 GDP 增长了 17 倍。从每亿元贷款创造的 GDP 来看，2001 年以前，浙江每亿元贷款可以产生的 GDP 在亿元以上，最高值出现在 1995 年,当年每亿元贷款产生 1.69 亿元的 GDP。2002
年以后,浙江每亿元贷款可以产生的 GDP 在亿元以下。

随着国际经济金融危机和国内"三期"叠加的影响,2007 年末,浙
江每亿元贷款可以产生 GDP0.75 亿元,至 2012 年末,浙江每亿元贷款
仅可产生 GDP0.58 亿元。2007 年每亿元贷款可以推动规模以上工业
企业增加值(以下简称为"规上工业增加值")增加 0.28 亿元。2012 年
推动规上工业增加值仅增加 0.18 亿元,分别比 5 年前下降22.67％和
55.56％,年均下降 4.53 个百分点和 2 个百分点(见表 2-1)。

表 2-1 贷款增长与 GDP 增长比较

年份	GDP(亿元)	贷款(亿元)	贷款与 GDP 占比(％)	GDP 增速(％)	贷款增速(％)
1992	1375.7	972.09	70.66	24.64	29.62
1993	1925.91	1247.76	64.79	39.99	28.36
1994	2689.28	1627.84	60.53	39.64	30.46
1995	3557.55	2103.65	59.13	32.29	29.23
1996	4188.53	2584.09	61.69	17.74	22.84
1997	4686.11	3273.73	69.86	11.88	26.69
1998	5052.62	3897.12	77.13	7.82	19.04
1999	5443.92	4650.5	85.43	7.74	19.33
2000	6141.03	5423.52	88.32	12.81	16.62
2001	6898.34	6482.22	93.97	12.33	19.52
2002	8003.67	8612.81	107.61	16.02	32.87
2003	9705.02	12445.64	128.24	21.26	44.50
2004	11648.7	14995.1	128.73	20.03	20.48
2005	13417.68	17129.99	127.67	15.19	14.24
2006	15718.47	20768.37	132.13	17.15	21.24
2007	18753.73	24975.21	133.17	19.31	20.26
2008	21462.69	29658.67	138.19	14.44	18.75
2009	22990.35	39223.91	170.61	7.12	32.25
2010	27722.31	46938.54	169.32	20.58	19.67
2011	32318.85	53239.34	164.73	16.58	13.42
2012	34665.33	59509.12	171.67	7.26	11.78

第四节　浙江银行业机构发展状况

浙江银行业在 1992 年至 2012 年的二十年内，发生了翻天覆地的变化，助推了浙江经济的高速增长。与此同时，浙江银行业集中度状况也从高度集中变为集中度逐步降低的多层次竞争格局。

二十年间，浙江银行业从以工、农、中、建四大行为主导的商业银行体系，发展成为拥有国有银行、股份制银行、城市商业银行、邮政储蓄银行、外资银行、信托公司、金融租赁公司、财务公司和众多农村中小金融机构的庞大的商业银行体系。

1992 年末，浙江银行业各项存款余额 1036.72 亿元，各项贷款余额 972.09 亿元，至 2012 年末各项存款余额 66679.08 亿元，各项贷款余额 59509.12 亿元，分别增长了 6437% 和 6127%，年均复合增长率分别达到 23.15% 和 22.84%。

随着银行业金融机构数量的增加，同业竞争不可避免，浙江银行业在激烈的竞争中逐渐发展成为层次丰富、体系完备、高度市场化的现代化银行体系，工、农、中、建四大国有银行的存贷款规模占比逐渐下降，股份制银行、城市商业银行等存贷款规模占比逐渐上升。如从信贷余额看，股份制银行的占比从 1997 年的约 6% 上升至 2012 年的约 24%，城市商业银行的占比从 1997 年的约 1% 上升至 2012 年的约 9%。

从行业集中度指标看，浙江银行业的 CR_4 指数总体上呈逐步下降趋势。以四大国有银行为例，1997 年，工、农、中、建四大国有银行信贷余额占比 58.93%，即浙江银行业 CR_4 指数为 58.93%。2002 年、2007 年和 2012 年浙江银行业 CR_4 指数分别为 58.23%、48.59% 和 41.48%，呈稳步下降态势；尤其是 2002 年以后，年均下降约 1.7 个百分点。1997 年，工、农、中、建四大国有银行贷款余额分别占浙江银行业各项贷款余额的 22％、15.45％、8.52％和 12.95％,四行 HI 指数和为 963.35。至 2002 年、2007 年和 2012 年,四行对应的 HI 指数和分别为 566、622 和 443。国有四大行 HI 指数和的不断降低说明四大国有银行市场占比在不断降低,浙江银行业集中度水平出现了大幅下降,浙江银行业集中度下降的趋势从各项贷款增长的构成中也可以得到印证。1997 年,四大国有银行各项贷款增长占浙江银行业各项贷款增长的比重为 78.98％,至 2002 年、2007 年和 2012 年其分别降低至 51.53％、41.95％和 28.46％。与此同时,浙江股份制银行各项贷款增长的占比从 1997 年的约 10％上升至 2012 年的约 20％,浙江城市商业银行的占比维持在 10％左右,浙江其他金融机构信贷增长的占比则上升了约 40 个百分点。

第五节　浙江银行业的发展优势及面临挑战

一、发展优势

(一)市场化的先发性机制优势

浙江地处我国改革开放的前沿板块,较早开始了民营化、市场化的改革探索,创业者数量多、中小企业竞争意识强、民间资本积累丰厚,是全国民营经济发展和市场化发育程度最高的省份之一。改革开放 30 多年来,凭借民营经济和市场化改革产生的区域性经济体制差异,浙江银行业在机构设立、资金投入、金融创新等方面获得先发性优势,各种金融要素不断自我强化并循环积累。

浙江银行业一方面持续加大对支柱行业、战略性新兴产业发展和传统产业改造的信贷支持,促进金融要素配置不断优化;另一方面,扎根地方经济,定位于小微和三农服务,较好地满足中小企业和城乡居民旺盛的金融服务需求,进而成为支持浙江地方经济发展的有效金融组织形式。

（二）政府有效参与的区位优势

作为市场化改革长期走在全国前列、制度创新活力旺盛的省份,浙江地方政府持续发挥促进性、辅助性、倡导性和支持性作用,努力创造一个公平、公开、公正的市场竞争秩序,助推浙江银行业改革发展。

一方面,浙江地方政府确定"金融强省"的战略方向,积极谋划包括金融业在内的现代服务业发展规划和各种支持政策,推进温州金融综合改革、义乌国际贸易综合改革等试点改革,为浙江银行业发展创造了良好的政策环境。

另一方面,浙江地方政府大力加强社会信用体系建设,打造良好的金融发展生态,早在 2002 年起就部署建设"信用浙江"的战略决策,这一举措有效促进了政、银、企之间的信息互动。同时,定期组织召开经济金融形势分析会,及时分析研判各时期浙江经济发展的特点及走势,帮助企业和银行机构准确把握浙江经济发展态势。此外,地方政府还积极出台鼓励政策,使得长三角地区金融机构的集聚效应和省内区域金融中心辐射效应逐步呈现。

（三）特色鲜明的创新驱动优势

纵观全国各省份金融优劣,浙江银行业就机构单体资产经营规模而言,不强也不大,其最突出的特色就是"活"和"特"。一方面,浙江各类金融机构众多,特别是城市商业银行和农村信用社,这部分金融资源十分可观,使得市场主体间的竞争活力不断增强。另一方面,浙江广大地方中小金融机构特色显著,多年来成长业绩全国瞩目,使得浙江一直保持全国地方金融机构发展较好的省份的地位,树立起良好的"浙银品牌"。

进入二十一世纪以后,浙江银行业金融机构呈现出强大的创新

活力。创新产品与创新领域不断拓宽,结合浙江市场实际,各机构积极制定科学的发展战略,不断推进包括运行机制、组织管理和服务产品等方面的金融创新,使得金融服务更加个性化,各类金融理财产品不断出现,融资顾问业务迅速增长;金融业务逐步多元化,银行理财、信用卡、电子银行、债券承销和衍生品交易等业务逐步成为银行优化利润结构的重要途径。浙江银行业改革创新的持续推进使得其资产规模不断扩大,盈利结构持续调整、运行效率稳步提升。

二、 面临的挑战

(一)经济金融形势的挑战

自 2011 年以来,受世界经济下行、欧债危机蔓延的影响,中国经济整体处于下滑周期,浙江经济自身长期积累的结构性问题开始暴露,原先过度依赖低端产业、低成本劳动力和资源环境消耗的增长方式难以为继,经济发展遭遇不利境况,增长速度下滑、企业持续面临风险。部分地区中小企业因资金链断裂、担保链断裂等原因,出现企业"跑路"现象,这一现象对全省信贷资产有较大影响。虽然在全省各级部门的共同努力下,信用风险有效得到遏制,但仍未取得根本性好转,银行经营效益明显下降。

(二)业务转型压力的挑战

金融脱媒迅速发展、利率市场化改革攻坚提速、行业监管日趋规范,这都将从根本上倒逼商业银行加快转型升级。一方面,伴随着金融脱媒的演进,债券融资、股权融资业务快速发展,间接融资在社会融资总量中的占比持续下降。2012 年全年本外币贷款占社会融资规模比重为 57.9%。另一方面,利率市场化进程加速,自 2012 年 6 月 8 日起,金融机构存款利率浮动区间的上限调整为基准利率的 1.1 倍;金融机构贷款浮动区间的下限调整为基准利率的 0.8 倍,长期以来的利差主导型模式使金融机构盈利空间收窄。这就对商业银行的发展方式、业务模式和内部管理的加快转型提出了更为紧迫的要求。此外,针对商业银行资本管理、流动性风险、杠杆率和贷款损失等方面,政府准备提出新的监管标准,这些都对银行的经营管理提出了更高要求,推进战略转型成为"强资本约束时代"浙江银行业摆脱发展困境的现实需要。

(三)新监管标准的挑战

商业银行新资本管理办法即将于2013年实施。新资本管理办法针对商业银行资本管理、流动性风险、杠杆率和贷款损失准备提出新的监管标准,这些都对银行经营管理提出了更高要求,推进战略转型就成为"强资本约束时代"浙江银行业摆脱发展困境的现实需要。浙江辖内中小法人银行机构在新监管标准实施过程中将面临一些共性的困难与挑战。一是专业人才的缺乏或将导致机构人员对新制度理解不深,进而影响到数据的准确性。二是风险计量和管理的水平亟待提高。浙江辖内银行机构在市场风险、操作风险的资本计量,以及内部资本充足率评估程序和建设方面与新监管要求尚存较大差距。三是法人银行机构数据基础总体较为薄弱,缺乏完整的经济周期数据,难以为高级计量方法的使用提供支撑。四是随着未来银行存贷利差的逐步缩小,内源性资本增长难以持续,加上增资扩股和次级债发行难度增大、资本补充渠道狭窄,中小法人银行机构实现监管持续达标面临较大困难。

(四)风险管理的挑战

随着业务规模的快速发展,银行业风险管理相对滞后,风险管控压力增大。一是受欧美经济危机带来的外部冲击和国内部分行业产能过剩及劳动力成本、汇率等多重因素叠加影响,企业效益滑坡,资金链紧张,信用风险压力增大。这表现为企业资金链、担保链风险持续蔓延。二是银行操作风险上升,案件防控形势严峻。在业务快速增长的同时,银行机构急功近利,短期行为特征明显,在强化员工职业道德教育、加强员工异常行为管控等方面相对滞后,导致道德风险上升,违规问题多发。三是信息科技风险防控基础比较薄弱。法人银行机构基础设施建设严重滞后于业务连续性管理的需要,在电力等基础设施规划和灾备建设等方面,部分机构没有建立完整的业务连续性框架,"重表面、轻基础、弱管理"的倾向明显,信息安全管理形势严峻。四是表外业务盲目扩张,银行机构利用表外业务带动负债业务,进行监管套利。这一现象导致大量风险积聚。

第三章　浙江证券业二十年发展回顾

第一节　浙江证券业二十年发展的主要特点

浙江是资本市场大省，无论是上市公司、证券期货经营机构数量还是证券期货市场代理交易额都长期保持全国领先地位。

一、"浙江板块"上市公司不断扩容

截至 2012 年末，浙江有境内上市公司 246 家，数量位居全国第二，占全国境内上市公司总数的 9.86％。其中，中小板上市公司 119 家，占全国中小板上市公司总数的 16.98％，位居全国第二；创业板上市公司 36 家，占全国创业板上市公司总数的 10.14％，位居全国第四。此外，浙江当时尚有境内拟上市企业 225 家，其中，辅导期企业 113 家，已报会待审核企业 106 家，已过会待发行企业 6 家，后备资源丰富。

二、场外交易市场建设顺利起步

在交易所市场稳步发展的同时，浙江场外交易市场发展也取得了新进展。2012 年 10 月 18 日，在清理整顿交易场所的基础上，浙江股权交易中心正式挂牌成立，成为清理整顿交易场所后成立的全国第一家有券商参与的区域性非上市公司股权交易市场，浙江在多层次资本市场建设上迈上新台阶。截至 2012 年末，浙江股权交易中心挂牌企业有 68 家，总股本达 54 亿股，总市值 182 亿元；托管企业

167 家,托管股本 168 亿股;投资者约 6000 户,各类会员 110 家,开局良好。此外,杭州、宁波的高新科技园区也正积极准备加入"新三板"试点扩容。

三、 证券市场规模保持全国领先

截至 2012 年末,浙江有 3 家证券公司,15 家证券公司分公司,385 家证券营业部,1 家基金公司,4 家基金分公司。2012 年,全省证券经营机构累计代理 A 股基金交易额为 6.26 万亿元,在全国占比为 12.44%,排名全国第三。截至 2012 年末,浙江证券经营机构托管市值 6580.46 亿元,客户保证金余额 422.25 亿元。

四、 继续保持期货大省地位

截至 2012 年末,浙江共有 11 家期货公司,131 家期货营业部。2012 年,浙江期货经营机构代理交易金额 39.22 万亿元,占全国交易总额的 11.47%,位居全国第三;客户保证金余额 214.31 亿元,占全国总额的 12.08%;期货经营机构累计实现手续费收入 20.02 亿元,净利润 5.79 亿元,同比分别增长 9.04% 和 20.63%,分别占全国总额的 16.25% 和 16.19%,浙江继续保持了期货大省的地位。

五、 投资者队伍日益壮大

截至 2012 年末,浙江有证券投资者 674.27 万户,期货投资者 24.66 万户,分别同比增长 5.57% 和 19.3%。近 700 万的资本市场投资者中,99.5% 左右是个人投资者,占浙江省常住人口的 13% 左右,越来越多的居民参与分享资本市场的发展成果。

第二节 浙江证券业发展历程

改革开放以后，随着全国证券市场的兴起，我省证券业经历了从无到有的新建历程，经过 1988—1999 年的试点阶段及 1999—2006 年的整顿治理、固本强基阶段，从 2007 年开始，我省证券业进入到了充满机遇和挑战的竞争发展阶段。

一、1988—1998 年的试点阶段

1988—1998 年，是我国证券市场从自发萌芽到自觉探索试点，最终确立法律地位和建立市场基础设施的试点阶段。在这一试点阶段中，浙江证券市场取得了多项全国第一，一度在全国具有较大的影响力，但是由于部分证券经营机构出现违法违规行为而受到制裁，这种领先优势逐渐丧失。

浙江证券市场是从 1988 年 6 月国家允许信托投资公司在杭州市以柜台交易方式转让国债开始起步的。同年，浙江省证券公司成立，成为全国首批成立的 36 家证券公司之一，其主要业务是从事国债的经营。1991 年，浙江省证券公司率先在全国开通了与沪深联网的证券行情电脑网络；同年，推出了全国首家异地上市公司——浙江凤凰化工股份有限公司，其股票在上海证券交易所上市；1992 年，浙江省证券公司成为第一家在沪设立营业部的外地券商，1993 年又作为第一家外地券商在北京设立营业部。1994 年《公司法》施行后，浙江省证券公司率先改制为有限责任公司。

此外，1991 年，浙江省国际信托投资公司成立了证券部，主营国债、企业债券的代理买卖和发行。在此基础上，它通过设立和收购的方式，成为浙江省内规模最大的证券兼营机构。同年，宁波证券公司成立。到 1998 年末，全省已有 3 家证券公司，证券经营机构超

过 100 家,证券从业人员达到 2800 多人,投资者开户数超过 100 万户,每年代理交易金额 4000 多亿元,证券经营机构托管市值达到 300 多亿元,行业经营利润超过 5 亿元。

二、 1999—2006 年的整顿治理、固本强基阶段

1999 年生效的《证券法》以法律形式确认了我国资本市场在国民经济中的地位,也为证券监管部门对证券市场发展试点阶段遗留下来的诸多问题提供了清理整顿的依据和方向。这个阶段的整顿治理是对证券市场的固本强基,为 2006 年以后证券市场的规范发展打下了良好的基础。

1999 年,证券监管部门对试点阶段各公司设立的 200 多家远程证券交易网点进行了全面调查,撤销了 160 多家,对允许保留的 42 家远程交易网点进行了规范,并更名为"证券服务部"。2000 年,由原金信基金、温信基金、盐信基金、金信受益、浙工受益和绍信受益清理规范合并而成的裕华证券投资基金在深圳证券交易所挂牌上市。2001—2003 年,我省信托业和证券业实现了分业经营和分业监管,在这个过程中,我省各信托公司的证券业务部分机构和人员独立出来,分别成立了金通证券股份有限公司、金信证券有限责任公司、天和证券经纪有限责任公司、财政证券经纪有限责任公司。2001 年,宁波证券经中国证监会核准增资并改名为天一证券有限责任公司。2002 年,经过信证分业和规范设立,我省有 6 家证券公司,161 家证券营业部,84 家证券服务部,这些证券机构成为我省投资者提供证券交易代理服务的骨干力量。

从 2001 年开始,证券市场步入持续四年的调整阶段:股票指数大幅下滑;新股发行和上市公司再融资难度加大、周期变长;证券公司遇到了严重的经营困难,到 2005 年全行业出现连续四年的总体亏损。在此期间,我省金信证券、天和证券、天一证券、金通证券等四家公司相继因违规经营而产生了巨大亏空,部分外地证券公司风险

爆发影响到在浙江的分支机构。2005 年,中国证监会根据国务院的部署,对全国的证券公司实施综合治理,对我省 6 家证券公司以不同的方式进行了风险处置和规范整合。金信证券完成股权重组,更名为浙商证券有限责任公司;财通证券吸收合并出现经营亏空的天和证券;天一证券被光大证券收购;浙江证券被方正集团公司收购后改名为方正证券;金通证券被中信证券收购,更名为中信金通证券有限责任公司。异地证券公司在浙江的证券营业部也分门别类地完成了风险处置工作,进入正常发展轨道。在综合治理期间,各证券公司相继实现了客户交易结算资金第三方独立存管的目标,建立和完善了内部控制制度,优化了网点配置,增强了资金实力。

三、 2007 年以后进入规范发展阶段

经过三年综合治理,证券公司长期积累的风险和历史遗留问题平稳化解,曾一度严重困扰行业发展的账外经营、挪用客户资产、股东及关联方占用等问题基本解决,初步建立了风险防范的长效机制,各项基础制度得到改革和完善,证券业进入了通过正常竞争谋得发展的新阶段。

经过重组和综合治理,我省证券公司综合实力大幅提升。截至 2007 年末,4 家证券公司总资产 450.88 亿元,同比增长 2.29 倍;净资产 74.38 亿元,同比增长 3.69 倍;净资本 63.78 亿元,同比增长 4.67 倍;代理证券交易额 4.78 万亿元,同比增长 5.73 倍;实现净利润 38.18 亿元,同比增长 4.53 倍,并在全国券商排名中均进入前三十名。在综合实力提升的基础上,省内各证券公司纷纷扩大业务范围,开展创新业务,2008 年末,财通证券控股永安期货,浙商证券全资持有天马期货,中信金通证券也与中证期货合作,3 家公司均顺利取得 IB 业务资格。此后,财通证券陆续获得承销、自营、资产管理和投资咨询、保荐等各项业务资格,浙商证券资产管理业务资格恢复,财通证券香港子公司、浙商证券直投子公司分别获准筹建,3 家证

公司先后开展了融资融券、报价回购、约定购回、现金管理产品、转融通等创新业务;稳妥推出了柜台互通、远程集中复核等业务;积极参与了温州金融改革、区域性股权交易市场建设等省内重大金融改革。浙江证券公司在持续加强风险控制、强化合规经营的基础上,各项业务发展取得新的成效,初步形成多元化业务格局。2012年末,3家公司实现A股上市、基金交易额合计2.66万亿元,全国占比5.31%,同比上升0.54个百分点,市场占比连续两年提升;实现营业收入28.37亿元,其中,非经纪业务收入占比约40%,营收结构更为均衡合理,可持续发展能力增强。

第三节　浙江期货业发展历程

浙江期货市场从1993年起步,历经快速扩张、清理整顿到恢复发展、试点探索再到成熟发展、做优做强的过程。到2012年,交易规模和市场份额在全国处于领先地位,拥有了一批合规经营、竞争力强的机构,汇聚了一支经验丰富、勇于创新的人才队伍,培育了众多较为成熟的投资者,期货行业服务企业、地方经济的各项功能得到初步发挥。

一、 1993—1998年的清理规范阶段

这一时期,中国期货市场一度出现盲目发展的混乱局面,各种商品期货交易所达到50家左右,期货经纪公司300多家,交易品种重复,期货经营机构管理混乱。1993年末,中国证监会开始清理整顿期货市场,有关部门停止审批新的期货交易所,已有的期货交易所缩减至3家。1995年,国债期货市场发生"3.27"风波,国债期货交易试点被宣布暂行,期货市场进入健全规章制度,规范交易行为,防止过度投资的阶段。1999年,《期货交易管理暂行条例》及交易所、

期货公司、从业人员、高级管理人员任职资格四个配套管理办法的实施,使浙江期货市场的法规体系初步成型。

1993 年,随着浙江农产品价格和流通体制改革的深化,浙江期货市场作为改革试点开始起步。众多生产和经营企业,开始积极探索利用期货市场的价格发现机制和套期保值功能。1993 年 3 月,浙江首家期货经纪公司——浙江新华国际商品期货有限公司成立。截至 1993 年末,浙江共有 6 家期货经纪公司,全年共实现交易额 200 多亿元。1994 年,浙江期货经纪公司增至 9 家,其中已经进行规范整顿、经中国证监会审核通过的有 6 家。9 家公司共有期货从业人员 800 余人,全年实现代理交易额达 2000 多亿元。除这 9 家期货经纪公司外,我省还有一批由期货交易所授予代理权的经纪会员单位。这些期货经纪公司和经纪会员单位,注重改善经营客观条件,完善各项规章制度,提高内部管理质量,为企事业单位参与期货交易提供了保障。1994—1995 年,浙江期货市场在规范整顿中得到较快发展。据不完全统计,浙江有各类期货经营机构 55 家,其中期货经纪公司 19 家,期货兼营机构 19 家,期货经纪公司营业部 17 家;拥有从业人员 2000 余人,期货客户 1 万多人,客户保证金约 15 亿元;全年实现代理交易额 1 万多亿元,经营收入 5.1 亿元。浙江省的期货交易量占全国期货交易总量的 20%～25%。随着国家对期货市场清理整顿力度加大,自 1996 年开始,浙江期货市场呈现出明显"降温"的局面,持续几年的盲目发展势头得到了有效的遏制,期货经纪机构数量不断减少,期货交易量大幅度下降,市场逐渐规范。据 1998 年末的统计,浙江尚有各类期货经营机构 30 家,这一数字较 1995 年减少 25 家;其中期货经纪公司由 19 家降至 15 家,期货经纪公司营业部由 17 家降至 6 家,期货兼营机构由 19 家降至 9 家。1998 年全年的期货交易总额 2776.6 亿,较 1997 年下降 32%,较 1995 年下降近八成。从客户量来看,1998 年浙江期货客户不足 2000 人,保证金余额仅 2.6 亿元,较 1995 年减少八成多,大量国有企事业单位退出期货市场。

二、 1999—2000 年的蓄势待发阶段

1999—2000 年,浙江期货市场总体规模持续萎缩,占全国期货交易总量的比重进一步下降。截至 2000 年末,浙江有期货公司 12 家,期货营业部 2 家,客户保证金余额 3.76 亿元,期货从业人员 352 人,期货客户 4101 人。全年期货经营机构实现代理交易额 1623.89 亿元,手续费收入 3000 万元,利润总额 800 万元。面对期货市场的严峻形势,浙江期货行业及时调整经营思路,坚持依靠品种优势、服务优势和技术优势,努力实现技术创新和服务创新,永安期货、良时期货等公司在全国期货界影响力日益增大。

在品种方面,在期货市场"扶大限小"政策的调控下,浙江各期货公司及时转变经营思路,以行情管理为重点,逐步将交易重心由绿豆向大豆、铜等大品种转移。

在服务方面,突出信息管理,以信息促服务,以服务促发展。各期货公司从以往比较重视量的积累向追求信息质量方向转变,努力为客户提供准确、快捷的信息服务。一方面下大力气培训信息采编和研究人员,对交易品种进行细分研究;另一方面借助专业公司的信息资源,实现优势互补。如南华期货与金融街、和讯、世华等多家著名网站签署了信息合作协议,通过与其他网站、媒体、专业信息公司进行信息互换,实现低成本扩张。

在技术方面,全面推进技术创新,为公司发展提供技术保障。1999 年,永安期货与杭州恒生合作率先在全国推出期货自助交易系统,实现了异地同步的网上期货交易。网上交易的应用,使永安公司扩大了经营规模,降低了风险事故发生概率,公司业务覆盖面扩张至异地市场,客户数量和保证金数额快速增长。永安技术的创新成功,在浙江乃至全国引起强烈反响,其他公司纷纷效仿,试行自助交易系统和网上期货交易,积极探索财务电算化,技术创新在浙江

期货市场中全面铺开。

三、 2001—2004 年的快速发展阶段

在经历五年下滑后,浙江期货市场自 2001 年迎来了实质性反弹。各期货公司虽然面临严峻的市场环境,但通过积极探索,浙江期货市场在全国崭露头角。2001 年,浙江新增 10 家期货营业部,截至这年年底,共有期货经营机构 24 家,保证金余额 3.93 亿元,期货从业人员 383 人,期货客户 5812 人。全年期货经营机构代理交易额 2175.43 亿元,手续费收入 6200 万元,利润总额 1000 万元。浙江期货公司保证金、手续费收入及利润等均有一定的增长,代理交易额增长率超过全国平均水平。截至 2004 年末,浙江共有期货经营机构 45 家,其中公司 12 家,营业部 33 家,较 2000 年新增 31 家营业部。保证金余额 12.45 亿元,期货从业人员 585 人,期货客户 16317 人。全年期货经营机构代理交易额 1.89 万亿元,较 2000 年增长 1064％;实现手续费收入 1.65 亿元,较 2000 年增长 450％;利润总额 0.44 亿元,较 2000 年增长 450％。期货公司竞争实力大幅增强。2004 年,12 家期货公司共完成代理交易额 2.04 万亿元,保证金余额 14.76 亿元。2004 年,在全国期货经纪公司代理交易额前十名中,浙江公司占 4 家,比上一年增加 2 家,其中浙江省永安期货公司代理额居全国第 2 位,约占全国交易额的 3％。浙江期货公司发展速度快于全国期货市场的发展。

与此同时,多项期货市场的全国性试点工作在浙江率先起步,"浙江板块"优势初现。2001 年 11 月,永安期货与工行浙江省分行签订了《期货经纪公司客户保证金封闭管理(试点)协议》,开始试行期货保证金封闭管理。2002 年 6 月,经中国证监会批复同意,浙江辖区率先在全国开展期货客户保证金封闭管理和电子化交易两项试点,并就期货服务部和经纪人管理进行探索。2003 年 3 月,中国证监会在杭州召开保证金封闭管理现场工作会,将浙江辖区试点的

期货客户保证金封闭管理经验归纳为"一个系统、二个关键、六个环节",并冠名为"浙江模式",向全国推广。2002年8月,浙江辖区12家期货公司全部实施了期货电子化交易,交易设备和环境显著改善,技术力量大为增强;公司错单大幅减少,风险控制的水平有所提高,为业务拓展创造了条件。电子化交易试点在全国起到了良好的示范效应,许多公司到浙江考察调研,就电子化交易情况进行沟通交流,期货电子化交易逐步在全国推广。

四、 2005年后的发展壮大阶段

2005年,全国期货交易规模较2004年回落8.68%,而浙江市场期货交易规模变动不大。截至2005年末,浙江有期货公司12家,期货营业部33家,期货经营机构客户保证金余额10.41亿元,期货从业人员659人,期货客户20189人。全年期货经营机构代理交易额1.93万亿元,较2004年有小幅增长;实现手续费收入1.45亿元。12家期货公司全年代理交易额2.04万亿元,虽较2004年下降3.32%,但在全国占比升至15.42%,浙江板块取代深圳板块跃居全国第一,浙江在期货市场的全国龙头地位确立。自2006年开始,浙江期货市场呈现连年增长态势,各项指标屡创新高。截至2012年末,浙江期货经营机构数量增至142家,期货经营机构客户保证金余额214.21亿元,期货客户24.66万户。全年期货经营机构代理交易额达39.22万亿元,实现手续费收入20.02亿元,利润7.98亿元。

2005年,新的期货保证金存管系统开始在部分公司试行。2006年,中国证监会决定从6月下旬开始,在全国按辖区分批部署期货保证金监控系统,推广保证金安全存管工作,浙江和江苏被选定进行首批监控系统部署。2006年,永安期货和南华期货先后经中国证监会批准,赴香港设立子公司,经营香港和国际期货业务。2007年4月,《期货公司风险监管指标管理试行办法》公布并实施,浙江成为推行期货公司净资本监管系统的首批试点单位。试点以来,浙江期货公司净资本各项指标均优于预警指标,未发生净资本不达标的情况。2008 年,12 家公司均取得金融期货业务资格,其中 4 家公司取得金融期货全面结算业务资格,4 家公司取得金融期货交易结算业务资格,4 家公司取得金融期货交易业务资格。2011 年 8 月,永安期货、浙商期货、中大期货和南华期货 4 家期货公司位于首批取得中国证监会期货投资咨询业务资格批复的 14 家期货公司之中。2012 年 7 月,永安期货、南华期货和浙商期货位于全国首批 18 家取得期货资产管理业务资格的公司之中。

第四节　浙江上市公司发展状况

一、浙江上市公司发展历程

　　1990 年 12 月,"浙江凤凰"作为"老八股"中唯一一只非沪异地股"飞"入上海证券交易所,从此揭开了浙江上市公司蓬勃发展的篇章。浙江上市公司经历了一个从缓慢增加到快速发展的过程,上市公司的质量也逐步提高,浙江也因此成为我国证券市场发展的最大受益者之一。浙江企业在我国资本市场创造了一个又一个的第一:第一家在伦敦证交所和上海证交所同时上市的公司——东南电力;第一家以自然人为第一大股东的 A 股上市公司——天通股份;第一家以全部自然人持股上市的公司——腾达建设;第一家在深交所中小企业板发行挂牌的上市公司——新和成;国内第一家真正意义上的网络上市公司——网盛科技;深交所中小企业板第一家房地产上市公司——广宇集团;全国第一家台资控股的上市公司——国祥股份……浙江上市公司在我国资本市场上扮演着越来越重要的角色,"浙江板块"已然成为沪深股市一道亮丽的风景。浙江上市公司发展经历了发行审核体制改革前后的两个不同发展阶段。

（一）发行审批制下上市公司缓慢增加

1990 年至 2001 年 3 月，我国资本市场处于建立和发展初期，这一时期，股票发行采取额度指标管理的审批制度，由国务院证券管理委员会确定额度并将指标下达至省级政府或行业主管部门，由其在指标限额内推荐企业，再由中国证监会审批企业发行股票。与这一股票发行体制相适应的是这一时期发行上市的企业以国有企业为主。

在这种发行体制下，浙江经济体制改革速度快、民营经济活跃的优势难以发挥，上市公司的数量基本上由分给浙江的计划额度所决定，上市公司数量增加缓慢。与全国情况一样，浙江发行股票的指标基本上都分给了国有企业，因此，这一时期国有控股上市公司在全部上市公司中占比很高。从 1990 年末到 2001 年末，浙江共有 53 家企业在境内交易所发行上市，累计募集资金 227.2 亿元，年底市值为 1699.98 亿元。其中，1998 年至 1999 年，根据国家的统一部署，监管部门对全省各地的股权交易中心进行了清理整顿，原在各地股权交易中心挂牌的部分公司经规范后在上海证券交易所上市，例如浙江广厦、小商品城、戴梦得等；原在 STAQ 系统挂牌的大自然被移至股份转让代办系统挂牌交易。

（二）发行核准制下上市公司快速增加

随着经济体制改革的深入，证券发行审核体制也进行了相应的改革。2001 年 3 月，核准制框架下的通道制正式实施，国有和非国有股份公司不断进入资本市场，上市公司数量快速增加。2003 年 12 月，中国证监会发布《证券发行上市保荐制度暂行办法》，这标志着核准制框架下的保荐制开始起航。

在这种体制下，浙江民营经济发达、企业众多、市场意识领先、发展速度快的优势得到发挥，尤其是 2004 年 5 月中小企业板和 2009 年 3 月创业板设立以来，浙江企业发行上市的数量快速增加。

境内上市公司从 2001 年底的 53 家增加到 2012 年底的 246 家,翻了三倍多,境内上市公司总数在全国的位次大幅上升,从第十名跃进到第二名,累计募集资金达到 2786.23 亿元,年底市值超过 9800 亿元,各项指标均有大幅增长。在这一发展阶段,浙江中小企业多、发展快的优势得到体现,有显著特色的"浙江板块"得以形成。

二、 浙江上市公司发展的主要成就

(一) 培育了众多上市公司,筹集到了大量宝贵发展资金

截至 2012 年末,浙江共有境内上市公司 246 家,累计从证券市场融资 2786.23 亿元。这些可供长期使用的股权资金满足了企业发展的资金需求,支持了新项目、新技术和新产能的发展,显著增强了企业实力,使很多企业的经营管理状况发生巨大变化,在行业竞争中掌握了主动权,步入发展的快车道。这 246 家上市公司已经成为我省各行业科技进步、增长方式转变的带动者和领头羊,成为全省产业结构优化升级的依托力量,成为推动我省经济社会又好又快发展的中坚力量。

(二) 产品和产业结构不断升级,实现跨越式发展

浙江上市公司利用资本市场不仅解决了成长过程中融资难的问题,而且加快了产品结构调整和技术升级改造,使自身迅速发展成行业中的龙头企业,进而促进了浙江省经济结构调整和产业优化升级。此外,不少公司还积极利用资本市场进行兼并、重组、买壳上市等,这样不仅整合了资源,做强做大了企业,为可持续发展打下了坚实的基础;同时促进了产业结构的调整,改善了经营结构,资产质量和经营业绩得到大幅度提升。

(三) 加快了现代企业制度建设,改善了经营管理水平

通过进入资本市场的改制辅导及运行过程,在中介机构的帮助和证券市场法律法规的约束下,浙江上市公司建立起了符合现

代市场经济运行要求的现代企业制度和公司治理架构,使公司运作的规范程度提高,经营管理水平逐步改善,长期稳定发展能力增强。各上市公司法人治理架构逐渐明晰,内部制衡机制逐步完善并发挥实效,信息披露日益规范,质量不断提高,与控股股东和实际控制人的关联关系逐渐规范。特别是在股权分置改革和上市公司清欠工作基本完成后,制约资本市场发展的基础性制度缺陷得以消除,上市公司健康发展的基础得以不断夯实,公司运作日益规范,公司质量稳步提高。

(四)为我省国有企业改革做出重要贡献

我省经营性国有资产存量相对较少,通过将各行业具备条件的国有企业改制成股份有限公司并公开发行上市,大大加快了国有企业改制进程。截至 2012 年末,我省有 30 余家国有控股上市公司,这些公司法人治理结构清晰,内部控制制度完备,经营管理水平比较高,全流通后公司股票市值大幅度增加,较好地实现了国有资产的保值增值。

(五)带动了所在行业和地区的快速发展

全省上市公司不同阶段募集的巨额资金,基本投向了化工、医药、机械、能源、电子信息产品和基础设施行业等我省十几个支柱产业,有力地支持了一批重点项目建设,推动了传统产业的升级。许多上市公司成为行业发展龙头、地区经济发展龙头,通过关联效应带动了周边更多的企业发展,从而在地区经济发展中发挥了巨大的带动效应。比如,小商品城、钱江摩托等都成为当地经济发展的支柱企业,在就业、税收等方面做出了重要贡献。恒生电子、阿里巴巴上市以后发展成为我国金融信息系统领域、电子商务领域的龙头企业。

第五节　浙江证券业面临的问题与发展趋势

一、面临的问题

（一）市场主体面临转型升级压力

随着资本市场创新步伐的加快，对内对外开放程度的不断提高，新产品、新业务的密集推出，市场形势将发生巨大变化，浙江资本市场各主体转型升级压力加大。

从上市公司看，浙江约3/4的上市公司为制造业，其中相当一部分企业为传统制造业，产业层次较低，缺乏金融、能源和大型科技类企业等重量级上市公司。绝大部分上市公司拥有出口业务，具有以制造业为主、出口导向型产业的明显特征。这种产业模式外受世界经济复苏缓慢、需求增长乏力影响，回升动力不足，内受制于国内劳动力、土地、能源等生产要素价格上升、环境保护等制约，原先拥有的竞争优势逐步消失，亟须转型升级。

从证券期货经营机构看，随着创新成为证券期货行业发展的主流，证券期货经营机构依靠牌照垄断、依靠拥有的通道获取通道收益维持运营的时代将逐渐过去。浙江省内各证券期货经营机构虽然都开展了不同程度的创新发展，但由于在知识、信息、人才、技术、资金等诸多方面缺乏优势，各机构更多的是复制、分享行业创新成果，原创性的创新不多，特色化、差异化发展进度缓慢。

（二）资本实力不足制约转型升级发展

浙江资本市场"大市场、小机构"的特点明显，上市公司、证券期货经营机构数量及证券期货市场规模虽在全国保持领先地位，但上市公司规模偏小，证券期货公司的资本实力偏弱，成为制约公司转型升级发展的一个因素。

从上市公司看,浙江上市公司净资产、市值、证券化率等指标不仅低于全国平均水平,也低于广东、江苏、山东等经济发展水平与我省基本相当的省份。根据2012年报数据,浙江上市公司平均净资产21.48亿元、平均市值44.67亿元,仅为全国平均水平的31.55%和47.98%;浙江省净资产额100亿元以上的上市公司仅5家,而广东、山东、江苏分别为29家、10家和6家;资产证券化率为28.38%,低于全国44.33%的水平,也低于广东、上海、北京等省市。

从证券期货公司看,2012年,3家证券公司净资本合计89.46亿元,全国占比仅为1.29%,单个公司净资本最多的也不到37亿元,仅为行业平均数的60%。期货公司的平均净资本仅4.68亿元,其中5家公司的净资本低于3亿元,达不到申请创新业务资格的要求;部分公司的净资本补充渠道不畅通,对公司后续发展造成制约,难以适应证券期货市场快速发展的需要。

(三)人才短板制约市场的长期发展

证券期货行业具有人才密集型和智力密集型的显著特点,人才尤其是高端人才在推动公司发展方面具有基础性、战略性和决定性作用,在一定程度上决定了公司的竞争力,尤其是在创新发展时期。经过多年的积累和发展,浙江证券期货行业人力资源总量不断增长,素质结构有所优化,专业化水平有所提升,但整体发展水平与上海、深圳、北京等地方相比还有较大差距,证券公司缺乏行业领军人才和业务核心骨干,期货公司缺乏真正精通金融衍生品工具、具有国际视野的高端人才,人才短板将制约浙江资本市场的长期发展。

(四)创新发展考验风险管理水平

创新发展在扩大行业发展空间的同时,也增加了行业的整体风险。业务范围和业务规模的扩张、信用交易、新业务新产品和金融衍生品的大量推出、市场联动性的增强必然导致证券期货经营机构

面临的风险复杂程度和风险量级成倍增加，风险的识别和管理日趋复杂，这对证券期货公司的合规管理水平和风险控制能力提出了更高的要求。行业和公司必须正确处理创新发展和风险管理之间的关系，风险管理理念必须随着创新的发展而进步，把所有创新活动纳入合规管理之下，借鉴先进风险管理的制度、技术和人才，形成符合实际的、切实可行、有特色的风险管理体系，从防范风险为主回归到主动经营管理风险，从单一风险控制演进到风险总量管理。

二、 发展趋势

（一）场外市场、私募市场快速发展

长期以来，我国资本市场的发展是以交易所市场、公募市场的发展为主，2012 年，我国多层次场外市场建设初显成效，全国中小企业股份转让系统、区域性场外市场、券商柜台交易市场逐步建立，可以预见，未来场外市场、私募市场将进入加速发展时期。作为中小企业和民间资金之间的重要桥梁，场外市场、私募市场在浙江有坚实的发展基础。浙江有 340 万家左右的经济活动单位，90 多万家企业，其中 99％以上是中小企业，它们有强烈的资金需求，但难以获得传统金融体系的支持；浙江有超过 1 万亿元的民间资金，它们有强烈的理财需求，但缺少有效的、个性化的理财渠道。随着浙江股权交易中心的建立和发展、证券期货行业管制的不断放松、"大资管时代"的逐步开启，服务中小企业和民间资金的机构、市场、业务不断丰富，浙江场外、私募市场将迎来大发展。

（二）证券期货公司日益分化

随着创新的不断推进，传统业务如经纪业务等对证券期货公司的贡献率将逐步下降且竞争不断加剧，资产管理、固定收益等考验公司自主创新能力的业务将决定公司的竞争力。同时，随着资本市场对业外开放程度的不断提高，证券与银行、保险、信托等领域的业

务交叉越来越明显,"大资管时代"逐步开启,证券期货公司来自业内业外的竞争日益加剧。浙江的证券公司均为区域性中小券商,多数经营指标排名均在同行 40 位左右;期货公司虽然实力较强,但主要集中在商品期货领域,金融期货与商品期货发展不平衡的问题突出。随着创新发展的不断推进,浙江各证券期货公司之间以及与国内其他证券期货公司的竞争力差异将进一步显现,浙江证券期货业将形成"强者更强、弱者更弱"的格局。

(三)市场潜在风险加大

风险是金融市场的本质属性,风险的产生和管理是资本市场发展和演进的重要推动力量。过去,资本市场受到较为严格的管制,为数不多的创新也基本为证监会主导,行业自主创新较少,这在控制风险的同时也在一定程度上扼杀了行业活力。随着资本市场监管改革的不断深化,资本市场创新尤其是行业的自主创新将不断涌现,这必然会在加大行业风险的同时带来市场主要风险点的变化。除传统的市场风险外,证券期货公司更多的是要面对流动性风险、信用风险、技术风险等。

第四章 浙江保险业二十年发展回顾

第一节　浙江保险业二十年发展的主要特点

1992—2012 年的二十年,是浙江保险机构快速发展的二十年。1992 年,浙江只有中国人民保险公司浙江省分公司(以下简称"人保浙江省分公司")一家保险公司,其共有机构 225 家,其中地(市)公司 10 家,县级公司 87 家,县以下公司 128 家。到 2012 年,浙江共有各类保险机构 3078 家,其中总公司 3 家,省级分公司 73 家,中心支公司 327 家,支公司 829 家,营业部 247 家,营销服务部 1599 家;保险专业中介机构 111 家,其中代理公司 72 家,经纪公司 27 家,公估公司 12 家。另有保险兼业代理机构 6825 家。

一、人身保险公司迅速发展

1996 年,人保浙江省分公司正式分设为中保(集团)财产保险有限公司浙江省分公司和中保(集团)人寿保险有限公司浙江省分公司。至此,浙江首家人身保险公司诞生。此后,人身保险公司进入快速发展阶段。到 2007 年,浙江共有人身保险公司 24 家,首次超过财产保险公司(21 家)。到 2012 年,浙江共有人身保险公司 43 家,是财产保险公司(33 家)的 1.3 倍。人身保险公司的快速发展促进了人身保险业务的快速发展。

二、专业性保险公司不断涌现

2000 年以后,中国出口信用保险浙江分公司、天平汽车保险股份有限公司浙江分公司、平安责任保险股份有限公司浙江省分公司、安心农业保险股份有限公司浙江分公司等专业财产保险公司先后成立。另外,中国人民健康保险股份有限公司浙江分公司、平安养老保险股份有限公司浙江分公司、平安健康保险股份有限公司浙江分公司、太平养老保险股份有限公司浙江分公司、和谐健康保险股份有限公司浙江分公司、昆仑健康保险股份有限公司浙江分公司、泰康养老保险股份有限公司浙江分公司等专业性人身保险公司先后成立。这些专业性保险公司的涌现,对保险的专业经营起到了促进作用。

三、 总部公司从无到有

2007年10月,信泰人寿保险股份有限公司在杭州成立,至此,浙江保险法人机构实现零的突破。2009年10月、2012年10月,浙商保险股份有限公司、中韩人寿保险股份有限公司分别在杭州成立。至此,浙江保险法人机构增加到3家,这对促进浙江保险业的发展及浙江总部经济的发展起到了积极作用。

四、 基层公司覆盖面扩大

2002年之前,浙江88个县(区)中有68个只有中国人保、中国人寿两家设有支公司。2002年,通过批设营销服务部,80个县(市、区)均有3家以上的保险机构在开展业务,使保险基层公司的覆盖面不断扩大。杭州、绍兴、宁波、温州等地相当多经济发达的县级市(区)同时有10家以上的保险机构进入市场,保险机构布局不断趋向合理,竞争趋于活跃,市场潜力被进一步挖掘。到2012年,保险机构的支公司、营业部、营销服务部达2675家。

五、 人员队伍不断壮大

随着浙江保险机构规模和业务的扩大和发展,保险公司从业人员数量逐年快速增长；同时，从业人员的整体素质不断提升。1992年，中国人民保险公司从业人员 3455 名，大部分从事财产保险业务。到 2012 年，浙江保险公司从业人员达 16.3 万人，是 1992 年的 47 倍，其中营销员 12 万人（大部分是寿险营销员）。

第二节　浙江保险业二十年发展历程

1992—2012 年的二十年，是浙江保险业务快速发展的二十年。2012 年浙江保费收入、保险密度（人均保费）、保险深度（保费占地区 GDP 的比例）分别是 1992 年的 50.12 倍、43.55 倍、11.72 倍。

一、 1992—1997 年的起步阶段

从 1981 年恢复保险经营到 1992 年，保险业务发展取得了一定成绩，但由于处在计划经济的大背景下及受多种因素的制约，保险业务仍处于恢复阶段。1992 年，浙江保费收入 16.33 亿元，保险密度约 40 元，保险深度约 0.25%。

1997 年，浙江保费收入 55.85 亿元，比 1992 年增长 242%。其中，财产险保费收入 27.01 亿元，人身险保费收入 28.83 亿元。人身险保费收入首次超过财产险保费收入。在财产险保费收入中，人保公司 22.68 亿元，市场份额 83.97%；太平洋公司 2.56 亿元，市场份额 9.48%；平安公司 1.77 亿元，市场份额 6.55%。人身险保费收入中，中保人寿 21.40 亿元，市场份额 74.23%；太平洋公司寿险保费收入 2.89 亿元，市场份额 10.02%；平安公司寿险保费收入 4.54 亿元，市场份额 15.75%。1997 年，浙江保险密度 143.6 元，比 1992 年增加约 103.6 元；保险深度 1.46%，比 1992 年增加约 1.21 个百分点。

1992—1997 年，由于处在计划经济向市场经济转变及改革开放深入推进的大背景下，经济社会开始加快发展，保险业务处在起步

阶段,具有以下特点。

一是形成竞争局面。平安保险及太平洋保险先后进入浙江市场,人保公司独家经营的局面被打破,形成了人保公司、平安保险、太平洋保险三家竞争格局。

二是开始分业经营。浙江人保公司开分业经营之先河,一分为二为:中保(集团)财产保险有限公司浙江省分公司和中保(集团)人寿保险有限公司浙江省分公司,这使得财产险特别是人身险发展有了良好的组织基础。

三是引入营销机制。1995 年引入营销机制,使得人身险业务呈爆发性增长,1997 年人身险保费收入首次超过财产险保费收入。

二、 1998—2007 年的大发展阶段

2007 年,浙江保费收入 369.63 亿元,比 1997 年增长 561.83%。其中,财产险保费收入 140.99 亿元,比 1997 年增长 421.99%;人身险保费收入 228.64 亿元,比 1997 年增长 693.06%。1998—2007 年,浙江总保费收入在我国大陆地区排名前 6 位,其中财产险保费收入排名在第 3 位左右,人身险保费收入排名在第 6 位左右。2007 年,浙江保险密度 585.79 元,比 1997 年增加 442.19 元;保险深度 2.43%,比 1997 年增加 0.97 个百分点。1998—2007 年浙江赔款(给付)支出共 620 余亿元,平均每年赔款(给付)支出约 62 亿元。

2007 年 5 月 18 日,信泰人寿保险股份有限公司成立,公司总部设在杭州市,注册资本 50 亿元,经营各类人身保险业务。这是浙江省第一家地方性寿险总公司,打破了浙江无法人保险公司的局面。

1998—2007 年,市场经济体系逐步形成并发挥作用,改革开放程度加深,经济社会发展进一步加快,加之党和政府及企事业单位和人民群众对保险的认识逐步提高,保险业务处在大发展阶段,具有以下特点。

一是党和政府比较重视保险。2006 年 7 月 21 日,省发改委联

合浙江保监局出台《浙江保险业发展"十一五"规划纲要》,这是全国首个列入省(市)"十一五"发展规划编制目录的专项规划,也是浙江省唯一一个金融业重点专项规划,标志着浙江保险业发展正式纳入地方经济社会发展全局。同年9月11日又出台了《浙江省人民政府关于保险业改革发展的实施意见》(浙政发〔2006〕53号),说明省政府对保险业的发展是非常重视的。

二是保险业务快速发展。2007年保费收入比1997年增长5.6倍,其中人身险保费收入增长6.9倍,保险密度增加3倍。

三是政策性保险快速发展。浙江在全国率先以共保体的形式,开展政策性农业保险,10家公司组成共保体,在10个地区11个县(市)开展水稻等10个品种的试点。2006年底,在浙江省政府的组织领导下,政策性农村住房保险在全省范围内开始全面实施,实施情况纳入各级政府社会主义新农村建设的考核范围。该项工作的制度设计以"保障灾后重建家园、恢复基本生活"为目标,按"政府补助推动＋农户自愿交费＋市场经营运作"的原则开展,具有鲜明的普惠性特点,农户灾后重建能力得到显著提升。

四是保险品种创新加快。2002年,全省人身险新产品包括分红险、投资连结险、万能险的保费收入达77.6亿元,同比增长122％,占人身险保费总收入的52％,首次超过了传统人身险保费收入。这些新产品和产品新功能的研发推广,满足了浙江省发达地区先富起来的人民群众对更高生活水平的需求,也为充裕的民间资金新增了一条有效的投资渠道。

同时,保险助力实体经济方面也有创新。2007年5月,由中国出口信用保险公司为义乌市场量身定做的中国小商品城贸易信用保险正式启动,标志着义乌市场出口信用保障体系正式建立。中国小商品城贸易信用保险以"低费率、广覆盖、操作简便"的优势,为义乌外贸的发展保驾护航。

五是保险功能逐步显现。1998年至2007年浙江赔款(给付)支

出共 620 余亿元,有力地保障了人们的生产及生活。特别是在大灾面前,保险业勇于承担责任,积极理赔。比如,1998 年杭州、嘉兴、湖州及温州洪灾赔款 2.55 亿元;2002 年"森拉克""威马逊"台风造成舟山、宁波、台州、温州等地部分企业、家庭较为严重的财产损失,有关公司闻灾而动,临灾抢险,科学定损,快速理赔,仅人保公司一家就支付"森拉克"大灾赔款 1.1 亿元;2004 年"云娜"台风赔款 7.54 亿元;2005 年"海棠"等 5 次台风赔款 10.7 亿元;2006 年"桑美"等 3 次台风赔款 2.5 亿元,2007 年"圣帕"等 3 次台风赔款 2 亿元,稳定了相关企业的生产经营并保障了受灾家庭的生活。

六是市场集中度逐步下降。由于保险主体不断增加,市场集中度逐年下降。浙江 1997 年有 3 家保险经营主体,到 2007 年有 45 家保险经营主体(财产险公司 21 家,人身险公司 24 家)。人保财险市场份额由 1997 年的 83.97% 下降到 2007 年的 36.79%,中国人寿市场份额由 1997 年的 74.23% 下降到 2007 年的 57.64%;人保财险、太平洋产险、平安产险这三家财产险公司市场份额由 1997 年的 100% 下降到 2007 年的 55.29%;中国人寿、太平洋寿险、平安寿险这三家人身险公司市场份额由 1997 年的 100% 下降到 2007 年的 82.13%。

七是集中打击"地下保单"。针对"地下保单"破坏浙江省金融保险市场秩序、严重损害浙江省投保人和被保险人的利益的情况,2005—2007 年,浙江保监局印发了《关于开展打击"地下保单"工作的通知》等文件,多次召开由省内保险公司和行业协会参加的座谈会,督促各保险公司加强对公司营销人员的管控,确保保险营销员不参与、不协助销售境外保单。同时,浙江保监局与公安、外汇管理等部门加强协作,共同打击境外保单。

三、 2008—2012 年的稳健发展阶段

2012 年,浙江保费收入 819.88 亿元,比 2007 年增长 121.81%。其中,财产险保费收入 358.22 亿元,比 2007 年增长 154.07%;人身

险保费收入 461.65 亿元,比 2007 年增长 101.91％。2008—2012 年浙江总保费收入在我国大陆地区排名在前 9 位,其中财产险保费收入排名保持在第 3 位,人身险保费收入排名保持在第 9 位。2012 年,浙江保险密度 1741.96 元,比 2007 年增加 1156.17 元;保险深度 2.93％,比 2007 年增加 0.5 个百分点。2008 年至 2012 年,共赔款(给付)支出 1006.34 亿元,平均每年赔款(给付)支出 201.27 亿元,是 1998 年至 2007 年年平均值的 3.24 倍。

保险公司总部成果丰硕,先后成立了两家保险公司总公司。2009 年 6 月 23 日,浙商财产保险股份有限公司获中国保监会开业批复,这是总部设在浙江的第一家全国性财产保险公司,公司注册资金为人民币 15 亿元,注册地为浙江省杭州市,公司专业经营各类财产保险业务。2009 年 7 月 23 日,浙商财产保险在浙江省人民大会堂隆重举行了开业典礼。时任浙江省常务副省长陈敏尔、中国保监会副主席周延礼亲自出席开业典礼并致辞。2012 年 11 月 13 日,中韩人寿保险有限公司获中国保监会开业批复,公司是由浙江东方集团股份有限公司与韩华生命保险株式会社共同出资成立的中外合资寿险公司,是浙江第一家中外合资总公司。

2008—2012 年,我国市场经济体系进一步完善,改革开放进一步推进,经济社会进一步发展,广大人民群众随着生活水平的不断提高,对保险的需求也越来越迫切,所有这些都使得保险业进一步发展并具有以下特点。

一是党和政府更加重视保险业。2011 年,浙江省政府与中国保监会签署《关于推进保险业改革创新,支持浙江省转变经济发展方式的合作备忘录》,正式启动"保险支持经济转变发展方式"试验区建设。召开浙江保险业深入推进政保合作、全面实施"十二五"规划动员大会,积极贯彻落实省部合作协议。2012 年,省政府与中国保监会签订支持温州金融改革战略合作备忘录,涉及 5 大类 20 余项改革项目。

二是盈利状况持续改善。浙江保险业的效益稳步提升,产险效益更是一年一个台阶。2009年,浙江产险业实现盈利2.7亿元,跃居全国第3位;2010年,浙江产险业实现盈利16.5亿元,位居全国第2位;2011年,浙江产险业实现盈利27.9亿元,跃居全国第1位。

三是保险功能进一步发挥。2008—2012年,平均每年保额213320.76亿元;共赔款(给付)支出1006.34亿元,平均每年赔款(给付)支出201.27亿元,是1998年至2007年年平均值的3.24倍。

保险在缓解中小企业融资难、融资贵方面的作用进一步发挥。人保财险舟山市分公司与建设银行舟山分行等单位签约合作,开展了全国系统首个中小企业贷款保证保险规模试点。时任浙江省委常委、常务副省长陈敏尔在浙江保监局上报的《引入商业保险机制、破解中小企业融资难题——我省开展中小企业贷款保证保险试点》上批示:"引入商业保险机制破解中小企业融资难题的做法很有创新意义,望及时总结,深化银保合作,取得更多成效。"

四是将保护消费者权益摆到突出位置。2012年,浙江省及各地市成立反保险欺诈中心;浙江39家寿险公司签署治理销售误导公约;浙江省保险行业协会推进诉调对接工作,努力将保险合同纠纷解决在诉前,更好地维护消费者权益,累计收到法院移交的保险合同纠纷诉调对接案154件,涉案金额1713万余元,成功调解82件,涉案金额999万余元,成功率为52%。

五是市场集中度继续下降。2012年,保险经营主体有76家(财产险公司33家,人身险公司43家),比2007年增加31家。人保财险市场份额由2007年的36.79%下降到2012年的33.74%,中国人寿市场份额由2007年的57.64%下降到2012年的40.86%;人保财险、太平洋产险、平安产险这三家财产险公司市场份额由2007年的55.29%上升到2012年的58.08%,中国人寿寿险、太平洋寿险、平安寿险这三家人身险公司市场份额由2007年的82.13%下降到2012年的65.11%。

六是社会责任进一步凸显。2009年，作为"面对金融危机，保险伴你同行"主题活动之一，浙江保险业举办了"春风就业行动"专场招聘会，52家省级保险公司和6家保险中介公司以及保险行业协会、保险中介行业协会等60家单位面向应届毕业生推出了400多个岗位，吸引了3000多人前来应聘。

第三节　浙江保险业经营状况

一、财产保险

1992—2000年，财产保险主要险种为企业财产保险、家庭财产保险、机动车辆保险、货物运输保险、工程保险等。

2001年，财产保险公司保费收入42.17亿元。其中，机动车辆保险保费收入25.86亿元，占财产保险公司保费收入的61.32%；企业财产保险保费收入7.3亿元，占财产保险公司保费收入的17.31%；货物运输保险保费收入3.62亿元，占财产保险公司保费收入的8.58%；责任险保费收入1.43亿元，占财产保险公司保费收入的3.39%。

2001年以后，财产保险主要险种为企业财产保险、机动车辆保险、货物运输保险、责任保险、工程保险、信用及保证保险、农业保险等。

2012年财产保险公司保费收入367.8亿元。其中，机动车辆保险保费收入290.52亿元，占财产保险公司保费的78.99%；企业财产保险保费收入24.88亿元，占财产保险公司保费的6.76%；货物运输保险保费收入4.09亿元，占财产保险公司保费的1.11%；责任保险保费收入7.49亿元，占财产保险公司保费的2.04%；信用及保证保险保费收入14.27亿元，占财产保险公司保费的3.88%；农业保险保费收入4.08亿元，占财产保险公司保费的1.11%。

1992—2012年，在财产保险保费收入中，机动车辆保险保费收入一直占大头，占比基本保持在 60%～80%，企业财产保险、家庭财产保险、货物运输保险等险种的保费收入占比不断下降，而责任保险、信用及保证保险、农业保险等险种的保费收入占比不断上升。

二、人身保险

人身保险是以人的寿命和身体为保险标的的一种保险，包括人寿保险、意外伤害保险及健康保险。

1992—2001 年，人身保险主要险种为普通寿险、意外伤害保险、健康保险。2001 年以后，人身保险主要险种为普通寿险、分红寿险、投资连结保险、万能保险、意外伤害保险、健康保险等。

2001 年，浙江人身保险公司保费收入 86 亿元，其中，普通寿险保费收入 77.8 亿元，占人身保险公司保费的 90.47%；意外伤害保险保费收入 4.47 亿元，占人身保险公司保费的 5.2%；健康保险保费收入 3.7 亿元，占人身保险公司保费的 4.3%。

2012 年，浙江人身保险公司保费收入 452.07 亿元，是 2002 年的 5.25 倍。其中，普通寿险保费收入 46.22 亿元，比 2001 年有所下降，约占人身保险公司保费的 10.22%；分红寿险保费收入约 352.39 亿元，是 2002 年的 5.62 倍，占人身保险公司保费的 77.95%；投资连结保险保费收入 0.14 亿元；意外伤害保险保费收入 16.71 亿元，是 2002 年的 3.02 倍，占人身保险公司保费的 3.7%；健康保险保费收入 34.56 亿元，是 2002 年的 5.35 倍，占人身保险公司保费的 7.64%。

从业务渠道来看，1997 年前，团体业务渠道保费收入一直占大头。1998 年，个人业务渠道保费收入首次超过团体业务渠道保费收入。此后，个人业务渠道保费收入一直占大头。2006 年个人营销、团体保险、银行保险这 3 大渠道的保费收入分别是 129.5 亿元、32.6 亿元、29.0 亿元，分别占比 67.8%、17.0%、15.2%。后来又有电销、网销等形式。2012 年，个人业务渠道保费收入约占 62%，团体业务渠道保费收入约占 6.5%，其他渠道保费收入约占 37.5%。

第四节　浙江保险业存在的主要问题和发展趋势

一、浙江保险业存在的问题

我省保险业得到了长足发展,但仍处于初级阶段,与地方经济发展整体实力还不相适应、与和谐社会建设还不相适应、与人民生活水平还不相适应。这主要表现在以下几个方面。

一是业务规模与浙江经济发展水平不相称。保险业务总量在全国各省区市的排名低于经济总量的排名,保险深度低于全国平均水平,保险行业的综合实力偏弱(见表4-1)。

表4-1　全国保费收入前十名省市排名情况(2012年)　(单位:万元)

地区	总保费	
	本年累计	排名
全国	154868955.15	——
江苏	13014144.84	1
广东	12910076.93	2
山东	9676190.01	3
北京	9221520.91	4
河南	8409454.18	5
上海	8205481.13	6
浙江	8198103.83	7
四川	8190702.16	8
河北	7661042.47	9
湖北	5333381.86	10

二是服务水平与社会保险需求不相称,保险产品同质化严重,保险公司创新能力不强。2012年,浙江保险市场上,财产险业务主要靠车险,车险占财产险业务比重为79.0%;除了爱和谊、中银保险等4家公司外,其余28家财产险公司车险占比都超过75%。人身

险业务主要靠同质化理财产品的局面持续多年,分红险占寿险业务的87.8%;除招商信诺、联泰大都会等5家公司外,其余31家寿险公司分红险占比都超过80%。

三是行业发展基础与保险功能定位不相称。行业的发展方式较为粗放,人才储备不足,市场秩序有待规范,诚信建设亟须加强,行业形象欠佳。公司对销售人员管控不力,缺乏科学有效的考核,缺乏对销售员工的专业培训,更缺乏对销售员工的职业规划,这造成了从业人员普遍缺乏行业归属感,增员难度不断加大。

二、 浙江保险业的发展趋势

浙江保险业将以加快建设"三大保险"为重点,以改革创新为动力,以结构调整为抓手,以诚信建设为突破,以服务社会为重点,切实推进发展方式转变,全面提升行业发展品质,实现转型发展、特色发展、协调发展和稳健发展,使其服务浙江经济社会发展的水平不断提升。

一是消费者保护力度不断加强。保险消费者是保险市场发展的衣食父母,做好保险消费者的权益保护工作至关重要。浙江保险业将通过完善外部监督机制,加大销售现场的检查力度,加强消费者风险提示等方式,不断加大对保险消费者的保护力度。同时,参照其他行业投诉热线的形式,建立保险消费者投诉举报热线,为保险消费者的投诉建立畅通的渠道。联合法院等单位,建立诉调对接机制,为消费者提供法律援助。

二是服务地方发展能力不断提升。浙江保险业深入推进政保合作,努力创新、大胆开拓,深入参与温州金改。同时以温州经验为借鉴,积极协助省政府做好其他地方的金改。以金改为抓手,促进行业创新发展、协调发展。加强与地方各级政府的合作,积极推进保险创新示范区、金融创新示范县的建设,支持浙江金融服务业的发展,提升保险服务地方经济社会发展的能力。

　　三是服务社会民生能力不断提升。浙江保险业大力推进政策性农业保险工作，根据各地市的情况，因地制宜，做好茶叶等特色农产品的保险工作。深入实施种植业巨灾风险准备金制度，在不增加农户负担和影响公司正常经营核算的情况下，进行准备金的积累，提高保障能力。大力推进大病保险工作，健全大病保险服务网络，建立医疗数据在保险机构和医疗机构之间的网上传输机制，争取让数据多跑路、群众少跑腿，方便群众尤其是行动不便的群众的医疗报销等事宜，努力做到百姓、政府双满意。

第五章 浙江省实施货币信贷政策回顾

第一节 货币信贷政策的历史沿革

1992 年,邓小平南方谈话后,中国进入了一个加速发展的时期,经济增长进入了一个新的发展阶段,银行信贷也快速增长。为加强对信贷的控制,国家对银行信贷规模采取了"双线"控制的方式,即各省人民银行分行负责对各省专业银行贷款规模的监控;各省专业银行分行分别负责对本系统内贷款规模的管理。人民银行浙江省分行以"浙银发〔1992〕115 号"文下发了《关于加强贷款规模"双线"监控工作的通知》,该文件贯彻落实了人民银行总行精神。但全省信贷投放规模仍快速增长。1992 年末,全省金融机构各项存款余额 1030.60 亿元,新增 240.96 亿元,同比多增 58.02 亿元,同比增长 30.5%;各项贷款余额 963.65 亿元,新增 213.71 亿元,同比多增 81.39亿元,同比增长 28.5%。现金收支大幅度增长,收支相抵净回笼货币 46.87 亿元,比上年少回笼 12.89 亿元。当年全省的经济增长率也越过两位数,达到 17%,固定资产投资增长 35%。

1993 年 6 月,中央采取紧缩性宏观调控措施,货币政策也相应调整为适度从紧。在金融领域出现"乱集资、乱拆借、乱设金融机构"的现象后,时任副总理朱镕基亲自任中国人民银行行长,全面整顿金融秩序。同年 7 月份召开金融工作会议,朱镕基提出"约法三章"。即:立即停止并认真清理一切违章拆借,已违章拆出的资金要限期收回,自 7 月 7 日开始,谁再超过贷款规模乱拆借,银行行长一律撤职;不准用提高利率的办法搞"储蓄大战",不得向贷款对象收取回扣;立即停止向银行自己兴办的各种经济实体注入信贷资金,并彻底脱钩。

1994 年 1 月,国务院发布了《关于金融体制改革的决定》,该文件提出要确立强有力的中央银行宏观调控体系,把中国人民银行办成真正的中央银行。并明确人民银行作为中央银行,其主要职能是制定和实施货币政策,保持货币的稳定;对金融机构实行严格的监管,保证金融体系安全、有效地运行;建立政策性银行;分离出政策性任务后,把国家专业银行转变为国有商业银行,对商业性银行实施资产负债比例管理和资产风险管理;实现汇率并轨,建立以市场汇率为基础的、单一的、有管理的人民币浮动汇率制度。

农业政策性金融业务划转工作于 1994 年 6 月 30 日顺利完成。当时全省划转信贷资产 46.57 亿元,其中工行划转 16.20 亿元,农行划转 30.37 亿元。浙江省农业政策性业务主要是粮油购、销、存贷款,共计 39.73 亿元,占农业政策性业务的 85.3%;其次是国储棉及棉花调销贷款 2.67 亿元;此外,粮棉加工企业贷款、扶贫专项贷款和农业综合开发贷款分别是 1.11 亿元、0.92 亿元和 2.12 亿元。

当年,再贴现作为选择性货币政策工具开始在产业结构调整中发挥积极作用,同时也加速了浙江省票据市场的恢复和发展。经过一系列宏观调控举措的实施,浙江省票据市场开始步入正轨。1994 年末,浙江省票据市场贴现余额 1.21 亿元,贴现总额 11.26 亿元。

为确立中国人民银行的地位,明确其职责,保证国家货币政策的正确制定和执行,建立和完善中央银行宏观调控体系,维护金融稳定,1995 年 3 月 18 日,第八届全国人民代表大会第三次会议通过了《中国人民银行法》,这是我国第一部关于明确人民银行地位、职责的法律,这部法律的颁布是中国金融业的重大事件。在《中国人民银行法》颁布仅一周后,人民银行浙江省分行立即在人民银行办公大楼会议室举行了记者座谈会,学习、宣传《中国人民银行法》。会议由时任人民银行浙江省分行行长谢庆健主持,工商银行、农业银行、中国银行、建设银行四大国有银行浙江省分行的行长们都亲临会场参加了会议。

1995年,人民银行总行印发了《贷款通则(试行)》。8月份,人民银行浙江省分行进行了转发。《贷款通则(试行)》明确了贷款人及借款人的对象、贷款的种类、贷款的期限和利率;并明确自营贷款期限一般最长不得超过10年,票据贴现的贴现期最长不得超过6个月;短期贷款延期不得超过原贷款期限;中期贷款延期不得超过原贷款期限的一半;长期贷款延期不得超过3年。并明确企业法人对外的股本权益性投资总额不得超过其资产净值的50%,以及限定了申请贷款的条件,等等。同时还明确了贷款管理责任制:贷款管理实行行长(经理、主任,下同)负责制,行长可以授权副行长或贷款管理部门负责审批贷款。建立以"三查"分离为基础的审贷分离制度,严格划分各级信贷工作人员的职责,对大额借款人通过建立驻厂信贷员制度进行管理。

1994—1997年,浙江省金融系统认真执行适度从紧的货币政策,重点是抑制通货膨胀。人民银行浙江省分行加强了金融宏观调控,强化对信贷总量和固定资产贷款的管理,抑制过高的投资需求。1996年,停办新的保值储蓄,两次在全省顺利调低利率;认真执行人民银行总行关于金融支持国有大中型企业的10条措施,并从浙江的实际出发,制定、实施了金融支持重点骨干企业的8条意见,集中资金支持了农业、农副产品收购、外贸出口、重点骨干企业和重点建设项目;加大金融对科技的投入力度,制定、实施了金融业加大对科技投入的若干意见。发挥金融整体功能,为国家宏观金融调控和治理通货膨胀做出了贡献,也有力支持了全省经济建设并促进了改革开放。

1994—1998年,浙江省金融系统连续五年每年都召开全省金融工作会议。会前由人民银行浙江省分行牵头筹备，会议由时任人民银行浙江省分行行长谢庆健主持，省委、省政府领导到会作重要讲话。时任浙江省委书记李泽民两次参加会议并讲话，时任省长万学远 4 次参加会议，柴松岳省长 5 次参加会议并讲话，既对金融系统上一年的工作给予肯定，又对下一年的金融工作提出要求。这对一个专业性的会议是稀有的。李泽民书记曾这样说："金融工作会议是一个部门的专业会议，一般来说我们书记、省长是不参加的。1993年整顿金融秩序以来，我们确实深感金融工作非常重要，所以这几年我们都代表省委、省政府讲几句话。"这充分体现了省委、省政府对金融工作的高度重视。

表 5-1　1994—1996 年浙江省金融机构各项人民币存贷款情况

年份	存款		贷款	
	余额（亿元）	同比增长（%）	余额（亿元）	同比增长（%）
1994	1910.98	45.15	1627.87	30.46
1995	2623.60	37.29	2103.65	29.23
1996	3400.19	29.60	2584.09	22.84

1997 年，全省金融部门在贯彻适度从紧的货币政策的过程中，一方面，坚持总量控制，按预定目标监控信用总量；另一方面，根据浙江经济发展的实际，积极进行微调和预调，发挥金融间接调控功能，集中资金保重点，增加信贷有效投入，支持经济发展的合理资金需求，加大了支持农业、重点骨干企业、科技和外贸出口的力度，特别是 7 月份以后，根据经济运行实际，为促使工业产业回升，加快了信贷投放，8 月至 12 月新增贷款 330 亿元，同比多增 114 亿元。为保持宏观经济政策的连续性、稳定性和灵活性，做出了积极的努力。

1998 年，中国人民银行管理体制进行了重大改革。1998 年 10 月，国务院向各省、各部委批转了《人民银行省级机构改革实施方案》。该《方案》决定撤销省级分行和省会城市分行，设立跨省区市的 9 家大区分行，在不设分行的省会城市成立金融监管办事处和人

民银行省会城市中心支行,人民银行地市分行改称为地市中心支行。上海分行管辖沪浙闽三省市,作为第一个全国试点成立,吴晓灵为第一任行长。10 月 31 日,中国人民银行上海分行组建的动员会在杭州召开。时任中国人民银行总行党委委员吴晓灵同志作组建动员报告,就人民银行管理体制改革的重要意义、上海分行组建方案、有关政策和纪律要求等作了详尽的阐述和说明。

自 1999 年 1 月 1 日起,浙江省范围内的人民银行中心支行归上海分行管辖,人民银行杭州中心支行对全省人民银行金融服务类的有关工作和外汇管理工作实施领导和管理。

1998 年,国内经济面临亚洲金融危机的严峻考验,国家为扩大内需和促进经济的稳定增长,实行了稳健的货币政策和积极的财政政策,充分发挥货币政策的作用,中央银行多次运用货币政策工具拉动国内社会总需求,连续出台了一系列刺激经济增长的货币信贷政策措施。在货币政策方面,先后取消了对国有商业银行的贷款规模控制,存款准备金率从 13％下调至 8％,连续三次下调存款利率1.89 个百分点,直至 3.78％,下调贷款利率 2.21 个百分点到 6.39％,扩大了公开市场业务操作,加大了窗口指导的力度。在信贷政策方面,中国人民银行发布了《个人住房贷款管理办法》(银发〔1998〕190号),允许商业银行向居民发放贷款用于购买自用普通住房,这标志着我国个人住房贷款市场正式启动。这对有效促进扩大内需、支持经济的稳定增长,起到了重要作用。浙江省金融系统认真落实各项货币信贷政策措施,配合国家扩大内需的政策要求,正确处理促进经济增长与防范金融风险的关系,努力改善金融服务,有效增加信贷投入。人民银行杭州中心支行加强信贷管理和投向引导,制定了全省金融系统增加信贷有效投入、支持经济稳定发展的 10 条意见,经省政府同意后,转批各地执行;转发人民银行总行《关于改进金融服务、支持国民经济发展的指导意见》,督促辖内各金融机构认真落实该文件精神;切实做好取消贷款限额管理,在推行资产负债比率管理和风险管理的基础上,实行"计划指导,自求平衡,比率管理,间接调控"的管理体制;合理安排短期融通资金、农村信用社再贷款和再贴现资金,解决金融机构临时性头寸不足问题,保证金融机构合理的资金需求,全省人民银行全年发短期融通资金216亿元,农村信用社再贷款和再贴现金额分别达3.9亿元和8.8亿元。

1998年末,全省金融机构各项贷款余额达到5264亿元,比年初增加943亿元,同比多增116亿元,余额同比增长21.8%;各项贷款余额3897亿元,比年初增加623亿元,同比多增120亿元,余额同比增长19.0%,增幅比上年提高近1个百分点,有力地促进了全省经济的稳定发展,也实现了金融业的稳定发展,浙江省主要金融指标在全国和华东地区均居前列。

1999年,中央银行进一步加大刺激经济力度,综合运用各种货币政策工具,为有效调节、适度增加货币供应量,促进国民经济协调发展,先后七次下调人民币存贷款利率并两次下调法定存款准备金利率至6%;合理引导信贷投向,促进经营结构调整;督促商业银行及时发放贷款,不断扩大贷款范围,实施封闭贷款。全省金融系统认真落实适当增加货币供应量的各项货币信贷政策措施,着力改进金融服务,妥善处理支持经济发展和防范金融风险的关系,积极增加信贷投放,这些举措实现了金融业的平稳运行和健康发展。人民银行杭州中心支行根据经济发展的客观需要,适时适度运用好货币政策工具,认真管好用活短期再贷款,全省人民银行累计发放商业银行和农村信用社短期再贷款214.4亿元,年末短期再贷款余额比年初增加6.5亿元,同比多增9.9亿元,为弥补商业银行和城乡信用社临时头寸不足的问题发挥了积极作用;引导金融机构确保扩大投资的资金需求,全年基建贷款新增198亿元,同比多增98亿元。增加对农业、中小企业和个体私营经济的信贷投入;引导大力拓展消费信贷业务,全省金融机构推出各类消费信贷业务16种,全年消费贷款新增量占全部贷款增加额的18%左右。

1995—1999 年,人民银行规范再贴现业务操作,开始把再贴现作为货币政策工具体系的组成部分,并注重通过再贴现传递货币政策信号。该阶段人民银行初步建立了较为完整的再贴现操作体系。人民银行浙江省分行在浙江省再贴现业务的规范意见中对再贴现业务提出了三个"优先",即优先支持煤炭、电力、冶金、化工、铁道五个行业和棉花、生猪、食糖、烟叶四个品种及其相关商品生产和交易的已贴现票据的再贴现,以及经济效益好的国有大中型企业贴现票据的再贴现;优先办理承兑行、贴现行跨系统、跨地区的银行承兑汇票的再贴现;优先支持贴现业务量大、管理规范的商业银行。再贴现在调整浙江省信贷结构,引导信贷资金投向,支持重点骨干企业资金需要,解决企业之间的相互拖欠,促进票据市场的发展等方面发挥了积极作用。

2000—2004 年,人民银行持续实行稳健的货币政策。但是"稳健"并不排斥根据经济形势的变化在操作层面灵活地实行适度放松或收紧银根的货币政策,事实也是如此。2000—2003 年上半年,人民银行实行的稳健货币政策操作是具有扩张性的,而 2003 年下半年以后,中央银行在操作层面上开始实行收紧的货币政策,9 月份上调存款准备金率 1 百分点到 7%。

全省人民银行认真贯彻落实总行货币政策的精神。人民银行杭州中心支行着力推动解决农业贷款难和拓展中小企业融资渠道。2001 年,人民银行杭州中心支行出台了支持中小企业发展、推广农村信用社发放小额信用贷款、信用村(镇)建设等一系列货币信贷政策措施。2002 年,温州工商银行对小额信用贷款实行包放、包收、包管理与信贷人员工效挂钩的"三包一挂钩"制度,人民银行在全省进行推广,有效推动了农合小额信用贷款业务的开展,县域贷款明显上升。全省县、市增量存贷比达 65%,比年初提高 7.5 个百分点,中小企业贷款满足率提高。8 月 24 日,时任人民银行杭州中心支行行长龚方乐陪同时任人民银行行长戴相龙赴温州调研经济发展与金融服务工作，戴相龙对这一做法给予了高度评价，2003 年即要求在全国推广。人民银行杭州中心支行还灵活运用货币政策工具，积极推动货币市场发展。2000 年，它指导商业银行开办票据专营窗口业务，形成了以杭州为集散地的区域票据中心；2002 年，扩大商业承兑汇票流通区域，建立了杭州、宁波、绍兴、湖州四地商业承兑汇票再贴现试点联合区，重点推广企业扩大到 61 家，全年累计贴现 10 亿元，联合区试点企业进一步扩大到 194 家，这一举措有力地推动了商业承兑汇票业务的跨区域流通，促进了商业承兑汇票业务的扩大与发展。2004 年，人民银行杭州中心支行为完善金融监测制度，建立了辖区内法人金融机构存款准备金头寸监测制度，并对省内实行差别准备金率的 3 家城市商业银行重点建立流动性监测体系，指导完善温州民间利率监测体系并充分发挥其作用。

当时，杭州的银行机构齐全、资产质量较高、金融秩序良好，形成了来一家赚一家的良性循环。2002 年 4 月份，《金融时报》头版连续刊载了反映"杭州金融现象"的五篇系列报道，在全国引起了较大反响。

2003 年面对"非典"疫情冲击，人民银行杭州中心支行采取措施确保辖内货币信贷运行平稳。针对受"非典"直接冲击较大的旅游、宾馆、餐饮、外贸等行业的企业资金周转困难，出台了《关于防治"非典"期间对部分行业采取扶持政策的通知》和《关于进一步加强银贸协作，加大金融支持力度，促进外经贸发展意见》等文件，受到省政府的肯定和表扬。同时加大资金协调力度，本着"急事急办、特事特办"的原则，积极协调解决辖内部分防治"非典"医疗物资的生产企业扩大生产的资金缺口问题，满足了企业合理的资金需求。

2003 年 7 月 23 日，时任浙江省委书记习近平在时任省委常委、秘书长张曦，时任副省长王永明等一行人的陪同下，冒着酷暑到人民银行杭州中心支行考察调研，并看望慰问了杭州中心支行的干部职工。龚方乐行长向习近平总书记一行汇报了人民银行近年来的主要工作和下步工作打算。听完汇报后，习近平总书记对人民银行坚持发展、勇于创新、敢于开拓所取得的成绩给予了充分肯定，并就继续发挥好中央银行职能作用提出了希望。最后习近平总书记与人民银行杭州中心支行的领导及处长拍照留念。

下午，习近平总书记又召开了浙江省银行、证券、保险座谈会，并作重要讲话。习近平总书记强调，在当前和今后一个时期，浙江省发展金融业要按照党的十六大提出的"优化金融资源配置，加强金融监管，防范化解金融风险，使金融更好地为经济社会发展服务"的要求，坚持把推进金融改革发展与浙江经济社会发展有机统一起来。支持国有商业银行改革，积极推进城市商业银行改革，继续深化农村信用社改革，认真抓好温州市金融试验区的综合改革工作。加大金融服务力度，确保浙江省"五大百亿"等重点建设投资需求，服务于先进制造业基地建设。加快证券业、保险业改革和发展，发挥资本市场作用，引导民间资本投向，完善社会保障体系，大力加强"信用浙江"建设，更好地发挥金融在现代经济中的核心作用。

表 5-2　2000—2002 年浙江省金融机构各项人民币存贷款情况

年份	存款		贷款	
	余额（亿元）	同比增长（%）	余额（亿元）	同比增长（%）
2000	7300	16.4	5424	22
2001	8823	20.9	6482	19.5
2002	11243	27.4	8613	32.2

2003 年末，全省金融机构各项存款余额 15416 亿元，同比增长 29.6%；各项贷款余额 12419 亿元，同比增长 41.3%，自 1998 年以来首次增幅超过 40%，增量占全国贷款比重高达 12%。贷款快速增长主要受国民经济快速增长和政策因素影响。2003 年，全省生产总值 9705 亿元，同比增长 14.7%，高于 2002 年 2.1 个百分点；工业增加值增长 23.7%；固定资产投资 4740 亿元，增长 36.3%；出口 415.9 亿美元，增长 41.4%；经济的快速增长加大了对资金的需求。同时，积极

财政政策的实施效果明显,商业银行投入了大量配套资金,对拉动全省经济增长起到了良好的效果。

2004 年是国家实施宏观调控的关键一年,政策出台多,调控力度大。同时,人民银行内部货币信贷管理职能也进行了调整,人民银行杭州中心支行于 5 月份起开始履行管理全省货币信贷工作的职责。人民银行杭州中心支行贯彻落实国家宏观调控政策,一方面加强与政府经济管理部门的协调配合,积极配合开展了固定资产项目清理、土地市场清理、开发区(园区)清理和房地产市场调控工作,有效抑制了部分行业、部分地区的投资过热,宏观调控取得明显效果。投资过快增长势头得到遏制,全年全社会固定资产投资 5945 亿元,比上年增长 20.2%,增幅比上年回落 18.7 个百分点。另一方面加大对金融机构的窗口指导力度,确保各项金融调控措施落实到位。结合浙江实际,制定下发了《2004 年杭州辖内货币信贷工作指导意见》《2004 年下半年浙江省货币信贷工作指导意见》和《浙江省当前信贷投向指引》等多份信贷导向文件,适时召开货币信贷运行情况通报会和经济金融形势分析会等,向省内各级人民银行和金融机构传达宏观调控精神,通报货币信贷运行情况,引导金融机构落实“有保有压、区别对待”的调控原则,调整信贷投向。2004 年末,调控行业信贷投放明显回落,全省水泥、房地产和土地储备中心贷款比年初仅增加 62 亿元,同比少增 308 亿元;同时,对重点行业和重点项目的信贷投放力度继续加大,各金融机构对全省“五大百亿”工程的贷款余额 973 亿元,比年初增加 177 亿元,增幅达 22%。

2004 年 8 月,人民银行杭州中心支行建立了货币信贷快速反应(中国人民银行杭州中心支行杭银办〔2004〕106 号《关于实施浙江省货币信贷快速反应制度的通知》)和经济金融形势与货币信贷执行情况分析(中国人民银行杭州中心支行杭银办〔2004〕105 号《关于建立省金融形势与货币政策执行情况分析制度》)两项制度。前者是在全省范围内建立以人民银行货币信贷政策快速反应小组为核心,形成纵向与省内人民银行各市中心支行、部分县(市)支行之间,横向与金融机构、企业、经济金融专家学者、政府相关职能部门之间的信息快速反应体系;后者是以浙江省经济金融形势分析与货币信贷政策执行情况分析为主平台,由人民银行杭州中心支行行长担任组长,货币信贷管理处、调查统计处等处室为成员的分析小组确定的框架和形成的观点为基础,以省内各市中心支行预分析会议及在杭金融机构预分析会议为补充的立体分析制度。同时还成立了人民银行杭州中心支行货币信贷政策咨询委员会,聘请经济综合部门专家、高等院校教授为咨询委员,为经济金融形势和货币信贷执行情况分析提供咨询意见。此项制度一直持续了十几年。

表 5-3 2004—2006 年浙江省金融机构各项存贷款情况

年份	存款		贷款	
	余额(亿元)	同比增长(%)	余额(亿元)	同比增长(%)
2004	17855	15.8	14983	20.8
2005	21118	18.3	17122	14.3
2006	25006	18.4	20759	21.2

浙江省是民营经济大省,民营经济在浙江省国民经济组成中占有十分重要的地位,人民银行利用金融手段支持浙江省民营经济发展,既是充分发挥"金融是现代经济的核心"作用和促进加快建设经济强省的必然要求,更是实现浙江省金融业持续、健康发展的战略举措。2004 年,时任总理温家宝视察浙江,并对如何支持民营经济做了重要讲话。为贯彻落实温家宝总理视察浙江的讲话精神,人民银行杭州中心支行制定下发了《关于金融进一步支持我省民营经济发展的指导意见》(杭银发〔2004〕163 号),要求各金融机构根据自身特色和经营优势找准市场定位,把支持民营经济作为业务发展的重点,把培植优质中小民营企业客户群体作为特色服务体系和扩大市场占有的根本措施,实现银企双赢。同时要完善为民营经济服务的内部组织体系和信贷工作机制,设立重点为中小企业等民营经济服

务的信贷部门，配备必要的人员，专门研究、指定和督促、落实支持民营经济发展的相关政策措施；完善对基层支行的授权制度，适当下放中小民营企业的流动资金贷款审批权限，优化固定资产贷款报批程序和流程，提高审批效率。

努力推进信贷创新，开发适合民营经济特点的融资服务项目和有效贷款方式，有条件的金融机构要积极推广试行应收账款、仓储货单、存货、商标权、专利权、市场摊位使用权、矿业权、土地和山林承包权等形式的动产及权利抵（质）押贷款和联保协议贷款、法定代表人抵押担保贷款等一系列新型信贷品种；大力开展个人经营创业贷款；等等。

2005 年，人民银行杭州中心支行认真组织贯彻落实《关于金融进一步支持我省民营经济发展的指导意见》的精神，全省组织协调召开近百次银政银企洽谈会、融资方式报告会，扩大中小企业融资规模，支持民营经济发展。并出台了《浙江省民间借贷利率监测办法（试行）》，设立 240 个监测点，初步在全省构建起民间利率监测体系。

2006 年，浙江省信贷投放在各种因素交织作用下持续居于全国前列。人民银行杭州中心支行准确把握调控力度，通过贯彻落实总行上调利率、存款准备金率等金融调控政策，连续 6 次召开窗口指导会议、约见地方法人金融机构负责人谈话和多次向地方政府通报总行"窗口指导"新精神等措施，积极争取地方政府的理解和支持，统一调控方向和步伐，督促金融机构合理投放贷款。

2007 年，中国经济开始出现过热迹象，人民银行实行适度从紧的货币政策。10 次上调存款准备金率，从 9％上调到 14.5％；6 次上调存贷款利率，一年期贷款利率从 6.39％上调到 7.47％。全省金融系统深入领会和贯彻适度从紧的货币政策精神，切实加强窗口指导，主动创新工作方式，有效畅通货币政策传导渠道，全力引导货币信贷平稳运行。人民银行杭州中心支行督促辖内金融机构全面落

实存款准备金率和存贷款利率的上调工作,持续跟踪监测各项政策的累积效果;加大窗口指导的频率和力度,综合发挥货币信贷指导意见、经济金融形势分析会,货币政策通报会、房地产金融联席会议、区域金融运行报告等的重要作用,引导金融机构在加强信贷总量控制、把握信贷投放节奏的基础上优化信贷投向结构;加强房地产信贷管理,加大对循环经济、自主创新、节能减排和就业等关键领域和薄弱环节的信贷支持,严格控制"两高"行业贷款;加强对地方法人金融机构的引导,按月监测流动性情况,组织办理特种存款,收缩富余资金流动性。

2007年末,全省金融机构各项存款余额29030亿元,比年初新增4026亿元,同比少增11亿元;余额同比增长16.1%,增幅同比回落2.3个百分点。受资本市场起落储蓄存款进出频繁的影响,全年存款增速呈W型走势,波动较为显著,峰谷差为3.72个百分点,较上年0.15个百分点。各项贷款余额24940亿元,比年初新增4182亿元,同比多增410亿元;余额同比增长20.2%,增幅连续9个月呈回落态势,同比下降1.1个百分点,比2007年最高的2月份回落3.9个百分点。

总体来看,2000—2007年,浙江信贷快速发展,各项贷款余额从2000年初的4651亿元增长至2007年末的24940亿元,年均增长23%,增速快于全国近10百分点。浙江信贷投放规模较大,既有流动性持续充足和银行业股份制改革后盈利冲动增强等全国性普遍因素的影响,也与浙江经济金融特点有关。一是浙江民营经济发达,包括银行金融机构和企业在内的市场主体对未来发展信心充足,信贷供求配合较好。二是政府积极营造和谐的信贷环境,为促进浙江企业更好发展,浙江省政府重视抓好信用建设,出台相关政策营造良好的金融环境。三是浙江总体金融生态环境良好,截至2007年12月末,浙江省金融机构不良贷款率仅为1.12%。各家商业银行总行对浙江进行信贷政策倾斜,促成浙江信贷资金的"洼地效应"。各股份制商业银行总行都青睐浙江，纷纷把分支机构设到浙江的省会城市杭州，使杭州成为第一个所有全国性股份制商业银行分支机构都齐全的省会城市。

2008年也是货币政策频繁调整的一年。10次调整存款准备金率（其中6次上调，4次下调），6次下调存贷款利率。2008年上半年，央行实行从紧的货币政策。全省人民银行通过召开会议、约见谈话等形式，指导法人金融机构合理安排信贷规划，保持信贷均衡合理增长。美国次贷危机引发的国际金融全面爆发，并逐渐影响我国。其影响包括以下几个方面：首先是出口趋缓，甚至出现负增长，经济增速快速回落。为防止经济的硬着陆，中央政府推出了一系列扩大内需的政策措施。货币政策从2008年下半年开始转为适度宽松的货币政策。如此大的政策转变，需要人民银行分支机构立即跟进，及时贯彻落实。人民银行杭州中心支行立即召开全省金融机构和人民银行系统货币信贷部门负责人的座谈会，做好货币政策的传导工作，做好信贷资金保障工作，确保总量平稳增长。同年11月，出台《关于贯彻落实适度宽松货币政策促进经济平稳发展的指导意见》，提出加大金融对经济发展支持的12条指导意见。12月，接连配合省政府召开"重点项目融资对接会"和"中小企业融资对接会"，为落实适度宽松货币政策搭建平台；随后，在全省开展"万名信贷员下厂入户服务月"活动，帮助企业、农户破解融资难题。2007年以来如此密集、快速变化的货币政策，以及贯彻落实的强大力度，在货币信贷工作的历史上也是少有的。

2008年末，浙江省金融机构本外币各项存款余额35481亿元，比年初新增6419亿元，同比多增2378亿元；余额同比增长22.1%，增幅同比提高6个百分点。各项贷款余额29659亿元，比年初新增4740亿元，为历史新高，同比多增532亿元；余额同比增长18.8%，增速同比回落1.4个百分点。全省贷款总体多增主要为四季度大幅多增所致。其中12月份贷款增加726亿元，创了历史同期纪录，这

些数据充分体现了浙江省金融机构贯彻总行精神的力度与效果。

2008年第四季度和2009年第一季度经济增长速度降到了7%以下，故2009—2010年，人民银行继续实行适度宽松的货币政策。人民银行杭州中心支行认真贯彻适度宽松的货币政策，畅通货币政策传导渠道，优化信贷结构，进一步完善货币政策工具管理，积极推进金融改革，努力做好"保增长、抓转型、重民生、促稳定"的金融支持工作，促进浙江经济回升向好。其举措包括，一是加强窗口指导，加大金融对经济发展的支持力度，下发《浙江省货币信贷工作的指导意见》，组织召开货币信贷通报会、信贷形势座谈会等窗口指导会议，切实保障信贷总量合理增长，优化信贷结构。二是积极搭建平台，有效落实适度宽松的货币政策，2009年组织开展"万名信贷员下厂入户服务月活动"，共有1.8万余名信贷员深入基层，走访企业8万多户。积极组织各类银企对接会、洽谈会等活动，2009年全省各级人民银行组织召开各类银企交流和签约活动750余次，总计与3000余家企业、646个重点项目达成合作意向，其金额为3000多亿元。三是加强政策协调配合，着力促进经济转型升级。

积极支持经济发展方式转变，引导金融机构以企业自主创新、技术改造、兼并重组、"走出去"等为重点进行转变，2009年出台《关于金融支持浙江省"十一大产业"转型升级的指导意见》，引导金融机构大力支持浙江省重点产业转型升级；联合省经信委、省财政厅共对130个企业技术改造升级项目的中长期贷款进行补偿财政贴息资金3亿元，确定我省第一批150家长三角地区商业承兑汇票重点推广企业。2010年，联合省委部门开展工业转型升级重点技改项目财政贴息工作，共对60多个技改项目补贴近1亿元，推动科技金融产品创新。

2009年末，全省金融机构各项存款余额45112亿元，比年初新增9692亿元，余额同比增长27.4%。各项贷款余额39224亿元，比年初新增9597亿元，余额同比增长32.4%，增幅连续7个月在30%

以上，创历史新高。

2010年末，全省金融机构本外币各项存款余额54478亿元，比年初新增9370亿元，余额同比增长20.8%。各项贷款余额46939亿元，全年新增7714亿元，比上年少增1883亿元，余额同比增长19.7%。

通过两年适度宽松的货币政策以及中央一系列政策措施的实施，经济增长率又回到两位数。因而，2011年货币政策又回归稳健的货币政策。人民银行杭州中心支行强化窗口指导和信贷调控工作，保持信贷和社会融资规模合理增长；加强货币政策工具管理和运用，严格落实存款准备金政策，认真做好七次存款准备金率调整和保证金存款纳入准备金交存范围等工作。对考核达标欠发达地区的县域金融机构加大支持力度，25家金融机构执行比同类金融机构正常标准低1个百分点的准备金率；发挥再贷款再贴现的结构调整作用，对涉农、中小企业及商业承兑汇票优先办理再贴现，累计办理再贴现1581笔，平均单笔金额140万元左右，全省人民银行系统发放再贷款和再贴现82亿元。

2011年，存贷款增长均明显放缓。2011年末，全省金融机构本外币各项存款余额60893亿元，比年初新增6507亿元，余额同比增长12%，比上年回落8.8个百分点；各项贷款余额53239亿元，全年新增6482亿元，比上年少增1232亿元，余额同比增长13.8%，比上年回落5.9个百分点，从这些数据，可以看出调控的成效比较明显。

2012年，人民银行继续实行稳健的货币政策，首次提出了金融服务实体经济信贷政策导向。按照"稳中求进"的方针，认真贯彻落实稳健的货币政策，加强地方法人金融机构信贷投放管理，保持信贷总量合理适度增长，着力调整和优化信贷结构。开展"金融支持实体经济服务年"活动，提出金融支持实体经济发展的25项政策措施，加大对经济转型升级的金融支持。

2012年，全省存贷款增长继续放缓。2012年末，全省金融机构各项存款余额66679亿元，同比增长9.5%。全年存款新增5790亿元。全省本外币贷款余额 59509 亿元,同比增长 11.8%,全年贷款新增 6267 亿元,比上年少增 215 亿元,并已连续三年少增。

表 5-4 1998—2012 年金融机构存款准备金率调整

时间	调整前(%)	调整后(%)	调整幅度
1998 年 3 月 21 日	13	8	下调 5 百分点
1999 年 11 月 21 日	8	6	下调 2 百分点
2003 年 9 月 21 日	6	7	上调 1 百分点
2004 年 4 月 25 日	7	7.50	上调 0.5 百分点
2006 年 7 月 5 日	7.50	8.00	上调 0.5 个百分点
2006 年 8 月 15 日	8	8.50	上调 0.5 个百分点
2006 年 11 月 15 日	8.50	9	上调 0.5 个百分点
2007 年 1 月 15 日	9	9.50	上调 0.5 个百分点
2007 年 2 月 25 日	9.50	10	上调 0.5 个百分点
2007 年 4 月 16 日	10	10.50	上调 0.5 个百分点
2007 年 5 月 15 日	10.50	11	上调 0.5 个百分点
2007 年 6 月 5 日	11	11.50	上调 0.5 个百分点
2007 年 8 月 15 日	11.50	12	上调 0.5 个百分点
2007 年 9 月 25 日	12	12.50	上调 0.5 个百分点
2007 年 10 月 25 日	12.50	13	上调 0.5 个百分点
2007 年 11 月 26 日	13	13.50	上调 0.5 个百分点
2007 年 12 月 25 日	13.50	14.50	上调 0.5 个百分点
2008 年 1 月 25 日	14.50	15	上调 0.5 个百分点
2008 年 3 月 25 日	15	15.50	上调 0.5 个百分点
2008 年 4 月 25 日	15.50	16	上调 0.5 个百分点
2008 年 5 月 20 日	16	16.50	上调 0.5 个百分点
2008 年 6 月 15 日	16.50	17	上调 0.5 个百分点
2008 年 6 月 25 日	17	17.50	上调 0.5 个百分点
2008 年 9 月 25 日	17.50	16.50	下调 0.5 个百分点

注:此次下调仅适用于部分金融机构。

时间	调整前(%)	调整后(%)	调整幅度
2008 年 10 月 15 日	17.50	17	下调 0.5 百分点
2008 年 12 月 5 日	17	16	下调 1 个百分点
2008 年 12 月 25 日	16	15.50	下调 0.5 个百分点
2010 年 1 月 12 日	15.50	16	上调 0.5 个百分点 *

续　表

时间	调整前（%）	调整后（%）	调整幅度
注：此次上调农村信用社等小型金融机构除外。			
2010 年 2 月 25 日	16	16.50	上调 0.5 个百分点 *
注：此次上调农村信用社等小型金融机构除外。			
2010 年 5 月 10 日	16.50	17	上调 0.5 个百分点 *
注：此次上调农村信用社等小型金融机构除外。			
2010 年 11 月 16 日	17	17.50	上调 0.5 个百分点
2010 年 11 月 29 日	17.50	18	上调 0.5 个百分点
2010 年 12 月 20 日	18	18.50	上调 0.5 个百分点
2011 年 1 月 20 日	18.50	19	上调 0.5 个百分点
2011 年 2 月 24 日	19	19.50	上调 0.5 个百分点
2011 年 3 月 25 日	19.50	20	上调 0.5 个百分点
2011 年 4 月 21 日	20	20.50	上调 0.5 个百分点
2011 年 5 月 18 日	20.50	21	上调 0.5 个百分点
2011 年 6 月 20 日	21	21.50	上调 0.5 个百分点
2011 年 12 月 5 日	21.50	21	下调 0.5 个百分点
2012 年 2 月 24 日	21	20.50	下调 0.5 个百分点
2012 年 5 月 18 日	20.50	20	下调 0.5 个百分点

表 5 - 5　1993—2012 年金融机构人民币存款基准利率

调整时间	活期存款（%）	定期存款（%）					
		三个月	半年	一年	二年	三年	五年
1993 年 05 月 15 日	2.16	4.86	7.2	9.18	9.9	10.8	12.06
1993 年 07 月 11 日	3.15	6.66	9	10.98	11.7	12.24	13.86
1996 年 05 月 01 日	2.97	4.86	7.2	9.18	9.9	10.8	12.06
1996 年 08 月 23 日	1.98	3.33	5.4	7.47	7.92	8.28	9
1997 年 10 月 23 日	1.71	2.88	4.14	5.67	5.94	6.21	6.66
1998 年 03 月 25 日	1.71	2.88	4.14	5.22	5.58	6.21	6.66
1998 年 07 月 01 日	1.44	2.79	3.96	4.77	4.86	4.95	5.22
1998 年 12 月 07 日	1.44	2.79	3.33	3.78	3.96	4.14	4.5
1999 年 06 月 10 日	0.99	1.98	2.16	2.25	2.43	2.7	2.88
2002 年 02 月 21 日	0.72	1.71	1.89	1.98	2.25	2.52	2.79
2004 年 10 月 29 日	0.72	1.71	2.07	2.25	2.7	3.24	3.6

调整时间	活期存款（％）	定期存款（％）					
		三个月	半年	一年	二年	三年	五年
2006 年 08 月 19 日	0.72	1.8	2.25	2.52	3.06	3.69	4.14
2007 年 03 月 18 日	0.72	1.98	2.43	2.79	3.33	3.96	4.41
2007 年 05 月 19 日	0.72	2.07	2.61	3.06	3.69	4.41	4.95
2007 年 07 月 21 日	0.81	2.34	2.88	3.33	3.96	4.68	5.22
2007 年 08 月 22 日	0.81	2.61	3.15	3.6	4.23	4.95	5.49
2007 年 09 月 15 日	0.81	2.88	3.42	3.87	4.5	5.22	5.76
2007 年 12 月 21 日	0.72	3.33	3.78	4.14	4.68	5.4	5.85
2008 年 10 月 09 日	0.72	3.15	3.51	3.87	4.41	5.13	5.58
2008 年 10 月 30 日	0.72	2.88	3.24	3.6	4.14	4.77	5.13
2008 年 11 月 27 日	0.36	1.98	2.25	2.52	3.06	3.6	3.87
2008 年 12 月 23 日	0.36	1.71	1.98	2.25	2.79	3.33	3.6
2010 年 10 月 20 日	0.36	1.91	2.2	2.5	3.25	3.85	4.2
2010 年 12 月 26 日	0.36	2.25	2.5	2.75	3.55	4.15	4.55
2011 年 02 月 09 日	0.4	2.6	2.8	3	3.9	4.5	5
2011 年 04 月 06 日	0.5	2.85	3.05	3.25	4.15	4.75	5.25
2011 年 07 月 07 日	0.5	3.1	3.3	3.5	4.4	5	5.5
2012 年 06 月 08 日	0.4	2.85	3.05	3.25	4.1	4.65	5.1
2012 年 07 月 06 日	0.35	2.6	2.8	3	3.75	4.25	4.75

表 5 - 6　1993—2012 年金融机构人民币贷款基准利率

调整时间	六个月以内（含六个月）（％）	六个月至一年（含一年）（％）	一至三年（含三年）（％）	三至五年（含五年）（％）	五年以上（％）
1993 年 05 月 15 日	8.82	9.36	10.8	12.06	12.24
1993 年 07 月 11 日	9	10.98	12.24	13.86	14.04
1995 年 01 月 01 日	9	10.98	12.96	14.58	14.76
1995 年 07 月 01 日	10.08	12.06	13.5	15.12	15.3
1996 年 05 月 01 日	9.72	10.98	13.14	14.94	15.12
1996 年 08 月 23 日	9.18	10.08	10.98	11.7	12.42
1997 年 10 月 23 日	7.65	8.64	9.36	9.9	10.53
1998 年 03 月 25 日	7.02	7.92	9	9.72	10.35
1998 年 07 月 01 日	6.57	6.93	7.11	7.65	8.01

续　表

调整时间	六个月以内(含六个月)(%)	六个月至一年(含一年)(%)	一至三年(含三年)(%)	三至五年(含五年)(%)	五年以上(%)
1998 年 12 月 07 日	6.12	6.39	6.66	7.2	7.56
1999 年 06 月 10 日	5.58	5.85	5.94	6.03	6.21
2002 年 02 月 21 日	5.04	5.31	5.49	5.58	5.76
2004 年 10 月 29 日	5.22	5.58	5.76	5.85	6.12
2006 年 04 月 28 日	5.4	5.85	6.03	6.12	6.39
2006 年 08 月 19 日	5.58	6.12	6.3	6.48	6.84
2007 年 03 月 18 日	5.67	6.39	6.57	6.75	7.11
2007 年 05 月 19 日	5.85	6.57	6.75	6.93	7.2
2007 年 07 月 21 日	6.03	6.84	7.02	7.2	7.38
2007 年 08 月 22 日	6.21	7.02	7.2	7.38	7.56
2007 年 09 月 15 日	6.48	7.29	7.47	7.65	7.83
2007 年 12 月 21 日	6.57	7.47	7.56	7.74	7.83
2008 年 09 月 16 日	6.21	7.2	7.29	7.56	7.74
2008 年 10 月 09 日	6.12	6.93	7.02	7.29	7.47
2008 年 10 月 30 日	6.03	6.66	6.75	7.02	7.2
2008 年 11 月 27 日	5.04	5.58	5.67	5.94	6.12
2008 年 12 月 23 日	4.86	5.31	5.4	5.76	5.94
2010 年 10 月 20 日	5.1	5.56	5.6	5.96	6.14
2010 年 12 月 26 日	5.35	5.81	5.85	6.22	6.4
2011 年 02 月 09 日	5.6	6.06	6.1	6.45	6.6
2011 年 04 月 06 日	5.85	6.31	6.4	6.65	6.8
2011 年 07 月 07 日	6.1	6.56	6.65	6.9	7.05
2012 年 06 月 08 日	5.85	6.31	6.4	6.65	6.8
2012 年 07 月 06 日	5.6	6	6.15	6.4	6.55

表 5－7　2002—2012 年浙江省本外币存贷款余额和增速

年份	存款余额(亿元)	存款增速(%)	贷款余额(亿元)	贷款增速(%)
2002	11899.34	/	8791.38	/
2003	15415.67	29.55	12418.60	41.26
2004	17855.05	15.82	14982.54	20.65
2005	21117.94	18.27	17122.14	14.28
2006	25005.92	18.41	20757.83	21.23

年份	存款余额（亿元）	存款增速（%）	贷款余额（亿元）	贷款增速（%）
2007	29030.34	16.09	24939.89	20.15
2008	35481.20	22.22	29649.22	18.88
2009	45112.01	27.14	39223.91	32.29
2010	54482.29	20.77	46938.54	19.67
2011	60893.14	11.77	53239.34	13.42
2012	66679.08	9.50	59509.12	11.78

注：浙江省本外币存贷款余额从 2002 年开始统计。

表 5 - 8　1992—2012 年浙江省票据市场交易情况

年份	承兑发生额（万元）	贴现发生额（万元）	承兑余额（万元）	贴现余额（万元）
1992	/	/	/	/
1993	/	/	/	/
1994	/	11.26	/	1.21
1995	220.50	47.30	79.20	9.30
1996	323.00	115.40	90.60	21.90
1997	307.20	115.20	91.20	22.60
1998	/	/	/	/
1999	154.70	17.95	62.69	3.59
2000	239.92	108.46	128.19	21.49
2001	504.01	568.88	229.00	103.95
2002	826.83	1007.10	396.13	217.19
2003	1344.48	1489.77	928.50	182.49
2004	4719.97	2884.34	2235.35	504.40
2005	6769.11	3901.96	/	/
2006	/	/	4044.70	794.60
2007	11275.50	6631.10	5295.90	496.00
2008	14915.90	8565.00	7138.30	1045.30
2009	18219.80	13686.50	7764.60	1168.80
2010	20356.24	9147.66	9743.12	625.10
2011	23454.70	/	10007.20	652.80
2012	23785.80	17860.00	10237.10	1049.30

第二节　货币信贷政策与浙江省经济的协调发展

以 1998 年取消贷款规模限额控制为标志,我国信贷政策开始由直接调控向间接调控转变。十多年来,我省人民银行灵活运用多种手段,因地制宜地创造性地贯彻落实信贷政策,促进了浙江经济结构的调整和优化。

一、着力缓解中小企业融资难问题

浙江是一个以中小企业为主的民营经济省份,中小企业是支撑浙江经济发展的主要力量,浙江省一直把研究解决中小企业融资难问题作为贯彻货币信贷政策、促进地方经济发展的重点工作来抓,并依照市场化原则,循序渐进地解决中小企业融资问题。

第一,通过推动信贷产品创新为中小企业设计量身定制的产品,解决中小企业融资中的抵押问题。2000 年,时任人民银行杭州中心支行龚方乐行长带队走访了在杭部分商业银行,调查了解商业银行在信贷支持中小企业方面好的做法,同时通过发放问卷进行全面调查,在此基础上总结归纳出 8 种信贷创新品种,并在辖内银行进行大力推广,以此营造了辖内银行的创新氛围并带动中小企业的信贷创新工作全面展开,2002—2004 年三年间创新贷款余额就增长了 8 倍,目前中小企业信贷创新品种也达到了近 40 种,中小企业贷款难问题得到有效缓解。

第二,强化财政政策激励引导。2005 年开始,人民银行杭州中心支行联合省财政厅、省中小企业局等部门,在全国率先开展小企业贷款风险补偿工作,由省财政出资,地方政府配套,对年销售额 500 万元以下、贷款 200 万元以下的小企业贷款增量按 0.5% 的比例给予风险补偿。2005—2012 年,全省累计发放小企业贷款风险补偿资金 4 亿多元,这一举措切实提升了金融机构开展小企业贷款的积极性。

第三,通过推动商业银行信贷制度改革再造信贷流程,解决金融机构对中小企业贷款的机制问题。从 2004 年起,通过出台《关于金融进一步支持我省民营经济发展的指导意见》(杭银发〔2004〕163号)、召开经济金融形势分析会、举办中小企业推进会等多种形式的活动,督促我省 14 家金融机构通过开展中小企业信贷制度改革试点工作,建立起信贷支持小企业的长效机制。

第四,改善金融生态,全面营造良好的中小企业融资环境。1999年,人民银行杭州中心支行与省发改委组成联合调研组进行深入调研,发现中小企业抵押贷款过程中存在多头登记、强制评估和费用过高的问题,便向省政府做了专题报告。敦促省政府出台了《关于房地产抵押登记问题的通知》(浙政办〔1999〕178 号),取消了多头登记及登记收费制度,实行评估自愿原则,此项政策实施后效果明显,不仅降低了中小企业的筹资成本,方便了贷款的发放,而且提高了金融服务效率,深受中小企业的欢迎。2005 年,开始配合省政府率先在全国开展小企业贷款风险补偿工作,通过联合下发《开展小企业贷款风险补偿工作的通知》《小企业贷款风险补偿审核意见》等文件完善政策措施和外部激励机制。2006 年又与省中小企业局签订合作协议备忘录,并联合下发《关于浙江省中小企业融资金融生态建设工程的实施意见》,系统地把改进金融机构信贷制度、加强中小企业信用评价体系、完善金融生态环境等内容进行整合,全方位开展中小企业融资生态环境建设。2008 年 7 月,人民银行杭州中心支行与省工商局等部门联合出台《浙江省股权质押贷款指导意见》,同时召开股权质押工作推进会,规范引导金融机构开展股权质押贷款。

经过多年的努力,浙江省金融支持中小企业发展取得很大成效,截至 2012 年末,全省小微企业贷款余额达 15114.1 亿元,居全国第一。金融机构中小企业信贷制度改革成效卓著。各家银行设置

了专门机构来负责小企业的研究和市场服务、拓展，浙商银行等成立了中小企业特色支行；制定、修改和细化了专门的中小企业信贷制度；简化了信贷流程，提高了服务效率，许多中小企业贷款的审批权限被下放到二级分支行，贷款的"限时办结制"也被广泛采用；"正向激励"机制日趋完善，纷纷建立了专职营销队伍和服务体系，完善考核激励机制，将负责中小企业信贷人员的收入与绩效挂钩，鼓励信贷人员开展中小企业信贷业务。浙江省金融支持中小企业的工作走在了全国前列。2007 年 5 月，浙江金融部门支持中小企业发展方面的措施和经验得到人民银行总行和国务院领导的高度评价，人民银行总行专门以银办发〔2007〕149 号形式在系统内推广借鉴，国务院办公厅也以《政务情况交流》（2007 年第 15 期）向全国印发。

二、 积极推进农村金融服务

1998—2003 年，人民银行杭州中心支行信贷支农工作主要是重点推动农信社开展信贷支农，尤其是开展小额农户贷款和联保贷款，2002 年，时任人民银行杭州中心支行龚方乐行长专门组织全省在衢州召开了农户小额贷款现场推进会，以推动农户小额贷款业务的开展。2004 年以后，党中央、国务院连续五年以一号文件的形式把解决农村问题放在了重要地位，人民银行加强了对信贷支农的窗口指导。

浙江的森林覆盖率达 70%，如果能将这一资产流动起来，那绿水青山就是金山银山了。自 2006 年起，浙江省率先在森林覆盖率近80% 的丽水地区试点开展林权抵押贷款，全省林权抵押贷款工作走在了全国的前列。以丽水为典型代表的浙江林权抵押贷款经验受到人民银行总行的充分肯定和新闻媒体、社会各界的关注。2008 年2 月，人民银行杭州中心支行、浙江省林业厅联合出台《关于开展森林资源资产抵押贷款，支持我省林业发展的指导意见》（杭银发〔2008〕40 号），要求金融机构"积极稳妥开展以森林资源资产抵押为

核心的金融创新"。2009 年 3 月,人民银行杭州中心支行与省林业厅、省农信联社联合召开森林资源资产抵押贷款工作座谈会,研究推进全省林权抵押贷款工作。4 月下旬,人民银行总行、财政部、银监会、保监会、国家林业局等五部委在浙江龙泉召开全国"金融支持集体林权制度改革和林业发展现场会",时任人民银行总行副行长刘士余参会并作重要讲话。会议对浙江的林权抵押贷款工作给予了充分肯定,人民银行杭州中心支行在会上介绍了浙江省林权抵押贷款工作经验。6 月人民银行杭州中心支行又会同省林业厅联合召开全省林权抵押贷款推进会,着力推动全省林权抵押贷款扩面增量。2009 年 6 月,中国人民银行、国家林业局(现国家林业和草原局)等五部委联合发布《关于做好集体林权制度改革与林业发展金融服务工作的指导意见》(银发〔2009〕170 号)。2009 年末,全省林权抵押贷款余额突破 10 亿元。到 2012 年末,全省林权抵押贷款余额达50.2亿元,拥有林业资源的地市全部开展林权抵押贷款业务,实现了农村产权抵押融资的突破。分地区看,全省林业资源较为丰富地区的林权抵押贷款开展情况良好。

2006 年,人民银行杭州中心支行为配合浙江省政府在全省开展的社会主义新农村建设工作,推进金融支持新农村建设,制定出台了《关于金融支持我省社会主义新农村建设的指导意见》(杭银发〔2006〕92 号),并牵头召开全省金融支持新农村建设电视电话推进会,分管农业的时任副省长茅临生到会讲话,并充分肯定了我省金融系统支持"三农"工作的成绩。

2007 年,人民银行杭州中心支行联合省农办、浙江保监局在全省开展了"金融保险服务送农村"大型活动。4 月 24 日,通过电视电话会议举行了启动仪式,时任副省长茅临生到会并作重要讲话,时任人民银行杭州中心支行行长周业樑、时任浙江保监局局长张忠继和时任省农办副主任余振波对全省"金融保险服务送农村"活动进行了全面部署。该项活动持续一年,受到社会各界的好评。

2007 年，人民银行杭州中心支行被浙江省委、省政府评为社会主义新农村建设优秀单位，总行组织中央新闻媒体进行专题采访报道。

2008 年，人民银行杭州中心支行积极配合推进农业贷款风险补偿工作，联合省财政厅进一步完善《浙江省农业贷款风险补偿办法》，引导金融机构增加对"三农"的信贷投入，充分发挥财政资金在支农方面"四两拨千斤"的作用。

2009 年 3 月，人民银行杭州中心支行下发《关于加快推进浙江省农村金融产品和服务方式创新的指导意见》（杭银发〔2009〕87 号），要求金融机构通过创新农村金融产品和服务方式来加大对新农村建设的支持，尤其要大力加强对农户创业、农产品加工、农村经济合作组织等农业经营主体的信贷支持；6 月，出台《关于金融支持我省农村住房改造建设的指导意见》（杭银发〔2009〕140 号），引导各类金融机构积极支持全省农村住房改造建设工作，以此推动农民居住条件改善、扩大农村消费和拉动农村投资。

2009 年以后，以农地承包经营权权能完善和机制创新为特征，浙江省农地流转稳步发展。截至 2012 年末，全省农地流转面积达 823.44 万亩，比 2005 年增加 466.48 万亩，年均增长 12.7%，占总承包耕地面积的 42.9%。与农地流转相配套的是农地承包经营权抵押贷款业务的发展，2009 年以后，浙江省嘉兴、丽水、湖州、金华、台州等地的部分县（市、区）先后探索和扩大农村土地经营权抵押贷款，截至 2012 年末，全省农村承包土地经营权抵押贷款余额为 1.2 亿元。

农房抵押贷款的发展与政策与农房抵押登记的规定密切相关，省内各地市均在破解登记难题的基础上进行多形式的农房抵押贷款尝试。温州市是浙江省开展农房抵押贷款业务最早的地区，1987 年，温州市瑞安农村信用社就已将集体土地上的农民住房视同国有土地的房产办理抵押贷款。2007 年，温州市中级人民法院与国土部

门联合发文《协助人民法院办理集体土地使用权登记暂行规定》，进一步推进农房抵押贷款工作。浙江省内属温州市的农房抵押贷款品种较多，温州市在农房抵押贷款上做了很多模式创新，推出了"农房抵押＋信用""农房抵押＋林权"等信贷产品。截至2012年末，全省农房抵押贷款余额为100.2亿元，居全国第一。

总体上，浙江省金融支农工作取得了良好成效，主要表现在：信贷支农投入总量不断增加，农户收入持续增加。2012年末，全省涉农贷款余额25010.8亿元，居全国第一，其中农户贷款余额达4904.3亿元，同比增长15.2％，高于全部贷款增速3.4个百分点；信贷支农产品创新取得进展。各类支农信贷创新产品已达60种以上，其中农户小额信用贷款和联保贷款在全省大范围内得到了有效推广，"农家乐"贷款的推广有效推动了全省农村休闲旅游的发展，"兴农贷款"积极扶持新型、高效农业经济组织，开展了多种模式的针对农民专业合作社的贷款，并首次开启了信用社对农民合作社授信的先河，"农民住房抵押贷款"突破集体土地的限制，开办"微小贷款"切实解决了离土农民创业的融资问题，林权抵押贷款在丽水、衢州取得有效突破；金融机构落实有效信贷支农措施。农信社发挥了金融支农主力军的作用，金融服务几乎遍布农村各个层面；国开行发挥政策性业务优势，积极支持县域中小企业、农村社会事业、农村基础建设等的发展；农发行也探索扩大商业支农贷款业务领域；农行重点在农村基础设施、农业产业化、农村中小企业等方面给予了大量的信贷支持；与此同时，其他一些商业银行也都积极开拓思路，在农业产业化等方面开始了有益的探索。

三、 大力推进科技金融结合

浙江民营经济发达，但民营企业呈现"低、小、散"的特点，自主创新能力不强，在发展中遭遇瓶颈。为此，浙江省积极实施科技强省战略，加大科技创新投入，全省各级人民银行大力推动金融资源与科技资源对接,引导金融机构加大科技信贷投入,省内杭州、宁波、温州、湖州四市被列为国家级科技金融结合试点城市。省内金融机构在高新区设立了 30 多家科技支行,这些支行专门为科技企业提供金融服务。

2008 年,人民银行杭州中心支行联合省科技厅、省知识产权局出台了《浙江省专利权质押贷款管理办法》,在全省建立了专利权质押贷款制度。之后,人民银行杭州中心支行每年联合省知识产权局举办专利权质押融资培训班,加大对专利权质押贷款的宣传推广力度;推动省财政每年安排专项资金对专利权质押贷款给予风险补偿。截至 2012 年末,全省知识产权质押贷款余额达 8.1 亿元,居全国前列,这有效促进了科技企业的无形资产转化为银行的信贷资金。

2009 年,人民银行杭州中心支行联合省工商局制定出台了《浙江省商标专用权质押贷款暂行规定》,在全省初步建立起商标专用权质押贷款制度。并联合制定出台了《关于开展"商标质押百亿融资行动"的通知》,该《通知》进一步明确了未来几年全省商标权质押融资的总体目标任务、重点支持对象及具体工作措施,提出在全省尽早实现商标专用权质押百亿元融资的目标。之后,浙江省大部分地市都出台了商标权质押融资办法,完善政策制度,着力推进商标权质押贷款扩面增量。例如,台州市政府出台了《关于大力推进商标专用权质押贷款工作的若干意见》,湖州安吉县政府出台《商标专用权质押贷款工作实施办法》,这些政策制度都为商标权质押融资工作顺利推进打下了坚实的基础。

四、 积极发展绿色金融,支持环境保护

2008 年,人民银行中心支行就联合省经信委、省环保厅等部门出台了《关于改进和加强信贷支持节能减排工作的指导意见》《关于落实环保政策法规推进绿色信贷建设的指导意见》,这些文件明确提出了绿色金融的信贷投向分类原则,要求金融机构坚持"区别对待、有保有压",根据企业的污染排放情况,分别按照支持类、允许类、审慎类和禁

止类四类原则发放贷款,对高新技术产业、节能环保产业、清洁生产企业等领域积极给予信贷支持,对高污染高耗能行业、环保违法违规企业审慎发放贷款,对淘汰落后产能的重点行业实施信贷有序退出。

2010年,人民银行杭州中心支行与有关部门紧密合作,以排污权抵押贷款为突破口,会同省环保厅出台了《浙江省排污权抵押贷款暂行规定》,围绕全省排污权交易试点,支持企业以自身排污权为抵押向金融机构申请贷款,在全国首创了排污权抵押贷款这一绿色金融产品,并在全省持续推广。省内绍兴、嘉兴、金华、温州等地都开展了这项业务,企业将排污权抵押贷款用于节能减排技术改造,不仅有效拓宽了融资渠道,也促进了企业节能减排和转型升级。截至2012年末,全省排污权抵押余额达8.7亿元,居全国首位。

2006年,人民银行总行会同环保部出台了《关于共享企业环保信息有关问题的通知》,在全国建立起环保信息共享机制。浙江省内各级人民银行与环保部门合作,自2007年开始,按月将企业的环境违法和环境许可信息录入人民银行征信系统,供金融机构在开展信贷业务时查询使用。截至2012年末,全省人民银行系统已累计采集企业环境违法行政处罚信息5632条,采集企业清洁生产审核、企业环保设施竣工验收等各类环保许可信息6000余条,并将这些信息全部纳入全国统一的企业征信系统,作为金融机构信贷审批的重要参考。目前,随着纳入征信系统的环保信息数量以及类别不断增加,全省各金融机构日益重视企业环保类信息,将审查征信系统中的企业环保信息作为贷前审批和贷后管理的必要环节,对存在环保违法记录的企业审慎放贷,对绿色环保企业给予较高信用评级,加大信贷支持。

在各相关部门的指导和共同推动下,近年来省内金融机构的绿色金融创新产品也不断涌现,如:兴业银行杭州分行坚持"赤道原则"("赤道原则"是由国际主要金融机构建立的一套全球项目融资的环境保护标准和指南,该原则要求金融机构在项目融资审核中关注环境保护问题，并利用金融杠杆促进环境保护），开拓了能效金融、环境金融和碳金融三大服务领域。2010年3月，中国银行浙江省分行借鉴国际经验，开办了全国首笔CDM项目"碳交易"融资业务，该业务模式是：国内企业通过节能减排技术改造，将温室气体减排量转让给国外项目合作方，以此换取合作方的资金和技术支持，银行以该项目的应收账款为质押，为国内企业提供融资支持，解决企业节能减排的技改资金需求等问题。

五、 大力推进助学贷款业务

2000年8月，人民银行杭州中心支行和浙江省教育厅、浙江省财政厅联合下发了《浙江省财政贴息助学贷款管理规定》，同年9月7日，三家单位又联合召开新闻发布会，标志着浙江省在全省全面开展国家助学贷款业务。具体举措如下。

第一，创造性地确定了"账户绑定原则"。2002年初，根据人民银行总行"四定三考核"的要求，人民银行杭州中心支行与教育部门积极协商，确定了以基本结算账户为银校合作的基础，即由高校的基本账户的银行具体办理该校的助学贷款业务，从而调动银行开展助学贷款的积极性。

第二，较早推出生源地助学贷款，完善国家助学贷款体系。2001年8月，人民银行杭州中心支行与教育部门联合下发了《浙江省生源地财政贴息助学贷款管理规定》（杭银发〔2001〕266号），在全国率先开展生源地助学贷款。2006年11月，又积极协调财政、教育部门，联合出台了《关于进一步加强生源地助学贷款工作的通知》（杭银发〔2006〕263号），该《通知》提出了"按我省就学地国家助学贷款招投标确定的风险补偿金比例的50％"给予生源地助学贷款风险补偿。

第三，首创高校风险准备金制度。为强化高校对国家助学贷款的管理职责，2002年8月，联合教育部门，在浙江省开始实施建立国家助学贷款风险准备基金制度，这在全国实属首创。当时在省内53

所高校建立了 1920 万元的助学贷款风险准备基金,占同期助学贷款余额的 7.8%。并酌情实施国家助学贷款违约情况通报方案,强化对借款学生的外部约束机制。

第四,积极贯彻国家助学贷款新机制。2004 年初,国家助学贷款政策实施新政后,人民银行杭州中心支行与省教育厅、省财政厅、浙江银监局等部门结合浙江实际,共同制定了《浙江省国家助学贷款实施办法》(浙政办发〔2005〕2 号),该文件顺利创建了浙江省国家助学贷款新机制。

第五,开展政策宣传,努力扩大政策影响力。2005 年 9 月,人民银行杭州中心支行牵头在全省范围内开展形式多样、内容丰富的国家助学贷款及征信知识大型宣传活动,活动受到了社会各界的普遍欢迎和支持,社会反响较大,取得了较好的宣传效果,也得到了时任人民银行总行副行长吴晓灵的批示肯定。2007 年 9 月,又联合相关部门在新学期召开之际进行国家助学贷款宣传。此外,还在各种媒体上进行助学贷款政策宣传,努力扩大政策的影响。

六、 有效推动小额担保贷款业务

2003 年,根据人民银行总行等四部委制定的《下岗职工再就业小额担保贷款管理办法》的文件精神,人民银行杭州中心支行联合相关部门出台了《杭州市下岗失业人员小额担保贷款管理办法》(杭银发〔2003〕103 号),该文件提出适当扩大贷款政策享受对象和贷款额度,明确贴息资金拨付和不良贷款补偿方式,落实贷款担保基金额度。2003 年末,仅杭州市已设立担保基金总额 3150 万元;商业银行实际发放小额担保贷款 1309.8 万元。同时按“绑定”模式,将小额担保贷款业务操作环节中的各个部门联系起来,按照“一区、一经办银行、一担保机构”的运作模式确定具体经办支行,为小额担保贷款工作顺利开展奠定较好的基础。此项工作受到中央督查组的充分肯定,并被上海分行推荐介绍其经验。

2004年，为推动此项工作，出台《关于进一步推进杭州市区下岗失业人员小额担保贷款工作的通知》（杭银发〔2004〕221号），该《通知》对小额担保贷款进行了补充规定。2005年，提出了利用创建信用社区的方式来推动小额担保贷款的思路，并出台《关于开展创建信用社区进一步推进下岗失业人员小额担保贷款工作的意见》（杭银发〔2005〕189号）。针对业务发展缓慢和出现小额担保贷款不良率达到20％而停办的现象，2006年，人民银行杭州中心支行在工作思路上突出"求新和长效的特点"，在牵头出台《浙江省小额担保贷款办法》（杭银发〔2006〕133号）的基础上，制定下发《关于加强杭州市区小额担保贷款的通知》（杭银发〔2006〕175号），这些文件旨在解决杭州辖内小额担保贷款出现部分贷款逾期和商业银行停贷等问题；同时配合相关部门出台《杭州市小额担保贷款代位清偿办法》，以协调解决财政代偿问题；根据小额担保贷款工作思路的改变，通过对浙江省小额贷款支持失地农民进行创业实践等情况的实地调研，提出金融以商业可持续模式支持就业的思路。2007年，又提出了利用个人创业贷款的方式来突破政策性下岗失业人员小额担保贷款的局限性的思路，并进行了深入调研，调研报告《小额贷款支持失地农民创业的实践与思考——以浙江为例》被总行《信贷政策调研》和《中国金融》采用；2008年3月，制定下发《浙江省金融支持创业发展指导意见》（杭银发〔2008〕68号），旨在探索通过支持创业来促进就业或再就业的新途径。

专栏1　坚持十五年农副产品收购"不打白条"

从1979年恢复农行到1994年的15年间，我省各级农行始终把支持农副产品收购放在重中之重的位置，在贷款规模和资金安排上确保收购资金的供应，不给农民打"白条"。主要包含三方面措施。

第一，担当责任，不辱使命，确保粮油资金供应。随着改革开放的推进，我省粮食部门扩大了粮食议价收购和议价销售的业务。

1982年,人民银行浙江省分行、农业银行浙江省分行与浙江省粮食厅联合下达《关于加强议价粮油贷款管理的联合通知》,1987年,根据国务院《关于完善粮食合同定购制度的通知》,我省农行从当年开始按合同定购粮食价款的20%发放预购定金贷款。

第二,统筹安排,突出重点,实行主要农副产品收购资金专项管理。1989年,人民银行省分行牵头制定并实施了《浙江省主要农副产品收购资金专项管理暂行办法》,对粮、棉、油、生猪、蚕丝、茶叶等6种农副产品的收购资金,实行"统筹安排、专项管理、按期归还、比例控制"的措施。1993年,人民银行、工商银行、农业银行、中国银行四个银行的浙江省分行联合下发《浙江省主要农副产品收购资金专项专户管理实施细则》,旨在将农副产品的主渠道收购资金列为重点管理对象,实行专户管理。

第三,加强融通,精心调度,千方百计筹集农副产品收入资金。1985年1月1日起,中国人民银行在全国银行推行"统一计划、划分资金、实存实贷、相互融通"的信贷资金管理办法。为确保农副产品收购资金供应,不打"白条",在有关金融部门的密切协作下,通过大力组织存款,加强资金计划管理、资产负债比例管理,加强贷款规模和资金的调度等措施,农行取得了15年来不打"白条"的成绩。

1994年5月17日,时任浙江省委副书记、常务副省长柴松岳在全省农业政策性金融业务规划工作会上充分肯定了农副产品收购15年不打"白条"的重要意义,指出不打"白条"是有关金融部门密切配合、积极做好金融支农工作的结果,它有力支持了我省农业和农村经济的发展,这在全国都是十分突出的成绩。

第六章 浙江省金融市场发展

第一节　债券市场发展

　　中国债券市场从 1981 年恢复发行国债开始,经历了曲折的探索。1996 年末,我国建立债券中央托管机构后,国内债券市场进入快速发展阶段。目前,我国债券市场形成了银行间市场、交易所市场和商业银行柜台市场三个子市场在内的统一分层的市场体系。其中,银行间市场是债券市场的主体,债券存量约占整个市场的 95％。这一市场参与者是各类机构投资者,这一市场属于大宗交易市场(批发市场),实行双边谈判成交,其典型的结算方式是逐笔结算。

一、债券市场总体情况

（一）浙江省债券市场主要品种

　　1. 政府债券。政府债券包括国债和地方政府债。其中,国债的发行人为中国财政部,主要品种有记账式国债和储蓄国债。浙江省 2009 年起开始由财政部代发地方政府债券,至 2011 年获批地方政府自行发债试点,开始独立发行地方政府债务,之后地方政府债券发行量呈现快速增长。

　　2. 金融机构债券。浙江省金融机构债券发行起步较晚,2006 年发行首笔金融债券,此后呈快速增长趋势。截至 2012 年末,累发金融债券 403.46 亿元。

　　3. 非金融企业债务融资工具。企业债务融资工具主要分为短期融资券、中期票据、中小企业集合票据、非公开定向债务融资工具、资产支持票据等。浙江省企业债务融资工具从 2005 年起步以来，以短期融资券、中期票据为主体的债务融资工具发行呈现井喷态势。从 2009 年至 2012 年，企业债务融资工具发行量逐年翻倍增长。截至 2012 年末，累计完成发行 2120.99 亿元，极大满足了企业融资需求。

（二）债券市场交易情况

债券市场的交易工具也称债券市场交易方式，债券市场交易工具主要包括现券交易、质押式回购、买断式回购、债券借贷和债券远期等。其中，绝大多数债券市场的交易工具均是在 2004 年发展起来的。从各个交易工具的交易量来看，当时浙江省债券市场交易主要集中于现券交易和债券回购。2012 年，全省共有全国银行间债券市场成员（金融机构类）121 家，累计实现现券交易量 117965 亿元，回购交易量 97178 亿元。

1. 现券交易

我国债券市场现券交易起步于 1986 年，当时企业债获准在柜台进行转让，现券交易开始出现。最初，我国债券市场的现券交易并不十分活跃，但随着银行间债券市场的发展，债券市场现券交易出现快速增长。浙江省银行间市场现券交易量从 2005 年的 3908 亿元迅速增长到 2012 年的 117965 亿元，这是 2005 年交易量的 30 倍，尤其在 2008 年至 2010 年，浙江省银行间市场现券交易量实现爆发式翻倍增长（见表 6-1）。

表 6-1 2005—2012 年浙江省银行间市场现券交易量

	2005 年	2006 年	2007 年	2008 年	2009 年	2010 年	2011 年	2012 年
交易量(亿元)	3908	54718	64078	176808	366158	685808	874908	117965
增速(%)	—16	43	17	178	107	87	28	35

浙江省金融市场成员积极参与债券市场，以银行间市场为主体的金融市场已成为浙江金融体系的重要组成部分。2012 年，全省共

有全国银行间债券市场成员（金融机构类）121家，累计实现债券市场现券交易金额117965亿元，同比增长34.83%。其中买入债券58751亿元，卖出债券59214亿元。从交易品种看，政策性金融债、国债交易规模占比较高，约占全部交易规模的58.4%。2012年累计债券回购交易额97178.4亿元，同比增长246%，其中融入资金54936.4亿元，融出资金42242亿元，净融出资金为12694.4亿元。

2. 债券回购

债券回购是指债券持有人在卖出债券给债券购买人时，双方约定在将来某一日期以约定的价格，由卖方从买方买回相等数量的同品种债券的行为，它又分为质押式回购与买断式回购。浙江省债券回购业务从2005年之后出现较快增长。2012年累计债券回购交易额97178亿元，同比增长246%，交易量是2005年的11.8倍，年均复合增长率达42%（见表6-2）。

表6-2　2005—2012年浙江省银行间债券市场回购交易量

	2005年	2006年	2007年	2008年	2009年	2010年	2011年	2012年
债券回购（亿元）	8219	15710	20974	31300	34755	50561	39508	97178
增速（%）	12	91	34	48	11	46	-22	246

二、地方政府债

为应对2008年国际金融危机挑战，扩内需保增长，国务院于2009年1月下发了《关于发行2009年地方政府债券有关问题的通知》，并制订发行2000亿元地方政府债券的计划，由财政部代理发行，并代办还本付息和支付发行费等工作，省、自治区、直辖市和计划单列市政府为发行和偿还主体。为探索建立地方政府举债融资机制，培育地方政府债券市场，2011年10月17日，财政部公布《2011年地方政府自行发债试点办法》，并经国务院批准，上海市、浙江省、广东省、深圳市四地为开展地方政府自行发债试点的城市。此后，浙江省开始正式发行地方政府债券。

1. 浙江省地方政府债券发行现状

浙江省自从 2009 年开始发行地方政府债券后,发债规模不断增大。2012 年,浙江省地方政府债券规模再度扩大到 87 亿元。发债种类不断增加,由原来单一的三年期,扩大到五年期和七年期,这一调整更符合基础设施周期性建设的需要。

2. 2011 年浙江省地方政府债券发行情况

2011 年,为了探索建立地方政府举债融资机制,培育地方政府债券市场,国务院启动了地方政府自行发债试点工作,而浙江省成了国务院批准的地方政府自行发债试点省市之一。2011 年,浙江省发行的地方政府债券为记账式固定利率附息债券,国务院批准的自行发债规模为 67 亿元,其中:3 年期 33 亿元、5 年期 34 亿元;宁波单独发行 13 亿。发债规模实行年度发行额管理,2011 年度的发债规模限额当年有效(见表 6-3)。

2011 年,浙江省地方政府债券资金重点用于完成在建项目,严格控制用于新上项目,优先将资金用于保障性安居工程建设等,向民生项目倾斜,确保重点建设项目。统筹考虑市县综合财力、偿债能力和配套要求等客观因素,2011 年,浙江省地方政府债券资金用途有:保障性安居工程建设 13.66 亿元;农村民生工程和基础设施建设 1.63 亿元;医疗卫生、教育文化等基础设施建设 17.35 亿元;生态建设工程 1.98 亿元;水利基础设施建设 4.88 亿元;铁路等重点基础设施建设27.5亿元。

3. 2012 年浙江省地方政府债券发行情况

根据政府综合财力、偿债能力、债务状况和中央投资项目地方配套等因素,浙江省 2012 年地方政府债券发行规模为 104 亿元,比 2011 年增加 24 亿元。其中,单列市宁波 17 亿元,比 2011 年增加 4 亿元。2012 年的浙江省地方政府债券分配全额用于市县,以支持市、县(市)加大对保障改善民生和经济结构调整的力度,例如,优先用于保障性安居工程等重点公益性项目及铁路、普通公路建设,向实施"四大国家战略举措"的重点区域倾斜(见表6-3)。

表6-3 2009—2012年浙江省地方政府债券发行情况(宁波除外) 单位：亿元

	2009年	2010年	2011年	2012年
实际发行额度	67	67	67	87
三年期记账式付息债	67	47	33	/
五年期记账式付息债	/	20	34	43.5
七年期记账式付息债	/	/	/	43.5

三、 金融机构债券

1985年起,中国人民银行决定在全国发行金融机构债券,以支持经济发展。金融机构债券是银行等金融机构作为筹资主体为筹措资金而面向个人发行的一种有价证券,属于金融机构主动负债范畴。2012年末,全部债券托管余额为25.4万亿元,其中金融机构债券9万亿元,金融债券占比为35%。浙江省金融机构债券发行起步较晚,2006年我省浙商银行与杭州市商业银行(后改为杭州银行)分别发行了7亿元和8亿元的次级债券(也称二级资本债),这是我省金融机构首次在银行间债券市场上发行金融类债券,标志着我省机构参与金融市场的广度有了进一步拓宽。浙江省金融机构债券主要包括二级资本债(原次级债券)、混合资本债、普通金融债及其他创新品种(见表6-4)。

表6-4 浙江省法人金融机构金融债历年发行情况统计 单位：亿元

年份	合计	其中：普通金融债	二级资本债	混合资本债	资产支持证券
2006	15		15		
2007	5.5		5.5		
2008	16.96		10		6.96
2009	70	50	20		
2010	47	10	37		
2011	50.5	10	40.5		
2012	198.5	150	42	6.5	
合计	403.46	220	170	6.5	6.96

1. 二级资本债

二级资本债是偿还次序优于金融机构股本权益,但低于一般债务的一种债券形式,其发行资金用于补充商业银行资本充足率。2004 年 7 月,为补充商业银行资本,中国人民银行起草并以人民银行和银监会名义共同发布了《商业银行次级债管理办法》。浙江省二级资本债发行起步于 2006 年,截至 2012 年末,累计发行 170 亿元。其中,2009 年,杭州联合银行发行 8 亿元二级资本债,是当时全国首家发行二级资本债的农村合作金融机构。

2. 混合资本债

我国的混合资本债券是指商业银行为补充附属资本发行的,清偿顺序位于股权资本之前但列在一般债务和次级债务之后,期限在 15 年以上,发行之日起 10 年内不可赎回的债券。2006 年,兴业银行发行首笔混合资本债券,混合资本债券正式进入金融债券市场。浙江泰隆商业银行于 2012 年发行首单混合资本债券,发行金额 6.5 亿元。

3. 普通金融债和专项金融债

普通金融债券是定期存单式的到期一次还本付息的债券,类似于定期存款,但利率较高。我国在过去所发行的普通金融债券期限分为 1 年、2 年、3 年三种,均以平价发行。2009 年,浙江省宁波银行率先发行首笔普通金融债,发行金额 50 亿元。截至 2012 年末,累计发行普通金融债 220 亿元,占金融机构债券总额的 54.5%。

2011 年 10 月,银监会下发《关于支持商业银行进一步改进小型微型企业金融服务的补充通知》,推出小微企业专项金融债。小微企业专项金融债可将募集资金专项用于小微企业信贷投放,有效缓解小微企业融资难问题。2012 年,浙江省内杭州银行、台州银行等积极尝试发行小微企业专项金融债,共计 150 亿元。

4. 资产支持证券

资产支持证券,是一种债券性质的金融工具,其向投资者支付的本息来自于基础资产池产生的现金流或剩余权益。与股票和一般债券不同,资产支持证券不是对某一经营实体的利益要求权,而是一种以资产信用为支持的证券。浙商银行于 2008 年发行首单中小企业信贷资产支持证券,发行金额 6.96 亿元。

四、 非金融企业债务融资工具

非金融企业债务融资工具,是指具有法人资格的非金融企业在银行间债券市场发行的,约定在一定期限内还本付息的有价证券。该债券品种的发展对于扩大我国直接融资渠道,完善债券市场工具具有重要意义,主要包括短期融资券、中期票据、中小企业集合票据、非公开定向债务融资工具、资产支持票据等类型。从 2005 年银行间市场启动债务融资工具发行至 2012 年,浙江省企业在银行间市场累计发行债务融资工具额已超过 2000 亿元,共节约企业财务成本约 50 亿元,推动浙江省直接融资比例达 20.4%。

表 6-5　2005—2012 年浙江省企业债务融资工具发行情况　　单位：亿元

年份	短期融资券	中期票据	中小企业集合票据	总计
2005	53.5			53.5
2006	48.4			48.4
2007	137			137
2008	188			188
2009	105	50		155
2010	219.2	48	8.05	275.25
2011	359.7	67.9		427.6
2012	452.6	317.1	23.6	836.24
合计	1563.4	483	31.65	2120.99

1. 短期融资券

短期融资券是企业在银行间债券市场发行(由国内各金融机构购买不向社会发行)和交易并约定在一年期限内还本付息的有价证券,是人民银行在我国金融市场发展不平衡、货币市场工具相对短缺、融资性票据缺位的背景下,推出的直接融资产品之一。

浙江省短期融资券的发展分为两个阶段。

第一阶段：前期发展阶段（1987—2004 年）。浙江省从 1987 年开始发行短期融资券（当时被称为"短期债券"）。企业通过发行短期债券筹集资金，及时缓解了企业生产经营中因购买原材料等季节性、临时性流动资金不足产生的矛盾。1997 年开始，由于市场秩序维护和监管部门变动等因素，人民银行不再审批此种债券，企业短期债券逐步退出市场。

第二阶段：新时期发展阶段（2005 年以后）。2005 年，为扩大企业直接融资，人民银行颁布《短期融资券管理办法》，重新启动短期融资券市场。不同于以前的短期融资产品，2005 年发行的短期融资券是一种以融资为目的、直接向货币市场投资者发行的无担保的商业本票。人民银行杭州中心支行成立短期融资券产品推进小组，该小组负责积极推进企业短期融资券工作。同时，下发加强全省货币市场工作指导意见，并举办金融市场业务培训和召开全省企业短期融资券推介会，推动辖内金融机构充分利用各类金融市场工具。由光大银行为浙江省交通投资集团有限公司承销的 30 亿元短期融资券重启了浙江省短期融资券的发展。此后，短期融资券成为浙江省企业债务融资工具发行中最为活跃的品种，其数量呈现连年增长趋势。截至 2012 年末，浙江累计发行短期融资券 1563.4 亿元，占企业债务融资工具发行总额的 72.0%（见表 6－5）。

2. 中期票据

中期票据是由企业发行的中等期限的无担保债券。中期票据常见期限多在 3—5 年，它的推出弥补了债券市场中期信用产品短缺的状况。2008 年，我国正式推出中期票据。中期票据发行采用注册的方式，即由发行人向交易商协会一次性注册在未来一定期限内预计发行的总额度，根据市场情况，自主决定每次发行的时间、规模和价格，具有较大的灵活性。2009 年，浙江省交通投资集团首次发行 15 亿元 5 年期中期票据，这标志着浙江省中期票据开始起步。截至 2012 年末，浙江省中期票据累计发行金额 483 亿元，其中 2012 年是浙江省中期票据发展的黄金一年，单这一年发行的中期票据就达 317.1 亿元，占累计中期票据发行额的 65.7%（见表 6-5）。

3. 中小企业集合票据和"区域集优"中小企业集合票据

中小企业集合票据是指 2 个（含）以上、10 个（含）以下具有法人资格的中小非金融企业，在银行间债券市场以"统一产品设计、统一券种冠名、统一信用增进、统一发行注册"方式共同发行的，并约定在一定期限还本付息的债务融资工具。中小企业集合票据是中国人民银行、中国银行间市场交易商协会为了方便中小企业融资，解决单一企业因规模较小不能独立发债的矛盾，于 2009 年 11 月推出的创新金融产品。2010 年，浙江省首单由浙商银行承销的中小企业集合票据成功发行，它为诸暨市的 8 家中小企业募集资金 6.6 亿元，其中 5.94 亿元（占 90%）属优先级部分，面向全国银行间债券市场的机构投资者发行和交易。其余 0.66 亿元（占 10%）为普通级部分，不交易不流通，由浙商银行以余额包销方式承销，发行期限 1 年，利率由市场决定。

截至 2012 年末，浙江累计发行中小企业集合票据 31.65 亿元。由于风险缓释落实难、协调成本高、企业信息披露不规范等问题，中小企业集合票据的发展面临瓶颈。2011 年，中国银行间市场交易商协会推出区域集优中小企业集合票据。"区域集优"债务融资项目是依托地方政府主管部门和人民银行分支机构，让它们共同遴选符合条件的各类地方企业，由中债信用增进投资股份有限公司[1]（简称"中债公司"）联合主承销商、地方担保公司和其他中介机构为选出的企业量身定做债务融资服务方案，提供中小企业集合票据、私募

---

[1] 中债信用增进投资股份有限公司于 2009 年 9 月 21 日在北京成立，是我国首家专业债券信用增进机构。由中国石油天然气集团公司、国网资产管理有限公司、中国银行间市场交易商协会等 7 家机构共同出资设立，注册资本金 60 亿元。中债公司成立的宗旨是为中小企业和低信用级别企业提供直接债务融资信用增进服务。

发行等产品和领域的信用增进服务等金融增值服务的业务模式。在"区域集优"模式下,通过政府资金支持、中介机构让利和工作流程集优等方式,企业实现遴选门槛下降和地区发行规模上升,从而使金融市场更好地为地方经济服务,为中小企业服务。2012 年初,杭州市政府与人民银行杭州中心支行、中债信用增进公司签订了《区域集优债务融资合作框架协议》和《中小企业直接债务融资发展基金监管协议》等三方协议,该协议明确了各方责任义务。其中,杭州市出资 1 亿元设立中小企业直接融资发展基金,作为对中债信用增进公司增信行为的风险缓释。中债信用增进公司按照 1:20 的杠杆放大比例进行增信。同年 5 月 10 日,中国银行间市场交易商协会、人民银行杭州中心支行、浙江省政府金融工作办公室又在杭州签署了《借助银行间市场助推浙江省经济发展合作备忘录》。时任浙江省副省长龚正参加了签约仪式,并表示浙江将以此次合作备忘录签署为新的契机,通过深化合作,力争到"十二五"末期,全省直接融资比重提高至 20% 左右(见表 6-5)。

12 月 25 日,浙江省首单"区域集优"中小企业集合票据由杭州市萧山区内的杭州东方文化园旅业集团有限公司、浙江华欣新材料股份有限公司、浙江联达化纤有限公司等 3 家企业成功发行,发行金额为 5 亿元,发行期限是 3 年期,发行利率仅 5.9%,该利率低于同期银行贷款基准利率,该集合票据由平安银行萧山支行主承销。这标志着浙江省政府与人民银行杭州中心支行以及中债信用增进公司三方合作支持中小企业利用银行间市场进行直接融资迈出了第一步,也为引导更多中小企业探索运用新的直接债务融资工具来缓解融资难问题积累了宝贵经验。

4. 非公开定向债务融资工具

非公开定向债务融资工具是指向银行间市场特定机构投资人通过非公开方式发行,并在特定机构投资人范围内流通转让的债务融资工具。相比于公开发行债券,非公开发行只需向定向投资人披露信息,无须履行公开披露信息义务,并且披露方式下可协商约定,减轻了发行人的信息披露负担。同时非公开定向发行有利于引入风险偏好型投资者,构建多元化的投资者群体,化解中小企业、战略性新兴产业发行人等融资主体在传统公开发行方式的融资困局。2011 年 4 月 29 日,中国银行间市场交易商协会发布《银行间债券市场非金融企业债务融资工具非公开定向发行规则》。2011 年 5 月 4日,中国银行间债券市场首批非公开定向债务融资工具推出。2012年 8 月,由兴业银行为绍兴市交通投资集团承销的 8 亿元非公开发行债务融资工具,掀开了浙江省非公开发行债务融资工具发行的序幕。同年,全省共发行非公开定向债务融资工具 33 亿元。

5.资产支持票据

资产支持票据,是指非金融企业在银行间债券市场发行的,由基础资产所产生的现金流作为还款支持的,约定在一定期限内还本付息的债务融资工具。与传统信用融资方式主要依托发行体本身的信用水平获得融资不同,资产支持票据凭借支持资产的未来收入能力获得融资,支持资产本身的偿付能力与发行主体的信用水平分离,从而拓宽了自身信用水平不高的企业的融资渠道。2012 年 8 月6 日,交易商协会依据相关自律管理规则接受浙江省宁波城建投资控股有限公司与南京公用控股(集团)有限公司、上海浦东路桥建设股份有限公司三支资产支持票据项目注册。

这是我国首批资产支持票据发行主体,2012 年 8 月 8 日,三支资产支持票据成功发行,资产支持票据产品上线。宁波城建投资控股有限公司以宁波市天然气收费收益权为支持融资,融资金额 10 亿元,募集资金用于归还银行贷款。

第二节 同业拆借市场发展

金融机构同业拆借是指金融机构为弥补交易头寸的不足或准备金不足而相互之间进行的借贷活动,是金融机构之间的资金调剂行为。金融机构作为经济各部门之间分配资源的最重要的渠道之一,客观上要求相互间能调剂和融通资金。1986年1月7日,国务院颁布了《中华人民共和国银行管理暂行条例》,该《条例》规定"专业银行间的资金可以相互拆借、专业银行间相互拆借的利率由借贷双方协商议定"。自此,同业拆借市场逐渐发展起来。

1990年3月,中国人民银行下发《同业拆借管理试行办法》。同年6月,浙江省金融市场经中国人民银行浙江省分行批准成立,同时,在各中心城市和部分经济发达的县市也建立了金融市场。截至1993年7月7日止,全省批准成立的金融市场达28家,其中省级1家,杭州、宁波、温州、嘉兴、湖州、绍兴、金华、衢州、台州、丽水、舟山地市级共11家。县市级有萧山、富阳、余杭、瑞安、海宁、平湖、绍兴(县)、诸暨、兰溪、江山、黄岩、椒江、普陀、新昌、义乌、东阳,共16家。其业务范围有:办理会员单位由于票据清算当天头寸不足而发生的临时性资金拆借;办理跨系统、跨地区同业拆借;办理银行承兑的商业汇票转贴现;办理证券公司证券集中交易;提供市场信息、咨询服务。自此,浙江省的同业拆借市场初步形成。此后经过不断地完善和发展,同业拆借市场稳步发展,交易量逐渐增加,从1992年的1627.19亿元,增长到2012年14604.62亿元,同业拆借市场已成为浙江省金融机构间资金融通的重要市场。主要可以分为以下四个阶段。

一、 清理整顿阶段（1992—1995 年）

1992 年，全国的股票和房地产市场逐渐升温，随之而来的是大量拆借资金被用于股市、房市，出现了很多乱拆借现象，特别是 1992 年下半年和 1993 年这一现象有愈演愈烈的趋势。时任副总理朱镕基于 1993 年 7 月初在全国金融工作会议上，提出"约法三章"，即：(1) 清理拆借资金，对非金融机构的拆借款，在 8 月 15 日前全部收回；对非银行金融机构拆借款，年内收回 50％。(2) 任何机构都不得擅自提高利率。(3) 银行与自办经济实体脱钩，收回对其注入的信贷资金，并宣布以 1993 年 7 月 7 日为界。此后，同业拆借市场开始清理整顿。

为清理整顿违规拆借和规范同业拆借活动、完善拆借市场体系，中国人民银行根据中共中央精神，迅速出台了一系列的政策法规，严厉整顿和规范同业拆借市场秩序，规范拆借利率、期限、资金用途、中介机构，限制金融机构拆出和拆入的规模等。

浙江省也全面贯彻落实中央要求，全面清理整顿省内融资中心组织，清收了各项不合规定的融资款。1993 年 3 月，中国人民银行浙江省分行牵头成立融资中心，并在市设立办事处，形成了以人民银行融资中心为主导地位的拆借市场，全省的人民银行系统的资金市场统一更名为融资中心及办事处，我省逐渐形成了比较规范的银行同业拆借市场网络。1994 年，人民银行总行又出台了《金融机构资产负债比例管理的暂行办法》，该《办法》规定商业银行（包括城市信用社）拆入资金余额不得超过各项存款余额的 4％，拆出资金余额不得超过各项存款（扣除法定准备金、备付金、联行占款）余额的 8％，金融信托投资公司向同业拆入资金，不得超过其核心资本的余额。经过一年多的治理整顿，同业拆借市场进入了较为规范的阶段。

1995 年，浙江省的同业拆借市场进一步规范和发展。11 月，按国务院指示精神，撤销了商业银行组建的融资中心或资金市场等名称的拆借机构,组建全国银行间拆借市场交易系统,浙江省融资中心作为会员入网。1995 年,浙江省金融同业拆借市场累计拆借资金合计 3801.39 亿元,其中拆入 1999 亿元,拆出 1802.39 亿元。年末,拆入资金余额为 303.28 亿元,比 1990 年增加 3.65 倍,平均每年以 29.6％的速度递增,拆出资金余额为 291.87 亿元,比 1990 年增加 2.41倍,平均每年增长 19.2％,整顿后的同业拆借市场焕然一新。

二、 逐渐规范阶段(1996—2000 年)

1996 年 1 月,我国建立了统一的全国银行间拆借市场。1 月 3 日开始,浙江省内所有金融机构办理拆借业务,都必须进入全国统一的同业拆借市场,必须通过省人民银行的融资中心办理。1 月 4 日,人民银行对外公布了第一个全国统一同业拆借市场价权平均利率(CHIBOR),这标志着我国利率市场化的开始。同年 6 月,放开了对同业拆借利率的管制,形成了全国银行间同业拆借中心和地方融资中心共同发展的格局,但省级和地市一级的融资中心的作用已弱化,以至于后来完全被取代。1996 年,浙江省全年累计同业拆借交易量 5377.46 亿元,同比增长 41.46％;全省全年累计拆入 2848.76 亿元,拆出 2628.7 亿元,净拆入资金 120.06 亿元。

1997 年,受亚洲金融风暴影响,国内金融风险逐渐暴露,1997 年 9 月,中国人民银行决定停止融资中心的自营拆借业务。浙江省融资中心一方面停办自营拆借业务,只作金融机构中介代理;另一方面全力清收逾期拆出资金,严格控制同业拆借市场风险。1999 年起,浙江省同业拆借市场逐渐步入了规范化轨道,各商业银行普遍完善法人内部资金调拨制度,建立了严格的对外授信和对内授权制度,市场交易主体自律性明显增强。在中国人民银行浙江省分行的严格管理下,浙江省的同业拆借风险大幅降低。在这期间,虽然建立了全国统一的拆借市场,浙江省的同业拆借市场也逐渐规范化,但仍面临一些问题:一是部分中小金融机构不具备加入一级市场交易的条件,网络延伸受到限制;二是同业拆借逾期拆借资金较多,风险逐步暴露,导致融资中心功能弱化,交易量大幅减少,直至最后被取代。

三、 稳步发展阶段（2001—2005 年）

这一阶段,人民银行又陆续出台了一些规范性文件,继续规范同业拆借市场,同业拆借活跃度有所提升。2002 年 6 月 1 日,为提高金融机构外汇资金运作效率,国内外币同业拆借市场正式启动,由中国外汇交易中心承担外币拆借中介业务,主要负责提供拆入、拆出报价等信息咨询和服务。2005 年,中国人民银行公布实施了《银行业金融机构进入全国银行间同业拆借市场审核规则》,进一步规范了银行业金融机构进入同业拆借市场的审批程序。浙江省的城市商业银行和农村信用社也陆续加入同业拆借市场,成为省内同业拆借市场的主体力量。

从交易情况看,2001 年后,我国市场资金面供大于求,同业拆借利率逐渐下滑,从年初的 2.64% 逐渐下降至 2005 年末的 1.73%。同时,交易期限呈短期化趋势,2001 年,7 天以内拆借交易量占总交易量的 82.3%,同比上升 10.9 百分点。从浙江省的交易情况看,省内商业银行资金基本能做到自给自足。

到 2005 年,浙江省场内信用拆借成交量继续大幅减少。全省会员在银行间同业拆借市场的信用拆借量为 297.49 亿元,同比减幅 37%。同时,场外融资总量也明显减少。由于商业银行超额储备增加,而且有些商业银行收回（如省农行、省建行分别收回对万向财务公司的授信）了场外拆借的授信,再加上浙江省国际信托投资公司、浙江金信信托投资公司不断压缩拆入资金规模,辖区场外融资量继续呈现逐月萎缩的态势。2005 年全省金融机构场外融资电子备案量 1082.56 亿元,同比减少了 37%。

四、 快速发展阶段(2006—2012 年)

这一阶段,人民银行出台了同业拆借相关管理办法和实施细则,场内同业拆借市场有序运行,银行间同业拆借利率的引导作用逐渐突出,浙江省同业拆借市场进入快速发展阶段。

2007 年 1 月,上海银行间同业拆借利率(Shibor)正式运行公布,市场化基准利率体系建设和培育工作逐步展开。同年,中国人民银行根据我国同业拆借市场发展的经验以及同业拆借市场发展过程中出现的新问题,制定了《同业拆借管理办法》,该《办法》全面规定了我国同业拆借市场的准入资格和退出条件、交易程序和清算办法、风险控制和信息披露,以及监督管理等方面的事项,明确规定了违反同业拆借管理规定的法律责任。

2009 年,中国人民银行杭州中心支行研究制定了《浙江省同业拆借管理实施细则》,对省内各类金融机构市场准入、交易和清算、风险控制、信息披露、监督管理和法律责任都做了明确的规定,进一步规范了浙江省同业拆借交易,防范了同业拆借风险。

在人民银行的大力推动下,这其间我省同业拆借市场的深度明显改善,全省金融机构参与同业拆借市场的主动性明显提高,同业拆借市场成员数量逐年增加,同业拆借市场交易持续放量。2006 年末,浙江省内共有银行间拆借市场成员 33 家,至 2012 年末,全省共有全国银行间同业拆借市场成员 63 家,已覆盖大部分的法人金融机构。同业拆借累计交易量也保持快速增长势头,2009 年全年累计同业拆借交易量 8738.1 亿元,是 2008 年交易量的 2 倍。

同时,随着非银行金融机构退出场外电子融资备案系统及场内市场流动性的提高,原先从市场外拆借的银行也逐渐转入场内市场,浙江省场外拆借交易量开始逐步萎缩,全省 2008 年场外拆借交易量仅 23.2 亿元,占全部拆借交易量的比例已不到 1%,2009 年全省未发生场外拆借交易。

至 2012 年,浙江省同业拆借交易累计同业拆借交易量已达到 14604 亿元,比 2007 年增长了 5.4 倍,平均年均增速达到了 44.95％,增长迅速。从同业拆借业务资金流向上看,浙江省市场成员在拆借市场上以融入资金为主,拆借市场继续呈现资金"洼地效应",净拆入资金明显增加。特别是 2009 年到 2012 年期间,净拆入资金量都在 5000 亿元以上,2012 年全省累计拆入资金 9823.06 亿元,拆出资金 4781.56 亿元,净拆入资金 5041.5 亿元,金融机构对同业拆借业务的运用已日趋成熟。

第三节　票据市场发展

票据市场是以票据为媒介所产生的金融市场,是货币市场中与经济实体密切相关的子市场,票据市场的长足发展对于拓宽企业融资渠道、改善商业银行信贷资产质量,强化中央银行调控职能均具有重要作用。浙江省票据市场在经过几十年的发展后,已进入了相对稳定和亟待深化的关键历史时期。

一、 推广起步阶段（1992—1994 年）

1979 年,中国人民银行开始批准部分企业签发商业承兑票据,开启了票据市场的推广起步阶段,早期票据市场存在着制度不健全,信用秩序混乱等问题,为纠正票据市场出现的不正常现象,人民银行于 1991 年颁发了《关于加强商业汇票管理的通知》,旨在规范商业汇票的使用和银行票据承兑和贴现行为,这一举措导致各地票据市场融通资金显著减少,市场进入低落徘徊阶段。人民银行在市场制度改革中充分发挥主导作用,积极牵头组织金融机构整顿金融秩序,严肃金融纪律,推进金融改革,利用再贴现等手段加强金融宏观调控,引导票据市场有序发展。1993 年,人民银行正式发布《商业汇票办法》,1994年,人民银行会同有关部门提出在煤炭、电力、冶金、化工五个行业和棉花、烟叶、生猪、食糖四种农副产品的购销环节推广使用商业汇票,开办票据承兑授信和贴现,并颁布《再贴现办法》,首次安排100亿元专项再贴现资金,开始真正将再贴现政策作为货币政策工具加以运用,实施金融宏观调控,并使其在控制货币供应量和产业结构调整中发挥积极作用,从而加速了我省票据市场的恢复和发展。经过一系列宏观调控举措的文件的出台,浙江省票据市场开始步入正轨。1994年末,浙江省票据市场贴现余额1.21亿元,贴现总额11.26亿元,人民银行积极运用货币政策工具,重点支持煤炭、电力、冶金、化工五种行业和棉花、烟叶、生猪、食糖四种农副产品购销环节推广使用商业汇票,开办票据承兑授信和贴现。1994年末,全省再贴现余额5.73亿元,全年办理再贴现总额6.09亿元,这有效推动了重点行业和关键农副产品各环节商业汇票的推广和运用。

二、 制度建设阶段(1995—1999年)

1995年《中华人民共和国票据法》正式颁布,1996年《中华人民共和国商业银行法》正式颁布,这两部根本性法律的颁布对有效规范票据行为、保证票据正常使用和流通起到重要作用,同时也标志着浙江省票据市场发展正式步入法制化轨道,开启了依法从事和管理票据活动的新时期,有力推动了商业汇票的承兑、转让、贴现和再贴现业务的开展。随着票据市场制度的不断完善,浙江省票据市场开始步入依法经营、依法管理的制度建设阶段。在此阶段,《商业汇票承兑、贴现与再贴现管理暂行办法》《支付结算办法》等一些基础性的制度性文件以及实施细则陆续出台,人民银行浙江省分行结合辖区实际,相继出台了制度落实细则,对票据市场总括性制度中未详细阐述的内容进行了明确,这一举措使浙江省基本形成了票据市场发展的法律框架和规章制度体系,为我省票据市场未来十多年的快速发展打下了扎实基础。

在此阶段,票据市场规范性文件特别是省一级实施细则陆续出台,逐步形成了浙江省票据市场基本制度框架。人民银行于1995年11月下发《关于进一步规范和发展再贴现业务的通知》,1996年3月制订了《关于商业汇票承兑、贴现和再贴现业务规范管理的意见》,这些规定的贯彻落实,使浙江省的票据承兑、贴现与再贴现市场得到进一步的规范和发展。该《意见》规定了银行承兑汇票的承兑银行必须是商业银行的县及县以上的分支行。为防止银行超越兑付能力过量承兑商业汇票造成的经营风险,该文件规定了商业银行承兑汇票的余额占其同期贷款余额的比例应控制在15％以内。商业银行办理银行承兑汇票业务,必须坚持以商品交易为前提,并明确了开办承兑业务的企业范围,私营企业与个人不得办理承兑业务。同时,对银行承兑汇票的期限和单张汇票最大金额进行了限制。商业汇票的贴现银行必须是贴现申请人的开户银行,城乡信用社和非银行金融机构不得办理商业汇票的贴现业务。1997年,人民银行总行下发《关于进一步加强银行结算管理的通知》《商业汇票承兑、贴现与再贴现管理暂行办法》《支付结算办法》,使浙江省商业汇票承兑、贴现、再贴现业务进一步规范发展。《关于进一步加强银行结算管理的通知》改革了银行承兑汇票的付款方式,新版银行承兑汇票凭证正式投入使用。同时,对签发和承兑的新版银行承兑汇票,收款人或持票人应通过其开户银行采取委托收款方式向承兑银行提示付款,而旧版银行承兑汇票仍采用由代理付款银行代理付款的方式处理。《商业汇票承兑、贴现与再贴现管理暂行办法》规定在承兑银行开立存款账户,资信情况良好,具有支付汇票金额的资金来源,并依法从事经营活动的企业法人和其他经济组织可以申请商业汇票承兑。办理贴现业务的机构是经人民银行批准经营贷款业务的金融机构。1998年,人民银行发布《关于加强商业汇票管理,促进商业汇票发展的通知》,进一步完善了票据市场价格形成机制。1999年末,全省各商业银行商业汇票承兑余额达62.69亿元,商业汇票贴现余额达 3.59 亿元,全年累计承兑商业汇票 154.7 亿元,累计办理商业汇票贴现17.95亿元。

同时,该阶段人民银行频繁运用再贴现工具,这一货币政策实施后效果显著。人民银行总行于 1994 年下发《再贴现办法》,并于1995 年 11 月下发《关于进一步规范和发展再贴现业务的通知》,这些文件明确人民银行将再贴现政策作为货币政策工具加以运用。再贴现作为人民银行货币政策重要工具,重点支持煤炭、电力、冶金、化工、铁道五个行业和棉花、烟叶、生猪、食糖四种农副产品贴现票据的再贴现,以及经济效益好的国有大中型企业贴现票据的再贴现。人民银行主要针对工、农、中、建四大国有银行办理再贴现业务,对其他商业银行再贴现适当控制,非银行金融机构不得办理贴现和再贴现业务。同时,人民银行浙江省分行在浙江省再贴现业务的规范意见中对再贴现业务提出了三个"优先",即优先支持煤炭、电力、冶金、化工、铁道五个行业和棉花、生猪、食糖、烟叶四个品种及其相关商品生产和交易的已贴现票据的再贴现,以及经济效益好的国有大中型企业贴现票据的再贴现;优先办理承兑行、贴现行跨系统、跨地区的银行承兑汇票的再贴现;优先支持贴现业务量大、管理规范的商业银行。虽然该阶段浙江省再贴现政策工具运用尚处于起步阶段,但再贴现在调整浙江省信贷结构,引导信贷资金投向,支持重点骨干企业资金需要,解决企业之间的相互拖欠,促进票据市场的发展等方面发挥了积极作用。1997 年,人民银行浙江省分行制订《浙江省再贷款和再贴现管理审批制度》,该《制度》对浙江省的再贴现业务的审批和管理进行了规范,并对办理再贴现业务应达到的有关比例提出了要求。人民银行浙江省分行在对 1996 年 7 月到1997 年 6 月全省商业汇票业务情况开展的专题调查中发现,各商业银行能严格按照人民银行规定的承兑控制比例和上级行的授权范围办理汇票承兑业务,95%以上的银行承兑汇票用途具有真实的商品交易行为。调查中发现的问题主要集中于银行承兑汇票到期企

业不能支付,倒逼银行贷款,银行不良资产增加等方面。1999 年 9 月人民银行总行下发《关于改进和完善再贴现业务管理的通知》,努力推广商业汇票在供求关系变化和买方市场条件下,起到改善金融服务,衔接产销关系,加速资金周转,拓宽企业融资渠道和扩大市场需求的重要作用。1994—1997 年,人民银行频繁使用再贴现工具,四年期间全省累计办理再贴现 121.39 亿元,1999 年末,再贴现余额为 1.74 亿元,充分发挥了再贴现的货币政策工具效果,有效推动了浙江省票据市场的发展。

上述商业汇票承兑、贴现与再贴现管理等各类办法的出台,有效促进了商业银行加强内控机制,强化风险管理,使票据承兑、贴现、再贴现业务更趋规范。同时,也为未来十多年票据业务的发展提供了良好的政策环境和政策保证,标志着浙江省票据业务自此进入了快速发展阶段。

三、 快速发展阶段(2000—2012 年)

2000 年人民银行通过降低再贴现利率、开设再贴现窗口、批准商业银行设立票据专营机构等多项优惠政策措施,积极推动票据市场发展。同时,出台相关文件对票据交易的贸易背景真实性核查进行了规定。2001 年人民银行下发《关于切实加强商业汇票承兑、贴现、再贴现管理的通知》,旨在明确票据贴现不属于贷款,这再次强化了增值税发票作为真实贸易票据判别标准的权威性。2005 年 9 月出台的《关于完善票据业务制度有关问题的通知》,对商业汇票真实性交易关系的审查、查询复查方式和票据质押的相关处理问题等进行了明确规范,并规定金融机构办理转贴现时,不再提供贴现申请人与其直接前手之间的交易合同、增值税发票或普通发票,进一步简化了转贴现手续。

经过前一阶段制度体系的搭建,浙江省票据市场迎来了长达十余年的快速增长期。2000—2012 年浙江省票据市场业务量保持快速增长态势,该阶段浙江省票据市场业务发展呈现以下特点:一是票据业务发展迅速,有效缓解了企业流动性资金紧张问题。截至2012年末,全省商业汇票承兑余额达10237.1亿元,贴现余额达1049.3亿元。全年商业汇票的签发承兑量由2000年的239.92亿元增加到2012年的23785.8亿元;全年商业汇票贴现金额由2000年的108.46亿元增加到2012年17860亿元,分别增长98.14倍和163.67倍。2012年末,全省签发银行承兑汇票的保证金比例(含存单质押)为51.9%,承兑敞口为4917亿元,金融机构通过票据业务提供的融资总额达到5966亿元,相当于同期人民币贷款余额的10.5%。浙江省票据业务规模的快速增长说明商业汇票作为支付手段已被越来越多的企业所接受,票据业务已成为企业重要的融资渠道。同时,省内金融机构已认识到发展票据业务的重要性,纷纷将票据承兑业务纳入综合授信管理体制下,在限额期限内循环使用综合授信额度,为企业办理票据业务提供了便利。二是票据业务资金"洼地效应"明显。在资金洼地效应影响下,2000年以来,浙江省票据承兑余额和贴现余额呈现明显的反向走势,票据承兑和贴现业务剪刀差明显扩大。全省票据贴现余额占承兑余额的比重从2001年的45.40%下降至2012年的10.25%,票据市场逐渐形成"企业出票、省内银行承兑、省外银行持票"的格局,票据业务呈现票据外流与承兑、贴现资金内流的显著特征。三是票据市场贴现价格形成机制高度市场化。经过多年票据贴现业务的制度建设、实施细则规范以及票据业务实践,浙江省票据市场贴现利率价格形成机制已高度市场化,市场贴现利率与货币市场利率联系紧密,票据贴现利率与Shibor基本保持同步,票据价格总体上反映了资金供求关系,票据市场在向实体经济传导央行货币政策方面的作用也越来越突出。2012年,浙江省票据市场贴现利率与货币市场利率利差保持稳定,如银票直贴加权平均利率与同期3个月Shibor利差全年基本保持在1—2个百分点。四是地方法人金融机构票据市场份额逐年提高。随着票

据业务的深入,各金融机构特别是地方法人金融机构对票据业务重视度不断提高,票据市场份额占比逐年上升。城市商业银行和农合机构等地方法人机构的市场份额上升较为明显。2012 年末,城市商业银行贴现余额占比为 22.5%,比年初提高 2.1 个百分点,农村合作金融机构市场份额比年初提高 3.3 个百分点。

1992—2012 年浙江省票据市场各年度交易情况(见表 6-6):

表 6-6 1992—2012 年浙江省票据市场交易情况表 （单位：亿元）

年份	承兑发生额	贴现发生额	再贴现发生额	承兑余额	贴现余额	再贴现余额
1992		11.26	6.09		1.21	5.73
1995	220.50	47.30	28.00	79.20	9.30	12.60
1996	323.00	115.40	52.60	90.60	21.90	12.50
1997	307.20	115.20	34.70	91.20	22.60	5.20
1998						
1999	154.70	17.95	2.70	62.69	3.59	1.74
2000	239.92	108.46	37.00	128.19	21.49	15.50
2001	504.01	568.88	51.72	229.00	103.95	17.84
2002	826.83	1007.10	0.95	396.13	217.19	0.05
2003	1344.48	1489.77	9.32	928.50	182.49	9.08
2004	4719.97	2884.34	5.14	2235.35	504.40	0.61
2005	6769.11	3901.96				
2006				4044.70	794.60	
2007	11275.50	6631.10		5295.90	496.00	
2008	14915.90	8565.00		7138.30	1045.30	
2009	18219.80	13686.50		7764.60	1168.80	
2010	20356.24	9147.66	12.28	9743.12	625.10	
2011	23454.70		22.10	10007.20	652.80	
2012	23785.80	17860.00	16.75	10237.10	1049.30	3.69

数据来源：中国人民银行、《浙江金融年鉴》。

第四节　黄金与外汇市场发展

一、黄金市场发展概况

（一）发展概况

浙江省银行业黄金市场业务起步于 2005 年。中国农业银行浙江省分行于 2005 年 1 月 21 日正式开办个人实物黄金代理销售业务；中国建设银行浙江省分行于 2005 年 2 月 28 日正式推出面向个人客户的黄金投资产品——个人账户金业务；招商银行杭州分行于 2005 年 4 月开展代理买卖实物金条业务。

2007 年 3 月，为加强和完善对浙江辖内黄金市场的监测管理，根据中国人民银行总行和上海总部要求，中国人民银行杭州中心支行发布《关于金融机构黄金业务监测工作有关事宜的通知》（杭银办〔2007〕65 号），建立了金融机构（主要为银行机构）黄金业务监测制度，按季汇总全省金融机构黄金业务情况。主要监测包括三类交易：一是面向机构或个人的实物黄金交易，二是以本币或外币交易的个人账户金，即"纸黄金"业务，三是黄金租赁等衍生服务。

2010 年 7 月，人民银行、国家发改委、工业和信息化部、财政部、税务总局和证监会联合出台了《关于促进黄金市场发展的若干意见》（银发〔2010〕211 号），明确了黄金市场未来发展的总体思路和主要任务，强调要充分认识促进黄金市场健康发展的重要意义，要求要切实明确黄金市场的发展定位，指出要着力加强黄金市场服务体系建设，进一步完善黄金市场制度和相关政策，切实防范黄金市场风险，切实保护投资者利益。中国人民银行杭州中心支行联合其他部门贯彻落实《意见》精神，要求提高对促进黄金市场健康发展重要性的认识，提出优化信贷结构，切实做好黄金市场融资服务，强调加强各部门之间的协调配合，推动黄金市场业务健康发展。

2011 年 12 月，部分地方、机构自设交易所（黄金交易平台）出现管理不规范、违法违规问题突出的现象，中国人民银行、公安部、工商总局、银监会和证监会等五部委联合发布了《关于加强黄金交易所或从事黄金交易平台管理的通知》（银发〔2011〕301 号）。中国人民银行杭州中心支行联合其他部门严格贯彻落实该《通知》精神，对设立黄金交易所或在其他交易场所内设立黄金交易平台等相关活动进行规范。根据要求，除上海黄金交易所和上海期货交易所外，任何地方、机构或个人均不得设立黄金交易所（交易中心），也不得在其他交易场所（交易中心）内设立黄金交易平台；正在筹建的，应一律终止相关设立活动；已经开业的，要立即停止开办新的业务。

2012 年，人民银行总行下发《中国人民银行办公厅关于加强银行业金融机构黄金市场业务管理有关事项的通知》（银办发〔2012〕238 号），杭州中心支行转发并加强了对浙江省黄金市场的监督管理。一是对辖内银行业金融机构开办黄金市场业务实行备案制度，二是明确了黄金市场业务范围，更新了黄金业务监测报表。黄金市场业务即包括但不限于银行业金融机构在上海黄金交易所开展的自营业务和代理业务；银行业金融机构在境内开展的实物黄金销售回购、黄金积存、黄金定投、黄金进口、黄金拆借、黄金租赁、黄金质押以及黄金远期、掉期、期权、期货等黄金衍生品业务。黄金市场业务监测备案制度逐步完善。

（二）主要特征

1. 浙江省黄金市场业务发展较快。2005 年，全省银行业黄金业务交易量仅为 0.6 万公斤。2006—2010 年，全省银行业黄金业务交易逐步发展，年均复合增长率为 21％。2011 年，受中东及北非政治局势日益紧张、欧洲主权债务危机、美国经济复苏乏力等多重因素的影响，国际黄金价格持续振荡上行。受此影响，全省银行业黄金业务交易量迅猛增加，2011 年达到 62.4 万公斤，同比增长 181％。2012 年，全省银行业黄金业务交易总体平稳,交易量同比略有增加(见表6-7)。

表6-7 2005—2012年浙江省银行业黄金市场业务交易情况

(单位:万公斤)

年份	黄金交易总量	其中:账户金
2005	0.6	0.2
2006	8.5	7.9
2007	6.2	5.0
2008	17.9	16.2
2009	21.7	18.6
2010	22.2	14.0
2011	62.4	51.3
2012	63.2	53.0

2.交易品种仍较为单一,以账户金(纸黄金)为主。2006年以来,全省银行业黄金业务中交易最活跃的仍然是个人账户金,其次为实物黄金、黄金租赁等衍生品服务。此外,期货公司主导经营黄金期货经纪业务。2006—2012年,个人账户金占全部黄金交易量的83%。个人账户金交易是做市商模式下的自营业务,有人民币纸黄金和美元纸黄金,其中人民币纸黄金业务占绝大多数。个人账户金交易中买入和卖出交易量都很大,但两者基本持平,表明个人投资参与纸黄金业务主要以投机交易为主。实物黄金业务分两类,一类是代理投资者参与金交所的实物黄金交易,另一类是品牌金的销售和回购业务,根据品牌金的来源又可分为自营品牌金和代理品牌金业务。

3.开办黄金业务的银行覆盖面逐渐拓宽。2005年,全省仅农业银行浙江省分行、建设银行浙江省分行、招商银行杭州分行等5家银行开办黄金业务。随着黄金市场的发展和黄金投资属性的逐渐显现,省内各商业银行积极发展黄金业务。至2012年,全省已有工商银行浙江省分行、农业银行浙江省分行、中国银行浙江省分行、建设银行浙江省分行、招商银行杭州分行、兴业银行杭州分行、广发银行杭州分行、华夏银行杭州分行等 12 家银行开办黄金业务。

4. 国际金价对交易活跃度影响较大。国际黄金期货价格在 2008 年 3 月历史性突破 1000 美元每盎司大关，之后受商品市场泡沫破灭影响震荡下行，年末回升至 872.55 美元每盎司。震荡行情促成全省银行业黄金业务井喷。2008 年，全省银行业黄金业务交易量为 179438.4 公斤，同比增幅为 161.3％。2011 年，国际黄金价格持续振荡上行，全省银行业黄金业务交易量大幅攀升。

二、 银行间外汇市场发展概况

（一）发展概况

自 1979 年起，国家对高度集中的外汇分配体制开始进行改革，全面实行贸易与非贸易外汇收入留成制度，区别不同情况，适当留给创汇的地方、部门和企业一定比例的外汇，以解决发展生产、扩大业务所需的物资、技术进口等问题。留成外汇的使用有额度限制，持有的外汇额度可以以国家官方牌价向银行用人民币买入外汇现汇。实行外汇留成制度以后，有的企业有留成外汇，但实际上并无用汇需要；而有的企业进口技术设备需要外汇，在国家计划内又无法安排，因而产生了调剂外汇余缺的需要。外汇管理局浙江分局从 1986 年开始探索市场机制调节外汇供求的路子。1987 年 12 月 26 日，浙江省外汇调剂中心正式成立，允许留成外汇及外商投资的企业拥有外汇自主买卖权利，价格随行就市。之后，又相继成立各地市外汇调剂中心和县支局外汇调剂办事处，全省外汇调剂业务得到迅速发展。

为进一步健全市场机制，1991 年 5 月 6 日，浙江省建立了全国首家区域性的外汇调剂公开市场（下文简称"公开市场"）。该公开市场实行会员制，会员由交易员、经纪商、自营商和中央银行组成。全省范围内形成了以省外汇调剂中心为依托，杭、嘉、湖、绍地区为重点，辐射全省各地的外汇调剂网络。公开市场一方面分层次发展市场会员,扩大市场辐射范围,另一方面加强市场制度建设,完善市场操作规则,先后制定了《资金交割结算暂行规定》《省外委托会员买卖外汇试行办法》及市场信息反馈制度等;同时坚持以会员为主,活跃市场交易,并运用中央银行的调控职能,调剂市场供求,稳定价格。公开市场成立一年就已拥有各类会员 50 家,会员代表 100 多人。

据统计,浙江省外汇调剂市场自 1987 年底到 1993 年底,外汇调剂交易总额达 60 亿美元,促进了外汇资金的横向流通(见表 6-8)。

表 6-8　1988—1993 年浙江省调剂外汇成交情况表　(单位:亿美元)

年份	成交额
1988	2.3
1989	4.4
1990	8.5
1991	11.7
1992	13.7
1993	19.7

外汇调剂工作的开展,对浙江省外向型经济的发展起到了积极的推动作用:一是帮助创汇企业将留成外汇及时调出取得人民币资金,增强外贸企业的综合运筹能力,有力地支持了外贸扩大出口创汇;二是支持省内生产企业急需的短缺原辅材料的进口,弥补浙江省资源的不足,促进了社会再生产活动的顺畅运行;三是支持企业用调剂外汇引进先进技术和设备,加快技术改造,提高了我省经济发展的实力和后劲;四是改善了外商投资企业的经营环境,对外商投资企业的外汇平衡起到了积极的作用。

1994 年,我国外汇体制进行了重大改革。从 1994 年 1 月 1 日起,实现汇率并轨,实行以市场供求为基础的、单一的、有管理的浮动汇率制;实行银行结售汇制度,取消外汇留成和上缴;统一外汇市场、建立银行间外汇市场。根据这一改革精神,国内企业退出外汇调剂中心,浙江省外汇调剂中心继续运营,仅办理外商投资企业的外汇买卖业务。从同年3月1日起,中国外汇交易中心开始运营,浙江省原来的外汇调剂公开市场作为分中心,实现了与北京、上海、天津、深圳的联网交易。同年4月1日建立了全国统一的银行间外汇市场,改进了汇率形成机制。原先的外汇调剂市场仅仅是一个初级形式的外汇市场,与国际规范化的、统一的外汇市场相比,仍有较大差距,因此,在1995年,国家宣布将外商投资企业的外汇买卖纳入银行结售汇体系,之后,外汇调剂市场的交易量逐步萎缩,1997年以后外汇调剂业务被取消。

2005年8月,中国人民银行发布《关于加快发展外汇市场有关问题的通知》(银发〔2005〕202号),该通知扩大即期外汇市场交易主体,规定符合条件的非金融企业、非银行金融机构均可进入银行间即期外汇市场进行自营性交易;增加外汇市场询价交易方式,通过交易中心询价交易系统进行交易,交易的币种、汇率、金额等由交易双方协商议定;开办银行间远期外汇交易;授权国家外汇管理局对银行间即期外汇市场和远期外汇市场进行监督管理。

2007年3月,为进一步加强全省银行间外汇市场监测工作,根据中国人民银行总行和上海总部要求,中国人民银行杭州中心支行发布了《关于银行间外汇市场交易监测工作有关事宜的通知》(杭银办〔2007〕64号),旨在建立全省银行间外汇市场成员沟通交流机制,完善银行间外汇市场运行季度监测工作。监测内容包括银行间即期结售汇市场、银行间远期结售汇市场、银行间掉期交易市场、外币对交易市场情况。

2007年8月,中国人民银行发布《关于在银行间外汇市场开办人民币外汇货币掉期业务有关问题的通知》(银发〔2007〕287号),该《通知》规范了银行间外汇市场外汇掉期业务操作。

（二）主要特征

1. 即期市场发展迅速，呈净卖出格局。2006—2009 年，全省银行间外汇即期市场发展迅速，年均复合增长率为 115％。其中 2009 年外汇即期市场交易量是 2008 年交易量的 3.5 倍，是 2006 年交易量的 28 倍。交易量大增的原因是宁波银行成为外汇市场做市商，该行交易量占全省外汇总交易额 9 成以上。2009—2012 年，外汇即期市场发展较为平稳，年均复合增长率为 3.6％。2005 年人民币汇改以来，人民币处于升值通道，升值预期强烈，全省外汇即期交易呈现净卖出局面，2008—2012 年（除 2011 年外），净卖出金额占总交易金额的 15％左右（见表 6-9）。

表 6-9　2006—2012 年浙江省银行间外汇即期市场交易情况

（单位：亿美元）

年份	总交易金额	净卖出金额
2006	65.85	38.41
2007	106.32	82.94
2008	655.30	100.70
2009	2516.60	398.60
2010	2751.20	405.20
2011	2183.60	118.40
2012	2894.00	450.82

2. 衍生品市场逐步完善，以外汇掉期为主。全省银行间外汇远期市场主要有外汇掉期、外汇远期交易等类型。2006—2008 年，全省银行间外汇衍生品市场刚起步。2009 年呈现跨越式增长，外汇衍生品金额达到 415.80 亿美元，是 2008 年交易金额的 7.6 倍。2009—2011 年银行间外汇远期市场交易平稳。2012 年外汇衍生品金额大幅增长，同比增长近 80％。2007 年规范外汇掉期业务以来，外汇掉期交易迅速发展，并取得绝对优势。2008—2012 年，外汇掉期交易金额约占全部外汇衍生品的 96％（见表 6-10）。

表 6 - 10　2006—2012 年浙江省银行间外汇远期市场交易情况

（单位：亿美元）

年份	总交易金额	外汇掉期金额	外汇远期金额
2006	0.04	0.00	0.04
2007	3.55	0.76	2.79
2008	54.80	54.60	0.20
2009	415.80	412.50	3.30
2010	460.10	420.50	39.60
2011	614.50	584.20	30.30
2012	1101.02	1064.26	36.76

3. 外币对交易波动较大。外币对交易指境内银行外币对外币交易，主要有美元/欧元、美元/港元、美元/日元等交易。2006—2012年，全省银行间外汇市场外币对交易总体波动较大。2006 年推出外币对交易后，2007 年交易量达到 21.04 亿元，是 2006 年的 7 倍，随后2008 年萎缩到 2.99 亿美元。2009—2012 年呈"过山车"式发展，2010 年达 39.64 亿美元，达到交易峰值，2012 年又回落至 12.18 亿美元（见表 6 - 11）。

表 6 - 11　2006—2012 年浙江省银行间外汇市场外币对交易情况

（单位：亿美元）

年份	外币对交易
2006	3.75
2007	21.04
2008	2.99
2009	19.57
2010	39.64
2011	30.30
2012	12.18

4. 询价交易、美元/人民币交易占主流。无论是即期市场还是衍生品市场，从交易方式看全省银行间外汇市场成员普遍采用询价制，2009 年以来，询价交易金额占比约为 99％。从交易币种看，美

元/人民币交易金额最大,平均占比超过90%。

5.法人金融机构是外汇市场的主体。2006年以来,各中资或外资商业银行资金营运集中化的趋势愈发明显,开始逐步收回分行的外汇市场自营权限,由总行统一管理。因此,省内有关分行相继退出了银行间外汇市场。而辖内城市商业银行和农村合作金融机构的外汇业务量开始增加,通过银行间外汇市场来管理结售汇头寸的需求日增。

三、 银行间市场衍生品发展状况

2006年2月,中国人民银行发布《关于开展人民币利率互换交易试点有关事宜的通知》(银发〔2006〕27号),旨在规范和引导人民币利率互换交易,加快利率市场化进程,丰富全国银行间债券市场投资者风险管理工具。目前,全省有两家银行间市场成员(杭州银行、宁波银行)开展人民币利率互换交易,交易量呈逐年增长态势。杭州银行于2008年开展此业务,2008年利率互换交易量为6亿元,至2012年业务量升至654.6亿元,宁波银行2009年开展利率互换交易,业务量为42亿元,此后迅速发展,2012年全年交易量达746.92亿元。

第五节　股票市场

一、 板块情况

(一)主板市场

主板市场主要接纳国民经济中的支柱企业、占据行业龙头地位的企业、具有较大资产规模和经营规模的企业上市。主板市场包括两大部分:上海证券交易所和深圳证券交易所主板市场。1990年

12 月 19 日，上海证券交易所开业。开业之初，上海证券交易所只有 8 家上市公司。"浙江凤凰"是其中唯一一家异地公司，也是浙江首家主板上市公司。深圳证券交易所主板市场发端于 1986 年，是伴随着国有企业的股份制改造并适应其发展需要而逐步发育成长起来的。1990 年 12 月 1 日，深圳证券交易所开业，深圳证券交易所主板市场正式启动。截至 2012 年底，浙江省共有主板上市公司 91 家，总市值 4359 亿元。

（二）中小板市场

中小板市场专门服务于中小企业，是我国股票市场的重要组成部分。2004 年 5 月 17 日，经国务院批准，中国证监会正式批复，同意深圳证券交易所设立中小板。2004 年 5 月 27 日，中小板正式启动。2004 年 6 月 25 日，"新和成"上市，成为浙江首家也是全国首家中小板上市公司。截至 2012 年末，浙江省共有中小板上市公司 119 家，占全国中小板上市公司总数的 17％，位居全国第二，总市值 4511 亿元。

（三）创业板市场

从 1999 年最初酝酿至 2009 年正式推出，我国创业板市场建设历经整整十年时间。1999 年 8 月，党中央、国务院在《关于加强技术创新，发展高科技，实现产业化的决定》中明确提出适当时候设立高新技术企业板块，这标志着创业板市场建设的帷幕正式拉开。2001 年下半年，受网络股泡沫破灭及全球创业板陷入调整等因素影响，我国推出创业板的进程暂缓。2007 年 9 月 18 日，中国证监会重启创业板筹备工作。2009 年 10 月 23 日，我国创业板市场在深圳正式启动。2009 年 10 月 30 日，"银江股份"、"华星创业"、"华谊兄弟"等 3 家公司上市，成为浙江首批也是全国首批创业板上市公司。截至 2012 年末，浙江省共有创业板上市公司 36 家，占全国创业板上市公司总数的 10％，位居全国第四，总市值 953 亿元。

二、 主要品种

(一) 人民币普通股票(A股)

A股,一般指由中国境内的公司发行,供境内机构、组织或个人以及合格境外机构投资者(QFII)以人民币认购和交易的普通股股票。"浙江凤凰"是浙江首家A股上市公司。截至2012年末,浙江省共有A股上市公司244家,其中,纯A股上市公司242家,AB股上市公司1家(东方通信),AH股上市公司1家(浙江世宝)。

(二) 人民币特种股票(B股)

B股是指在中国境内注册的股份有限公司向境内外投资者发行并在中国境内证券交易所上市交易的股票。1991年,为了发挥股票市场利用外资的作用,我国推出了B股。B股采取记名股票形式,以人民币标明面值,以外币认购、买卖。在上海证券交易所挂牌的B股以美元认购和买卖,在深圳证券交易所挂牌的B股以港币认购和买卖。2001年2月19日之前,只有外国投资者可以买卖B股,2001年2月19日之后B股对境内持有外汇的居民开放。1996年8月9日,"东信B股"在上海证券交易所上市,成为浙江首家B股上市公司。截至2012年底,浙江省共有B股上市公司3家,分别为"东电B股""东信B股"和"杭汽轮B"。

三、 交易情况

股票市场设立之初,由于各种体制机制限制,交易并不活跃,但随着股票市场的发展,尤其是2005年股权分置改革工作启动后,股票市场交易量出现快速增长。2012年,浙江省证券经营机构代理交易额达8.87万亿元,是1999年的17倍,是2005年的13倍(见表6-12)。

表 6 - 12　1999—2012 年浙江省证券经营机构代理交易额

（单位：万亿元）

年份	交易额
1999	0.51
2000	0.87
2001	0.74
2002	0.43
2003	0.46
2004	0.57
2005	0.71
2006	1.45
2007	9.22
2008	7.03
2009	12.15
2010	12.38
2011	10.49
2012	8.87

第七章 浙江省新型金融业态发展

第一节 浙江互联网金融创新情况

2012 年,以第三方支付、网络借贷和众筹融资为代表的互联网金融风生水起。2012 年尽管被称为中国"互联网金融元年",但是互联网金融的部分业态并非自 2012 年才开始诞生,而是已经具有较长时间的积累和沉淀。浙江在互联网金融创新发展上走在全国前列,支付宝是全国第三方支付行业的龙头老大,阿里小贷是国内外以电商平台为核心的小额网络信贷模式的典范。

一、支付宝发展状况

(一)发展历程

支付宝成立于 2003 年,从整体来看它的发展主要分为三个阶段。

1. 2003—2004 年初创阶段

淘宝网在发展初期遇到了网上购物的信用问题。2003 年,淘宝金融部想为淘宝打造一种基于担保交易的支付工具,以解决发展中遇到的支付和信用瓶颈问题。2003 年 10 月 18 日,支付宝作为淘宝的一项功能第一次出现。此时的支付宝还处于一种初级阶段,很多工作都靠人工完成。项目的配置也很简单,一两名技术人员、三名财务人员通过几台电脑,使用 Excel 表格开始工作。2003 年,网银等业务还未普及,绝大部分用户是通过银行柜台,通过电话传真等方式将订单传真给支付宝进行确认。支付宝的第一笔使用交易发生在 2003 年 10 月，远在日本横滨的淘宝卖家通过支付宝的"担保交易"，将一台九成新的富士数码相机卖给了西安买家。

随着支付宝的发展，人们发现对支付宝客户中的买卖双方信用的建立不可或缺，同时淘宝网的发展也为支付报宝提供了源源不断的用户。2004 年，阿里巴巴管理层认识到支付宝不应该只是淘宝网的一个应用工具。除了解决淘宝信用和支付的瓶颈以外，支付宝可以成为一个独立的产品，为所有电子商务网站以及其他行业提供基础性服务。同年 12 月，支付宝从淘宝网分拆出来独立运营，成立浙江支付宝网络科技有限公司，支付宝网站上线，从此支付宝开始向独立支付平台发展。

2. 2005—2010 年探索独立支付平台

为保障电子商务的支付安全，2005 年 2 月，支付宝推出了全额赔付制度，让用户感觉到了网络支付的安全性和保障性，此举为支付宝打开了新局面，开启了支付宝的互联网金融旅程。同年，支付宝与工商银行达成战略合作伙伴协议，进一步加强双方在电子商务支付领域的合作，随后支付宝又与农行、VISA 等达成战略合作协议。

支付宝在发展中也意识到了将淘宝作为唯一用户所带来的发展瓶颈，但支付需要与更多的应用场景相关联。于是支付宝开始切入网游、航空机票等非淘宝商家。2007 年，支付宝分别与第九城市、南方航空等一系列外部企业达成合作。2007 年支付宝全年交易额约 500 亿元，其中来自淘宝的约占 70%，外部商家占比为 30%。

2008 年 8 月，支付宝用 3 年多时间拥有了 1 亿名客户，超越了当时淘宝的 8000 万名客户，占总网民的 40%。10 个月后，支付宝用户数就达到了 2 亿，成为全球用户最多的第三方支付平台。同时，支付宝宣布进入公共事业性缴费市场，支付宝可提供网上缴纳水、电、煤以及通信费等日常费用的功能，支付宝另外与卓越亚马逊、京东

商城、红孩子等独立 B2C 展开合作，并推出 WAP 手机版。

截至 2009 年 12 月末，支付宝外部商家已经增长到 46 万家，全年交易额 2871 亿人民币，占据 49.8％的第三方支付市场份额。2010 年 12 月，支付宝用户突破 5.5 亿，同时支付宝推出"快捷支付"，用户无须开通网银便可用银行卡进行网上交易支付，从此又打开了支付的新局面。

面对支付宝等非金融机构从事支付清算业务的状况，作为支付清算业务的主管部门人民银行不是简单地进行遏制，而是加强调查研究，时任人民银行副行长的苏宁、刘士余都到支付宝进行调研考察，人民银行杭州中心支行的主管领导也是在思考着如何将其纳入规范化管理。人民银行总行于 2009 年组织对全国从事支付清算业务的非金融机构进行登记，浙江省共有 34 家非金融机构按规定予以登记。2010 年人民银行总行又先后发布了《非金融机构支付服务管理办法》《非金融支付机构服务管理办法实施细则》等规章制度，对非金融机构支付服务机构从准入资质、审批程序、客户备付金管理、监督管理等方面进行了全面规范。

3. 2011 年获得牌照后规范发展阶段

2011 年 5 月，中国人民银行宣布支付宝、财付通、易宝支付等 27 家公司获得央行颁布的首批第三方支付牌照，支付宝业务范围涵盖货币汇兑、互联网支付、移动电话支付、预付卡发行与受理（仅限于线上实名支付账户充值）、银行卡收单等业务领域。

2011 年 7 月，支付宝推出了手机支付产品——条码支付，进军线下支付市场。随后，支付宝将移动支付作为布局重点，先后推出了摇摇支付、二维码扫码支付、"悦享拍"、声波支付等移动应用特色服务。2012 年，支付宝可以绑定多张银行卡，可以进行个人账户管理，也可以对各种优惠权、会员卡、球赛门票、礼券等进行管理，形成了"用户账户为中心"的移动金融雏形。根据中国电子商务研究中心的数据显示，2012 年无线淘宝的累计访问用户突破 3 亿人，累计成交用户达 5700 万名,占比 19%;无线支付宝交易额同比增幅达 600%,年度交易峰值达 9.4 亿元。同时,根据易观智库的统计,2012 年中国第三方互联网在线支付市场全年交易量达 3.8 万亿元,支付宝占据了 46.6% 的市场份额。

(二) 主要业务模式

要成为支付宝的用户,首先必须金信进行注册,用户需要有一个私人的电子邮件地址,以便将其作为支付宝的账号,然后填写个人的真实信息,包括姓名和身份证号码。在接受支付宝设定的"支付宝服务协议"后,支付宝会发封电子邮件至用户提供的邮件地址,用户点击邮件中的一个激活链接后,便激活了支付宝账户,就可以通过支付宝进行网上支付。同时,用户必须将其支付宝账户绑定一个实际的银行账号或者信用卡账号,与支付宝账号相对应,以便完成实际的资金支付流程。基于交易的模式,支付宝在处理用户支付时有两种方式。

第一种方式:买卖双方达成付款的意向后,由买方将款项划至其支付宝账户,支付宝通知卖家发货,卖家发货给买家,买家收货后通知支付宝,支付宝将卖方先前划来的款项从买家的虚拟账户中划至卖家支付宝账户。

第二种方式:即时支付,即"即时到账交易",交易双方可以不经过确认收货和发货的流程,买家通过支付宝立即发起付款给卖家。支付宝发给卖家信息,告知卖家买家已通过支付宝发给其一定数额的款项。支付宝提供的这种即时支付服务不仅支持淘宝,也支持其他的网上交易平台,而且还适用于买卖双方达成的其他的线下交易。并且,如果没有发生实际交易,用户也可以通过支付宝向任何一个人进行付款。

二、 阿里小贷

（一）发展历程

阿里小贷的发展历程可以分为数据积累期、经验积累期、独立发展期三个时期。

1. 数据积累期（2002—2007 年）

阿里巴巴通过"诚信通"、淘宝等产品积累原始商户数据，为小贷风险管理打好基础。阿里巴巴在 2002 年 3 月推出了"诚信通"业务，主要针对的是会员的国内贸易。阿里聘请了第三方，对注册会员进行了评估，并把评估结果连同会员在阿里巴巴的交易诚信记录展示在网上，帮助诚信通会员获得采购方的信任。2004 年 3 月份，阿里巴巴又推出了"诚信通"指数，用以衡量会员信用状况，这也是阿里巴巴信用评核模型的基础。同时在 B2C 端，淘宝用户的规模大幅增长，为阿里巴巴累积了大量数据。

2. 经验积累期（2007—2010 年）

阿里巴巴与建行、工行等金融机构合作放贷，积累了信用评价、风险控制等经验。2007 年起阿里巴巴与建设银行、工商银行开展深度合作，分别推出了"e 贷通"和"易融通"等贷款产品，服务对象主要为中小电商银行。阿里巴巴作为销售渠道及提供商，向银行介绍业务并提供客户的风险信息，银行则利用阿里巴巴提供的信息向阿里平台上的中小企业放贷。但是小电商们大多还是达不到银行的门槛，银行并没有收获特别多的大单业务。2008 年，阿里巴巴推出了网商融资平台，云集来自 400 多家国内外著名风险投资机构的 2000 多名风险投资人。

3. 独立发展期（2010 年至今）

2010 年，阿里巴巴开始自建小额贷款公司，服务电商平台上的小微企业。2010 年，阿里巴巴联合复兴集团、银泰集团、万向集团成立了浙江阿里巴巴小额贷款公司，注册资本 6 亿元。2011 年，阿里巴巴与宁波金润资产、上海复星工业、万向租赁等公司共同建立了重庆市阿里巴巴小额贷款股份有限公司,注册资本 10 亿元。阿里小贷正式成立,开始向部分城市的淘宝和阿里巴巴上的电商企业放贷。

(二) 主要产品

阿里小贷主要服务 B 端(商户端)客户,主要产品有信用贷款和订单贷款两种模式。

1. 信用贷款

信用贷款是阿里巴巴为借款人提供的一款无须任何抵押及担保的纯信用贷款产品,用以满足借款人在生产经营过程中产生的短期流动资金需求。阿里小贷的信用贷款主要有淘宝信用贷款、天猫信用贷款等。以淘宝信用贷款为例,阿里小贷根据店铺的交易记录进行信用评判,最终根据信用水平的不同决定放贷的额度,其主要流程如图 7-1 所示。店铺的好评率、投诉量、处罚、退款数以及交易的稳定性等,都会影响店铺能否申请到贷款以及申请到贷款的额度。

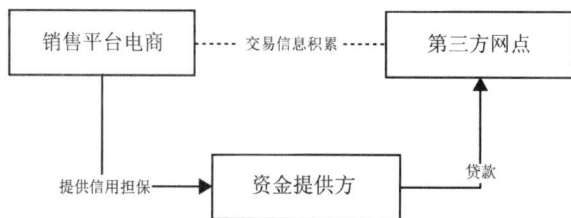

图 7-1 电商小贷的信用贷款流程

在放款形式上,阿里巴巴的贷款可以分为循环贷和固定贷两种。循环贷,即客户可以获取一定额度的信用额度作为备用金,7×24 小时随借随还、循环使用,适合于企业临时性周转的资金需求。固定贷,即客户获得贷款额度后一次性发放,按月以等额本息的方式还款,适合于企业正常经营的资金需求。在利率方面,授信期为 3 个月和 6 个月的淘宝信用贷款日利率为 0.06%,授信期为 12 个月的信用贷款日利率为 0.05%,提前还款需要支付手续费,前 3 个月还款需要交纳归还本金 2% 的手续费,在第 4—9 个月还款将产生 1% 的手续费。天猫信用贷款和淘宝信用贷款大同小异,差别在于天猫 3 个月信用贷款的日利率为 0.05％,还款期为 12 个月的贷款在前 9 个月提前还款须收取对应还款金额 2％的手续费。

2. 订单贷款

阿里巴巴在电商交易中首创了担保支付模式。当消费者购买网上商品时,所付款项不会立即进入卖家账户,而是先沉淀于电商平台(或电商的第三方支付平台),待消费者确认收货后,电商平台再将款项打入卖家账户。担保交易虽然解决了信用问题,但是从消费者付款到卖家实际收款的过程中,一般会有若干天的等待时间,这就造成了第三方对卖家资金的占用。阿里小贷推出的订单贷款,正是为了解决这一实际问题而出现的。在阿里电商平台上,当有符合条件的卖家已发货而买家尚未确认收货的订单时,卖家可以凭借此类订单向阿里小贷申请贷款,电商平台为资金方提供信用担保,并以已发货、未支付的订单作为质押,贷款金额最高可为订单金额的 95％,且贷款后买家支付的货款将自动被用于还款。订单贷款的实质是卖家将未来的现金流提前支取,加速资金周转,主要解决极短期的资金流转与头寸调拨的需求问题,通常贷款数额较小。订单贷款的整体流程如图 7-2 所示。

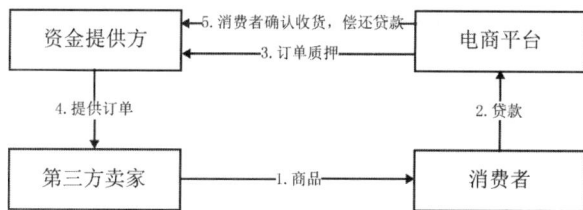

图 7-2 第三方的订单贷款流程

阿里小贷订单贷款的条件和信用贷款类似,只是因为有抵押物所以对申请条件有所降低,持续有效经营 2 个月以上的商户便可以申请。每笔订单贷款的最长期限为 60 天,日利率为 0.05％。由于一般抵押订单交易到账后系统会自动还款,所以实际上订单贷款通常在未到期之前便已结清。

（三）业务模式

1. 放贷流程

阿里小贷利用其数据和技术优势,搭建了一套标准化的信贷流水线。阿里小贷的线上放贷包括提交申请、收集资料、视频调查、审批通过、签署合同、贷款支用6个环节,如图7-3所示。阿里小贷根据申请者在阿里巴巴平台上的数据,以及企业销售走账的银行流水、财务报表、纳税记录、电费凭证等申请材料对客户进行评价。在信贷人员的操作屏幕上,可以看到生产线上每个环节的运作情况以及客户的滞留情况,整个流程相对快捷,迎合了小微企业"短、频、快、急"的融资需求,最快3分钟即可完成贷款审批,当天完成放款。

图 7.3 阿里小贷放贷流程

在提交申请阶段,申请贷款企业的法定代表人及配偶、实际控制人及配偶需要提供身份证及婚姻证明复印件,提供近6个月企业销售的银行账户对账单,提供信用报告授权查询委托书以及近3个月企业缴纳的电费凭证。制造业客户年销售额在3000万元以上的,还需要提供近3年年度财务报表和本年最近一个月的财务报告,以及相应的纳税申报表、固定资产清单、企业贷款卡号等信息。这些材料在签章后,可以通过传真、扫描、快递、电子邮件等多种方式递交。

在视频调查阶段,当收到客户申请材料后,阿里小贷的调查员将通过电话、旺旺视频等工具与客户进行沟通,要求客户在线提供个人银行流水、水电单票据,并对企业的经营情况和财务状况进行了解,对客户的还款能力和还款意愿进行判断。此外,对于部分特

殊的需要实地走访的客户,阿里小贷引入了外部公司协助其调查。

在合同签订与贷款支用阶段,若贷款审批通过,客户可以在线上阅读贷款合同条款,输入绑定的支付宝账户及密码完成合同签署。如若客户需要续贷,阿里小贷对续贷客户的申请材料将有所简化,调查时间也相应缩短,主要关注企业近期的变化,并且续贷客户有可能享受到优惠利率。

2. 风险控制

阿里小贷的风控核心在于其拥有一个庞大的电商生态系统,对客户的运营情况十分熟悉,相当于建立了一个详细的征信系统数据库,能够解决传统信贷模式下的信息不对称问题。同时,阿里在贷前、贷中以及贷后建立起了一套较为完善的风险预警和控制体系。

在贷前阶段,阿里小贷一方面利用阿里平台收集到的详细客户交易数据、行为数据等资料进行分析评级,另一方面也结合第三方数据认证服务取得海关、税务等验证数据。在评级过程中,阿里小贷基于上述数据开发了信用风险 PD 评分模型,根据客户已有信息预测该客户的违约风险概率,通过模型的方法得到 PD 评分。信用风险 PD 模型被应用到自动申请贷款审批、贷中风险监控等场景,根据 PD 模型的风险评级可以决定准入客户的名单,细化客户授信等。

在授信过程中,阿里小贷基于互联网和大数据开发了"水文模型"系统,即通过该店铺自身数据的变化,以及同类目类似店铺数据的变化,判断客户未来店铺经营情况的变化,从而该系统可以判断出店铺的资金需求,与传统模型相比,它的主要优势在于有效避免季节性波动影响。"水文模型"按照小微企业类目、级别等分别统计一个阿里小贷商户的相关"水文数据"库,然后用其预测得到的销售额以及其 PD 评分来确定店铺的授信额度及价格。

在贷后管理方面,阿里小贷建立了 7×24 小时的监测预警,实时更新贷款规模、客户数量、业务完成进度、不良率等内容。阿里小贷的监控系统中建立了数千条实时监测指标和预警规则,包括营业额、利润、平台广告投放量、流量等指标，以监测贷款使用是否发生偏离等。阿里小贷采用三级预警，配备差异化的处置方式。当出现黄色和橙色预警时，将进行人工排查；当出现红色预警时，将直接进行贷款催收，减小坏账风险。当风险发生之后，阿里小贷会采取多样化的风险处置方式。除了以 1.5 倍收取罚息以外，阿里小贷将采用封网店、网络信用披露等措施，提高违约成本。

（四）发展前景

阿里小贷较为有效地缓解了电商平台上商家的融资困境，但其发展主要面临着资金来源不足等问题。根据《关于小额贷款公司试点的指导意见》规定，小额贷款公司的资金来源仅限于股本、接收捐赠的资金以及不超过资本净额 50％的介入资金，这就从源头限制了小贷的放贷规模。目前阿里小贷的三家注册公司合起来只有 18 亿元，即使阿里小贷所在的浙江和重庆都出台了鼓励政策，允许将其从银行融资额度提高到 100％，但它最多也只能放贷 36 亿元，远远不能满足线上电商的庞大融资需求。此外，阿里小贷主要服务阿里巴巴旗下电商平台的 B 端客户，客户数量毕竟有限，而且其客户主要集中在销售端，对生产性小微企业的融资支持力度有限，同时如果阿里小贷将客户群拓展到阿里生态圈之外，还将面临客户信用评价难等问题。

专栏2 互联网金融发展的典型案例

阿里金融是从隶属于集团内部的电商服务平台逐步发展成为为消费者和小微企业提供网络化的金融创新平台。2002 年，B2B 网站阿里巴巴推出了诚信通的会员服务，要求企业在交易网站上建立信用档案并展示给买家。2004 年 3 月在此基础上阿里巴巴推出了衡量企业信用状况的"诚信通指数"，诚信通指数是阿里金融运作的重要基础。2003 年 5 月，马云推出 B2C 淘宝网站，并于当年 10 月宣

布了支付宝的成立。马云进一步完善了数据的积累整合、分析挖掘,搭建了完备的商家信用评价体系。截至2012年末,全国4200万小微企业中超过800万家的企业在阿里巴巴平台上进行买卖,支付宝的注册账户资金已经突破8亿元,日交易额峰值超过200亿元。

阿里金融有三个核心板块。其一,支付宝是起步较早、发展最好的板块。它的发展重点是加快推进移动支付和线下支付的布局,并推出手机客户端和"信用支付"业务。其二,阿里小贷是重要组成部分。包含淘宝贷款和阿里巴巴贷款两类。其中面向淘宝平台卖家的淘宝贷款占比80%,其放贷审核、发放可全程在网上完成;阿里巴巴贷款主要面向"诚信通"的企业会员,由阿里金融委托第三方机构于线下进行放贷流程中的实地勘察。其三,商诚融资担保有限公司是为完善互联网交易的链条,为消费金融创新和小微信贷服务提供保障而成立。由此可见,阿里金融平台是以电商平台为依托,以数据积累和挖掘为优势,为网商提供贷款、担保、保险等一揽子解决方案和为消费者提供全过程金融服务的平台。

第二节 小额贷款公司发展情况

自2008年开展小贷公司试点工作以来,浙江省牢牢抓住金融服务"三农"和小微企业的主线,坚持差异化经营、市场化发展的原则,积极探索普惠金融改革发展路径。至2012年末,全省已开业的小贷公司有277家(含宁波36家),全省97个县(市、区)全部设立小贷公司机构,实现了区域全覆盖。与全国其他地区相比,浙江省已设立并开业的小贷公司的数量一直保持在全国第8位,尽管它的数量不是最多,但发展步伐"稳健",使浙江实现了"开正道、补急需、促创业"的试点初衷,取得了明显的试点成效,形成在全国有一定影响力的"浙江小贷"品牌。

一、 明确"支农支小"市场定位，着力解决金融服务领域的薄弱环节

近年来，我国金融业改革发展取得明显成效，但"三农"和小微领域金融服务仍是薄弱环节，而小贷公司就是弥补该薄弱环节的生力军之一。主要体现在：一是明文规定支农支小的比例。自试点之初，省政府文件就明确规定，原则上小贷公司贷款余额的70%要应用于单户余额100万元以下的小额贷款和纯农业贷款，并同时政府2009年度开始实施监管评级（考评），建立了以"支农支小"绩效作为主要内容之一的量化测评体系。考核结果直接与扩大融资、业务创新、享受扶持政策相挂钩。二是鼓励向乡镇布局。引导小贷逐步向乡镇延伸网点，努力打通小微金融服务"最后一公里"，这样既避免了与银行的"同质化"竞争，又拓宽了服务的深度与广度。三是扎根服务小微客户。在市场定位上，主攻小微企业融资市场，不与银行搞拼盘、搞转贷；在经营模式上，细分市场、深挖客户、下沉服务、上门营销、急需急办、随贷随还，让小微企业、农户等体验到普惠金融的优质服务；在信贷技术上，充分利用"本乡本土""地缘人缘"优势，既看产品也看人品，既看报表也看水表，既看家底也看下家，贷前严把握、贷后优服务，不断开发有针对性、实用性的微贷技术。2012年末，小贷公司贷款余额客户数为7.28万，开业以来服务的客户总量达到29.28万户。

二、 充分发挥民营骨干企业和本土优势，着力破解小额贷款中风险和收益不匹配问题

2012年末，已开业的小额贷款公司的注册资本金总额为576.02亿元，可贷资金规模829.59亿元，贷款余额为746.54亿元。从单个公司贷款看，平均注册资本和贷款余额均位居全国第一，分别为2.08亿元/家和2.82亿元/家。量大面广的小微、"三农"客户之所以得不

到应有的金融服务,主要原因在于这些客户存在信息不对称、生产经营不稳定等问题,对大银行而言,成本较高,风险较大,风险与收益不相匹配。浙江的小贷试点在破解这个难题上下足"功夫"。一是明确小贷公司主发起人为当地民营骨干企业。民营骨干企业在当地产业链、供销链、社交链等方面具备明显优势,对当地的经济金融形势、产业政策、文化习俗、企业经营习惯等方面有很深的"习得",掌握了大量的"软信息",这为破解小贷公司与小微企业之间的信息不对称难题奠定了基础。二是限制业务经营区域。明文规定小贷公司原则上只能在县(市、区)内开办信贷业务。这主要是考虑到跨县经营将会削弱小贷掌握"软信息"的固有优势,经营风险可能上升。同时,小贷"只贷不存",杠杆有限,尚不具备银行业规模化经营的资金优势、资源优势以及规模优势。三是明确县级政府是风险处置第一责任人。小贷属于从事放贷的类金融组织,经营对象信用不足,经营中出现风险在所难免。由小贷公司注册地县级政府牵头处置风险,一方面能发挥其了解小贷公司及其股东经营状况的优势,另一方面,有利于调动其对小贷公司加强监管和服务的积极性。

三、 坚持创新引领,着力探寻小贷公司做精、做优的发展路径

2008 年,银监会和人民银行联合下发的 23 号试点文件,规定了小贷公司的经营范围,严格限定了对外融资的方式与比例。试点以来,浙江遵循市场化规律,不断探寻小贷商业化可持续发展路径:一是适当拓宽经营范围,除贷款外,允许小贷公司与金融机构开展保险代理、租赁代理、基金代理等业务合作,提高中间业务收入。经批准,小贷公司可开展票据贴现、资产转让等业务。二是探索提高融资比例上限。允许经营优秀的小贷公司向主要法人股东定向借款、同业资金调剂拆借,融资比例从 50% 放宽到资本净额的 100%。三是依托电子商务平台,探索开展互联网金融业务。经省政府研究决定,2010 年省金融办下发《关于同意浙江阿里巴巴小额贷款股份有

限公司试点方案的批复》，阿里小贷以互联网为平台，运用先进的微贷技术和风险管理，为诚实守信的小微电商提供必要的信贷支持。它是国内互联网金融的最早一批"开拓者"，也为网商银行的设立、蚂蚁金服金融版图的扩建探索出了经验，并打下了坚实的基础。2012年，以网络为借贷平台的阿里巴巴小贷公司共发放了178.67亿元、233.79万笔贷款，仅一家公司的贷款总量已占全省小贷公司贷款总量的7%，贷款笔数的占比更是达到了91.7%。

四、 加强规范和监管，着力培育地方金融监管能力

自金融监管实施中央垂直化管理以来，一些类金融组织如何监管的问题开始浮现，这凸显了地方金融监管的必要性。自试点以来，浙江在建立小贷公司监管体系方面做了有益探索，为培育地方金融监管能力、构建"双层监管"体系积累了经验。一是加强监管制度建设。近年来连续出台了《小额贷款公司监管试行办法》《小额贷款公司非现场与现场检查工作指引》等20多个政策和操作办法，构建了监管制度框架。二是加强监管队伍建设。省金融办率先单独设立"小额贷款公司管理处"，并形成了省、市、县三级联动监管机制，初步建立200余人的小贷公司监管员队伍。三是全面实施信息化联网监管。开发完成并推广应用全省小贷公司公共信息服务系统，该系统既是全省小贷公司的总信息技术后台的服务平台，又是全省金融办系统对小贷公司进行实时信息化监管的平台。四是强化监管业务培训。如采用邀请专家授课、组织监管交流会、高校集训等方式多维度培养监管队伍的能力，提高监管人员经济金融专业素养，提升他们发现问题、解决问题、处置风险的能力。

第三节　担保公司发展情况

一、起步探索阶段（1996—1999 年）

浙江省中小企业信用担保的探索最早可以追溯到 1996 年。当时个体私营经济发展中企业融资难问题日益凸显，为了解决这一问题，浙江省江山市成立了个体私营经济工作领导小组，该小组在考察和借鉴发达地区担保机构的先进经验后，认为信用担保不失为一种"低成本、高效率"的解决方法，1998 年 8 月，省内第一家信用担保机构——江山市个体私营经济贷款担保基金管理办公室成立。江山市的做法为省内其他同行提供了"第一个吃螃蟹"的经验，全省有80 多批次的人员来到江山考察。在接下来的一年中，各市（县）担保机构陆续建立，1998 年 8 月，省内第一家具有完善法人治理结构、按市场化运作的国有政策性担保机构——金华市国信担保有限公司成立；1999 年 5 月，省内第一家由县级政府全资组建的中小企业信用担保机构——象山县中小企业信用担保中心成立；1999 年 7 月，余杭区第一家信用担保机构成立；1999 年 7 月，省内第一家事业法人担保机构——嘉兴市中小企业贷款担保中心成立；1999 年 11 月，台州市第一家政策性担保机构——台州椒江区中小企业经济担保有限公司注册成立。在起步探索阶段，各地建立的担保机构数量较少，多是由各地市（县）政府出资组建的政策性担保机构，这些机构主要为当地的中小企业提供融资担保服务，在形式上既有事业法人也有公司法人。

二、规范试点阶段（2000—2010 年）

2000 年以来，浙江省政府认真按照国务院《关于鼓励和促进中小企业发展的若干政策意见》和原经贸委《关于建立中小企业信用担保体系试点的指导意见》的工作要求,坚持以市场为取向,多渠道、多层次、多形式地积极构建中小企业信用担保体系,中小企业信用担保体系建设进入规范试点阶段。在体系结构方面,从原来的市、县(区)两级体系拓展为市、县(区)、乡镇三级体系,其中在乡镇一级建立区域性担保机构在全国还是首创。2004 年下发的《浙江省中小企业专项扶持资金使用管理暂行办法》中,专门对积极开展中小企业信用担保服务的担保机构给予了适当的奖励性扶持。2006 年 3 月,浙江省信用与担保协会成立,将行业自律监管作为政府监管的有效补充。2006 年 10 月 31 日,中国人民银行杭州中心支行会同浙江省中小企业局发布了《关于开展信用担保机构信用评级的实施意见》,该《意见》要求符合规定的担保机构每年均需要接受信用评级,并将信用评级结果录入企业征信系统,供金融机构和有关部门查询。2007 年 9 月 12 日,浙江省再担保试点工作座谈会在衢州召开,标志着浙江省开始了省级再担保风险补偿基金制度的探索。2008 年,为了协调各部门对担保机构的监管与服务,浙江省中小企业局、财政厅、发展与改革委员会共同制定了中小企业信用担保机构备案制度。

三、 体系完善阶段(2011 年至今)

2011 年 1 月 18 日,为切实加强对全省融资性担保公司的监督管理,根据国家有关法律法规,结合我省实际,就贯彻落实银监会等七部门发布的《融资性担保公司管理暂行办法》(2010 年第 3 号令),制定了《浙江省融资性担保公司管理试行办法》(浙政办发〔2011〕4 号),《试行办法》是全省融资性担保机构监管日常工作的基础,《办法》的出台标志着全省融资性担保行业从盲目发展、无序发展转向规范发展、稳定发展的阶段。据 2010 年底工商部门的摸底调查显示,全省在名称中含“担保”字样或在经营范围内含担保业务的公司

有 1341 家,投资公司或贸易公司以担保的名义从事民间借贷或高利贷的现象也一度盛行。2011 年,按照《融资性担保公司管理暂行办法》《浙江省融资性担保公司管理试行办法》和《浙江省融资性担保机构规范整顿方案》的要求,全省开展融资性担保机构规范整顿,5 月 10 日,规范整顿工作结束,共计发放融资性担保机构经营许可证 588 家。通过规范整顿,摸清了行业家底、规范了企业名称、提高了准入门槛、提升了行业形象、锻炼了监管队伍,为全省担保行业平稳健康发展打下了良好的基础。经过 2011 年全省集中规范整顿,2012—2015 年年审换证,淘汰风险大、不规范的机构,并设立条件较好的新机构作为补充,行业机构数量平稳下降。全省融资性担保行业得到有效提升,经营行为逐步规范,机构数量得到控制,资金实力逐渐壮大,融资性担保行业已经步入健康发展轨道。

至 2012 年末,全省担保机构贷款担保余额 950.45 亿元,全省融资性担保机构全年共为除个体工商户外的 6.12 万户中小企业提供贷款担保,平均每家担保机构服务企业 104 户,有效地发挥了担保的平台辐射和桥梁纽带作用。全年累计新增担保额 985.39 亿元,占全省银行业新增企业贷款的 23.3%,担保服务能力逐年增强。中小企业户均贷款担保金额 161.03 万元,充分体现了我省担保机构支持小微企业融资的特性。据不完全统计,2012 年受保的中小企业新增就业 19.54 万人,新增利税 57.23 亿元。

第四节　典当公司发展情况

1988 年 2 月 9 日,浙江首家"典当"商行金城典当服务商行正式亮牌营业。金城典当服务商行是由温州鹿城区城郊工业公司和私人集资开办的,属公私合资经营的股份合作企业,主要面向小型集体、个体企业和群众。1993 年 8 月,中国人民银行颁发《关于加强典当行管理的通知》,该《通知》首次明确将典当行定性为"以实物质押形式、为个体工商户和城乡居民提供临时性贷款的非银行金融机构",并将它归属央行监管。1996 年 4 月,在全国各地全面清理整顿典当行的基础上,中国人民银行颁布实施《典当行管理暂行办法》,该《办法》将典当行定性为"以实物占有权转移形式为非国有中、小企业和个人提供临时性质押贷款的特殊金融企业"。

2000 年 6 月,为适应我国经济和金融改革发展的需要,规范典当业的管理,经国务院同意,决定对典当行监管体制进行改革,中国人民银行与国家经贸委联合发布《关于典当行业监管职责交接的通知》,旨在取消典当行金融机构的资格,将原由人民银行监管的典当行业作为一类特殊的工商企业,交由国家经贸委统一归口管理。2000 年 7 月 15 日,浙江省经济贸易委员会转发《中国人民银行、国家经贸委关于典当行业监管职责交接的通知》(浙经贸办〔2000〕373 号),《人民银行杭州中心支行关于浙江省典当行业监管职责移交情况的报告》(杭银发〔2000〕516 号)。2000 年,浙江省经人民银行批准设立的典当行机构共 44 家,其中杭州 5 家、宁波 5 家、温州 21 家、金华 4 家、绍兴 3 家、台州 3 家、湖州 1 家、衢州 1 家、舟山 1 家。44 家典当行中除温州市鹿城五联典当行因违法经营须清理外,其余 43 家典当行全部符合移交条件,分别移交给属地财政贸易办公室或经济委员会或计划经济委员会管理。由此,浙江省典当业进入了质量型发展期,按照总量控制、合理布局、规范发展的要求,全省典当业得到较快发展。

2001 年 8 月,国家经贸委颁发了《典当行管理办法》,该《办法》将典当范围扩展到房地产、有价证券等项目,允许典当行向银行融资负债经营,这无疑为典当行的做大做强提供了机遇,许多典当行按《公司法》改组,改称典当有限责任公司,纷纷增资扩股。2001 年 12 月 24 日,浙江省经济贸易委员会向国家经贸委提交《关于要求审批 2001 年度浙江省典当行发展规划(草案)的请示》(浙经贸内贸〔2001〕1627 号)。到 2001 年底,浙江省 34 家典当有限责任公司典当余额 1.7 亿元。累计发放典当金额 54.38 亿元,实现利润 3883 万元。

2002 年 3 月 5 日,国家经济贸易委员会发出《关于全国统一当票使用和管理的通知》(国经贸中小企〔2002〕117 号)。新的全国统一当票自 2002 年 4 月 1 日起使用。2002 年 7 月 11 日,浙江省经济贸易委员会向省财政厅、省物价局发《关于要求设立全国统一当票和续当凭证行政收费项目的函》,决定印制并尽快在全省启用《全国统一当票》和《续当凭证》。2002 年 11 月,浙江省首家民营资本投资的典当行——浙江中财典当行在杭州武林门开门迎客。民营资本进入典当行业,促进了有价证券、摊位经营权质押、仓单质押、房地产抵押、股票质押、机动车质押等典当业务的创新。为进一步加强对典当行业的有效监管,2002 年 12 月 31 日,国家经济贸易委员会发布《关于对典当行进行年审的通知》(国经贸综合〔2002〕1009 号),这是典当行监管体制改革后经贸委系统对典当行进行的第一次年审。

2003 年 4 月 5 日,《国务院办公厅关于印发商务部主要职责内设机构和人员编制规定的通知》(国办发〔2003〕29 号)中,明确商务部要按有关规定对拍卖、典当、租赁、旧货流通活动进行监督管理。2003 年 12 月 25 日,《商务部关于加强典当业监管工作的通知》(商建发〔2003〕441 号),进一步明确和加强了对典当业的行业监管,按照商务部的年审要求,浙江省首次对典当行实行年审。2003 年末,全省(不包括宁波市)共有典当行 55 家,资产总额 87614.96 万元,净资产 62383.12 万元,典当余额 66815.25 万元,全年实现税后利润 2041.62 万元,比上年增长 2.65 倍。2004 年 6 月 17 日,《浙江省经济贸易委员会关于规范房地产典当业务防范经营风险的紧急通知》(浙经贸内贸〔2004〕557 号),要求各地立即对房地产典当业务进行专项检查,迅速发现并纠正违规典当行为,以防范经营风险,促进典当业的规范发展。2004 年 11 月 10 日,浙江省经贸委组织召开全省典当行业主管部门和企业参加的全省典当业监管工作会议。浙江省经贸委开始加强对全省典当业的监管工作。要求典当行要找准市场定位，对违规经营、整改无效的典当行，将依法取消其经营资格，建立完善的退出机制，增强典当行风险意识，促进整个行业规范经营、健康发展。2004年，全省典当行（不含宁波市17家）已发展到56家，注册资本6.61亿元。2005年1月27日，浙江省经济贸易委员会、浙江省公安厅、浙江省工商行政管理局颁发《关于加强我省典当业管理的若干意见》（浙经贸内贸〔2005〕149号）。2005年4月1日，商务部、公安部公布施行《典当管理办法》（2005年第8号令），《典当行管理办法》（国家经贸委令第22号）、《典当业治安管理办法》（公安部第26号令）同时废止。2005年5月17日，《商务部公安部关于贯彻实施〈典当管理办法〉的有关问题通知》（商建发〔2005〕201号）发布。2005年7月7日，浙江省经济贸易委员会、浙江省公安厅转发商务部公安部关于贯彻实施《典当管理办法》有关问题的通知（浙经贸内贸〔2005〕582号）。2005年8月30日，《浙江省公安厅关于贯彻执行〈典当管理办法〉若干事项的通知》（浙公通字〔2005〕91号）发布。根据新颁布实施的《典当管理办法》，浙江省经济贸易委员会制定并实施《关于加强我省典当业管理的若干意见》。2005年，全省81家典当行（不包括2005年第二批新增的13家典当行），发放当金90.97亿元，资产总额87614.96万元，净资产62383.12万元，典当余额66815.25万元，全年实现税后利润2041.62万元，比上年增长2.65倍。

2006年6月6日，浙江省典当行业协会成立。2006年12月1日，浙江省经济贸易委员会颁布《关于进一步加强典当业监管工作的意见》（浙经贸内贸〔2006〕660号），文件规定，今后在新增典当企业指标分配上，应与当地典当业健康发展挂钩，如发生典当企业违法违规行为，且当地主管部门处置不及时，将视情况停止或减少当年或下一年的典当企业新增数。各级典当业主管部门要建立季

(月)度经营分析例会制度,正确引导典当公司经营行为。同时,各级典当业主管部门要建立突击检查与长效管理相结合的工作机制,研究提出本区域切实有效的典当业监管措施。在资金来源上,禁止典当公司向社会非法融资;在资金运用上,禁止向客户信用贷款;在当物查验上,禁止销赃或变相洗钱。2006年12月6日,浙江省经济贸易委员会颁布《关于组织开展对全省典当企业检查的通知》(浙经贸内贸〔2006〕671号),认真贯彻落实省政府防范金融风险专题会议精神,加强典当行业监督管理。2006年末,全省(不包括宁波市)共有典当行94家,分支机构11个。注册资本12.86亿元。

2007年3月26日,商务部办公厅下发《关于加强典当业监督核查和信息报送工作的通知》(商办建函〔2007〕34号)。2007年4月26日,杭州市典当行业协会成立。针对一些担保、投资、旧货经营企业(市场)和寄售行、调剂行等中介服务机构打着"典当"旗号或超范围非法经营典当或以典当名义从事非法吸收存款,拆借资金,发放贷款等金融业务,违法违规案件时有发生,严重扰乱社会主义市场经济秩序,影响典当业的健康发展等情况,2007年10月26日,浙江省经贸委、浙江省金融办、浙江省银监局、浙江省公安厅、浙江省工商局、浙江省整规办颁布《关于开展打击非法典当机构和活动专项整治工作的通知》(浙经贸整规〔2007〕564号)。为创造规范有序的典当市场环境,根据浙江省人民政府办公厅《关于印发2007年全省整顿与规范市场经济秩序重点工作计划的通知》(浙政办发〔2007〕44号)要求,决定从2007年10月份开始到2007年12月底在全省开展打击非法典当机构和活动的专项整治工作。2007年底,全省共有典当企业188家,分支机构19家,共有从业人员1810人,注册资金28.73亿元。典当总金额252.17亿元,比上年增长51.11%;上缴税金1.15亿元,增长84.19%;税后利润2.30亿元,比上年增长45.57%(有亏损额135万元)。平均资本金利润率为8.01%。

2008年4月1日,商务部办公厅颁布《关于进一步做好典当行年审有关工作的通知》（商办建函〔2008〕20 号）。2008 年 7 月 28 日至 29 日，省高院在慈溪召开 2008 年全省法院商事审判例会，会议形成《金融纠纷案件若干问题讨论纪要》，该《纪要》中包括"关于典当纠纷案件"等内容。2008 年 10 月 1 日，《机动车登记规定》开始施行，允许典当行从事机动车质押业务。同日，我省各级工商行政管理机关已全面受理有限责任公司、股份有限公司以股权向银行和其他公司（包括典当公司）出质的登记手续。2008 年 11 月 12 日，商务部办公厅颁布《关于进一步完善典当业监管及风险防范制度的通知》（商建字〔2008〕119 号）。2008 年底，全省 188 家典当企业的注册资金（实收资本）30.78 亿元，拥有净资产（所有者权益）36.14 亿元，从业人员 1916 人。全省 188 家典当企业典当业务总额 260.46 亿元，其中：动产质押典当业务额 63.26 亿元，房地产抵押典当业务额 125.23 亿元，财产权利质押典当业务额 71.97 亿元。共发生典当业务 25.76 万笔，典当余额 35.54 亿元，利息及综合服务费收入 6.93 亿元，绝当销售收入 905 万元，上缴税金 9188 万元，税后利润 2.26 亿元。有亏损额 204 万元。

2009 年 4 月 1 日，经党中央、国务院批准，中央机构编制委员会审核，《浙江省人民政府机构改革方案》于建议更换时间启动实施，组建省商务厅，将省对外贸易经济合作厅的职责、省经贸委的内贸管理和对外经济协调职责，整合划入省商务厅。同月，中共浙江省委办公厅、浙江省人民政府办公厅颁布《关于扩大县（市）部分经济社会管理权限的通知》（浙委办〔2008〕116 号），《通知》明确下放其他县（市，包括杭州市萧山区、余杭区）经济社会管理权限事项目录中的第 24 项，即典当企业及分支机构设立申报制度。2009 年 7 月 20 日，财政部印发《典当企业执行〈企业会计准则〉若干衔接规定》的通知（财会〔2009〕11 号）。该《规定》明确执行企业会计准则的典当企业不再执行原来的相关准则、制度、办法。浙江省典当行业会计制度与信息报送培训会分批在杭州、金华两地召开。2009 年 8 月 28

日,《商务部办公厅关于加强典当行业监管工作的通知》(商办建函〔2009〕81号)颁布。2009年7月31日,商务部关于典当企业执行《企业会计准则》有关事项的通知(商建函〔2009〕28号)发布。到2009年底,全省典当企业的注册资金(实收资本)43.27亿元,拥有净资产(所有者权益)47.82亿元,从业人员2329人。我省266家典当企业发放贷款累计总额207.35亿元,比去年下降20.39%。其中:动产质押典当贷款额49.68亿元,房地产抵押典当业务额102.74亿元,财产权利质押典当业务额54.93亿元。共发生典当业务25.80万笔,发放贷款余额38.66亿元,利息及综合服务费收入4.75亿元,绝当销售收入2486万元,上缴税金6065万元,税后利润10842万元,比去年下降52.10%。有亏损额2206万元。

2010年1月8日,浙江丰源典当有限责任公司被浙江省质量技术监督局和浙江省品牌推进委员会评为浙江省名牌。2010年6月29日,浙江省高级人民法院印发《关于审理典当纠纷案件若干问题的指导意见》的通知(浙高法〔2010〕195号)。2010年9月28日,商务部办公厅下发《关于启用典当行业监督管理信息系统的通知》(商办建函〔2010〕1365号)。2010年12月22日,商务部办公厅下发《关于做好典当业人才培养工作的指导意见》(商建字〔2010〕375号)。至2010年底,全省典当企业注册资金(实收资本)52.42亿元,拥有资产总额67.35亿元,净资产(所有者权益)58.66亿元,从业人员3528人。浙江省324家典当企业发放贷款累计总额305.05亿元,比上年增长47.12%。其中:动产质押典当贷款额61.27亿元,房地产抵押典当贷款额166.91亿元,财产权利质押典当贷款额76.87亿元。共发生典当贷款业务25.04万笔,发放贷款余额52.17亿元,利息及综合服务费收入6.30亿元,上缴税金8939万元,税后利润15953万元。有些典当企业亏损,亏损总额为1371万元。

至2012年底,全省(含宁波)典当企业发放当金累计总额389.00亿元,比去年下降4.58%。其中:动产质押典当贷款累计

81.04 亿元，房地产抵押典当贷款累计 212.71 亿元，财产权利质押典当贷款累计 95.24 亿元。共发生典当贷款业务 28.68 万笔，发放典当当金余额 67.86 亿元，利息及综合服务费收入 8.33 亿元，上缴税金 12903 万元，利润总额 30312 万元。有 107 家典当企业亏损，亏损总额为 3022 万元。全省 449 家（含宁波 74 家）典当企业注册资金（实收资本）756784 万元，其中：正常经营的 435 家典当企业拥有资产总额 946551 万元，净资产（所有者权益）849808 万元，从业人员 3441 人（见表 7-1）。

表 7-1　浙江省典当行业历年经营情况（2006—2010 年）　（单位：万元）

	2006 年	2007 年	2008 年	2009 年	2010 年
全省典当总额	1668832	2521728	2604575	2073513	3061843
利息与综合服务费收入	37314.5	63853	69317	47455	63514
业务笔数	233314	256486	257589	258054	251818
典当余额	197106	318717	355424	386642	523326
实收资本	221070	287286	306820	432731	524238
资产总额	241070	429759	448336	568401	673542
负债总额	72862	101034	87315	94142	103172
其中：短期借款		67704	60194	60034	64078
上缴税金（营业税＋所得税）	6238	11517	9188	6065	8932
利润总额	15796	15760.77	27349	13848	21244
净利润	9558	22984	22633	10842	16215
企业数	144	188	188	266	324

第五节　浙江省区域产权交易市场

2008 年，浙江省政府以专题形式向国务院递交报告，要求在浙江锁定区域市场风险的前提下，开展未上市股份转让试点工作；2011 年，"争取建立区域性场外交易市场"被列入《浙江省十二五金

融业发展规划》;2012年,省委、省政府颁布的《关于加快金融改革发展的若干意见》进一步明确,要积极争取开展区域性场外交易市场试点,对接全国多层次资本市场。同年,省政府办公厅专门出台《关于推进股权交易市场建设的若干意见》,该《意见》要求加快推进我省股权交易市场建设,要求各地参照企业上市和"新三板"挂牌的相关政策措施,对省内企业到浙江股权交易中心挂牌的企业,进行相应的费用减免、资金补助和政策奖励。

经过多年的探索,我省股权交易市场组织体系初步形成,各类会员已达302家,其中既包括银行、信托、证券、投资管理、基金公司综合服务会员,也有会计师事务所、律师事务所、资产评估公司等专业服务机构,还有遍布全省各地的营业网点,挂牌企业和投资者可以就近享受全方位的贴心服务。定向增发、优先股、股权质押、私募债券、小贷定向债、资产证券化、银行授信等金融工具相继推出,这形成了各类产品极大丰富的局面,企业可以根据自身条件选择融资方式,投资人可以根据风险偏好和投资能力选择投资产品。社会资金和实体经济实现有效对接,资产配置效率不断得到优化。

2011年11月,国务院出台《关于清理整顿各类交易场所切实防范金融风险的决定》,旨在部署清理整顿国内各类交易场所。国务院办公厅于2012年紧接着又研究制定了《关于清理整顿各类交易场所的实施意见》(国办发〔2012〕37号)。2012年初,国务院批复成立由23个部委组成的各类交易场所部际联席会议,具体负责推动交易场所的清理整顿工作。按照国务院要求,2012年3月,省政府成立了浙江省清理整顿各类交易场所工作领导小组,由分管副省长任组长,分管副秘书长、省金融办及浙江证监局主要领导任副组长,17个省级部门分管领导为成员,领导小组办公室设在省金融办。领导小组统筹协调、督促指导全省工作,办公室承担清理整顿日常工作的职能。

从2011年底到2012年3月,全省进行交易场所的摸底排查。

通过金融办和工商等部门系统的梳理，全省带有"交易所"字样和可能存在权益类或大宗商品类业务的交易场所共 190 家。这些所谓的"交易场所"，有的挂"交易所"字样，有的挂"交易中心"字样，有的虽挂"交易所"或"交易中心"字样，但并不开展相应的业务，或者只做一般的商品买卖，有的不挂"交易所"或"交易中心"，但实际上却从事权益类或大宗商品交易业务。还有一小部分，属于省外场所的分支机构。按照实质重于形式的要求，清理整顿的范围不以交易场所的名称为界定标准，凡是实际从事权益类、大宗商品类和其他标准化合约交易活动的场所，都将纳入清理整顿范围，严防部分交易场所通过更改名称规避清理整顿。经过多轮甄别，我省纳入清理整顿范围的交易场所共有 74 家（不含宁波市），其中权益类 47 家，大宗商品类 15 家，合约类 7 家，外省交易场所在浙分支机构 5 家。

在摸底排查的基础上，交易场所对照要求进行自查整改。主要是按照国发〔2011〕38 号和国办发〔2011〕37 号文的规定，权益类交易场所不准将权益拆分为均等份额公开发行，不准采取集合竞价、连续竞价、电子撮合、匿名交易等交易方式，不准将权益按照标准化交易单位持续挂牌交易，权益持有人累计不准超过 200 人，不准以集中交易方式进行标准化合约交易；大宗商品类交易场所不得以集中竞价、电子撮合、匿名交易、做市商等集中交易方式进行标准化合约交易；一般电子商务类平台不得再冠名"交易所"或"交易中心"字样。

通过严格的整改，全省清理了一批名不副实的交易市场；关停了一批违规的交易场所或交易产品；规范了一批权益类交易场所，转型了一批商品类交易场所；发展了一批浙江急需培育的重点交易场所。2012 年 10 月 18 日，浙江股权交易中心正式成立；2012 年 11 月 7 日，浙江省清理整顿工作首批通过清理整顿各类交易场所部际联席会议的检查验收。2013 年 1 月 8 日，省政府公布经清理整顿并通过检查验收而保留经营资格的 65 家交易场所。

一、 源远流长的产权交易市场

产权交易市场作为中国改革过程中的特殊产物,伴随着企业改革潮起潮落,不断演进。在20世纪90年代早期的国有集体企业改革过程中,我省产权交易机构应运而生,如1993年杭州成立的企业产权交易中心,1994年开业的温州产权交易中心、绍兴市产权交易中心等。随着改革的不断深入,产权交易机构队伍也不断发展壮大。目前部分产交所并入政府招投标中心,到2011年底清理整顿前,全省涉及产权交易的机构仍然保有30家左右的规模。

经济发展进入新常态,产权交易机构也在不断探索新的发展之路。浙江产权交易所经过股东调整、股权业务剥离后,引入新的考核机制,倒逼公司新的经营团队转换思路,调整发展战略,着力向体制外开拓市场,交易业务从原来90%以上为主管部门指定项目,实现了目前50%以上为非指定项目。杭州产权交易所充分利用地缘优势,开发了多类交易品种,实物资产、股权、债权、矿权、排污权、经营权、版权、商标权、房屋租赁、异地项目等地方政府资源悉数进场。

二、 筹建浙江金融资产交易所

组建金融资产交易所对切实解决浙江省企业融资难题、有效拓宽民间投资渠道、加快金融创新促进产业转型升级、加快金融强省建设具有重要意义,也符合国家政策导向,符合市场的需求,浙江省应积极推进其建设。省金融办会同省财政厅等部门做了大量的前期工作,形成了较为完整的组建方案。但2011年11月国务院《关于清理整顿各类交易场所切实防范金融风险的决定》(国发〔2011〕38号)文件下发后,规定"从事保险、信贷、黄金等金融产品交易的交易场所,必须经国务院相关金融管理部门批准设立"、"凡使用交易所字样的交易场所,除经国务院或国务院金融管理部门批准的外,必须报省级人民政府批准;省级人民政府批准前,应征求联席会议意见"，从与证监会等部委的沟通情况来看,清理整顿期间交易场所上报获批的可能性不大。建议省政府先批准筹建,在 2012 年 6 月底前完成交易所的架构搭建、交易规则设计、交易程序开发等工作,并试运行小额贷款信贷资产、银行理财产品、信托产品交易,逐步丰富交易产品;争取年内征求国务院部际联席会议意见后正式批准挂牌运行。组建工作如下:

1. 交易所名称。浙江(省)金融资产交易所。

2. 注册资本。浙江金融资产交易所注册资本 5000 万元,由浙江省产权交易集团有限公司出资组建,人民银行杭州清算中心如有意愿可参与组建。(鉴于交易所平台的公共性、公益性、规范性,不宜由民营企业作为股东参与发起,国家金融管理部门也不支持。)

3. 业务范围。(1) 作为地方金融企业资产的指定交易平台;(2) 争取财政部等国家部委的批准将其作为在浙中央银行资产指定交易平台;(3) 争取国家相关部门审批以下业务:信贷、信托、票据、权证等金融产品交易,以及未来产品创新资格。

根据《国务院关于清理整顿各类交易场所切实防范金融风险的决定》以及浙江省的实际,可在政策许可范围内,先行开展以下业务:(1) 债权资产交易。包括小额贷款公司贷款资产转让、各类债券产品交易、企业应收账款交易、各类票据转让与贴现、金融租赁资产交易、商业银行理财产品交易等。(2) 信托资产交易。包括:信托产品登记服务、信托产品信息披露服务、信托受益权转让服务、信托产品发行服务等。(3) 产权转让与私募股权退出。利用交易所的价格发现功能,致力于为全省中小企业(尤其是中小金融机构)提供产权转让、私募股权退出以及托管、质押、增资扩股等权益性交易的服务平台。(4) 发行地方债券并募资主平台。包括地方政府债券、中小企业集合债券等。(5) 民间融资登记服务。

4. 管理体制:以省金融办为主管部门,进行市场培育和日常监督管理(加强业务指导和管理),省财政厅、人民银行杭州中心支行、浙江银监局、浙江证监局、省工商局依职能加强指导，并协助（实施）监管。

三、 设立浙江省股权交易中心

浙江省拥有大量优质的中小企业资源，充裕的民间资金亟须寻找有效投资渠道，以满足发展区域性场外交易市场的强烈需求并为之打下较好的基础。从长远来看，建立区域性场外市场是化解"两难"问题，促进经济转型和战略性新兴产业发展的重要途径，也是对接上交所、深交所、全国性场外市场的重要市场，我省应高度重视，大力予以培育并促进其发展。

我省未上市公司股份转让试点作为探索区域性场外市场的雏形，依托浙交所运行，于 2010 年 1 月 25 日正式启动，是全国唯一经证监会书面函告予以支持的试点。截至目前，全省共建立运行网点 15 家，其中地级 6 家，县级市 9 家，挂牌企业 16 家，累计成交 2961 万股，成交额 15621 万元。总体上看，试点框架初步搭建，网络运行畅通，但市场功能单一，缺乏政府的政策支持，缺乏足够的吸引力。2011 年，省金融办会同深交所对建设我省区域性场外交易市场进行了大量的研究，提出了一整套方案，并一直向证监会争取区域性场外交易市场的试点。

2011 年底以来，证监会对发展场外交易市场的态度有了较大转变，提出了"借鉴成熟市场经验，充分考虑我国特殊国情，研究和探索建立统一监管下的场外交易市场，扩大资本市场为中小企业的服务范围，拓展中小企业融资渠道"的意见，时任温家宝总理在全国金融工作会议上也要求"积极探索发展场外交易市场"。我省应抓住机遇，积极深化未上市公司股份转让试点工作，争取在证监会指导下探索开展区域性场外市场试点，形成与主板、中小板、创业板以及全国性场外市场不同的层级，引导尚未达到全国性证券市场要求的公司，进入浙江区域性场外交易市场，并按照浙江区域性场外交易

市场的试点规则对这些公司进行规范和培育。具体工作如下：

1. 目标定位。建立省内未上市公司股份合理流动、资金直接融通的地方性资本市场平台，切实解决中小企业的融资难题，合理引导民间资金转化为企业资本，为 VC、PE 等股权投资机构增加投资和退出通道，为全国性证券市场培育优质的上市公司提供后备资源。

2. 注册资本。由浙江省产权交易集团有限公司出资成立浙江省股权（托管）交易中心，注册资金可暂定 5000 万元，今后视发展情况予以增资。

3. 业务范围。未上市公司的股权托管与转让。其中股权转让业务由原省政府委托浙江产交所运行的未上市股份转让试点业务整体剥离划转而来，同时由省股权（托管）交易中心出资收购浙江股权托管有限公司全部股权（运行）。未来方向：以未上市股份转让平台试点为基础，加大宣传推介力度，积极吸引企业到平台挂牌交易。学习上海、重庆等地经验，参照"新三板"的交易规则和交易制度，通过行政引导、政策扶持等方式，将全省所有拟上市企业统一纳入平台，进行规范培育、先行挂牌交易、优先推荐上市等，为下一步打造我省区域性场外交易市场打好基础。条件成熟时，在证监会指导和监管下，在责任边界锁定下，组建成立浙江省区域性场外交易市场。

第八章 浙江金融基础设施建设

第一节 浙江支付体系建设

支付体系是一个地区经济金融体系的重要组成部分。安全、高效的支付体系对于加速资金周转、提高资源配置效率、促进经济增长、满足社会公众日益增长的支付需求、提高人民的生活具有重要意义。过去的二十年,浙江支付清算基础设施日趋完善,非现金支付工具应用广泛,支付服务环境持续改善,支付服务组织呈多元化发展,支付体系稳定高效运行,这些都为浙江经济金融发展提供了有力保障。

一、 支付清算基础设施日趋完善

支付清算系统的建设主要取决于经济金融的总体发展水平,以及科学技术特别是计算机网络、电子通信技术在经济金融领域的应用。与经济发展相适应,支付清算系统经历了从手工联行到电子联行,再到以大、小额支付系统为核心的现代化支付系统的发展。

(一)全国电子联行系统

20 世纪 80 年代,为解决手工联行清算效率低下、支付清算风险高的问题,人民银行总行提出运用电子联行替代手工联行的设想,着手开发建设以专业卫星通信网为依托的全国电子联行系统,并于 1991 年 4 月 1 日上线运行,该系统初步实现了我国异地跨行支付清算业务的电子化。系统通过人民银行清算总中心与人民银行各省、市的资金清算分中心直接联网,办理跨行异地资金调拨,实现汇划款与资金清算同步进行。经过电子联行业务在县级城市的推广应用,人民银行清算分中心达到1000多个,电子联行系统覆盖了全国所有地级城市和部分县级城市,成为当时最重要的支付清算系统。

1994年,为疏通结算渠道、加速资金周转,人民银行浙江省分行成立了浙江省联行清算中心,由其负责组建区域联行往来系统。同年7月,区域联行往来系统正式办理区域联行往来业务。人民银行浙江省分行从全省城市信用社、农村信用社中选择53家单位,作为区域联行往来系统的首批经办行,使之办理系统内的异地划收业务、所在城镇之间异地跨系统的划收业务,按"先直后横"的要求,通过区域联行往来系统办理汇划。

为解决"天上三秒、地上三天"的问题,1995年,全国十个城市清算中心在杭州开展了"天地对接"方案研讨会。杭州、绍兴作为首批"天地对接"试点城市,分别于1996年7月和9月开通"天地对接",实现了电子联行小站与各银行业务处理系统互联、电子联行小站与中央银行会计核算系统互联,支付信息从汇出行到汇入行以及资金实时清算的全程自动化处理。2002年,全省11个中心支行全部实现"天地对接",提高了电子联行系统业务处理效率。

(二) 大、小额支付系统

为适应经济金融的发展,1997年,人民银行总行印发了《中国现代化支付系统试点工程实施管理工作要点》,该《要点》将杭州、宁波、绍兴等国内20个城市作为试点城市,开发运行现代化支付系统。中国人民银行现代化支付系统主要由大额实时支付系统和小额批量支付系统两个业务应用系统,以及清算账户管理系统和支付管理信息系统两个辅助支持系统组成,并建有两级处理中心,即国家处理中心和全国省会(首府)城市处理中心以及深圳处理中心。

大额实时支付系统主要处理同城和异地的金额在规定起点以上的大额贷记支付业务和紧急的小额贷记支付业务。大额支付指

令逐笔实时发送,全额清算资金,主要为银行机构和金融市场提供快速、高效、安全、可靠的支付清算服务,是支持货币政策实施和维护金融稳定的重要金融基础设施。2003年,杭州市被确定为全国19个大额支付系统推广城市之一,于12月1日顺利上线运行大额实时支付系统。2005年6月,大额实时支付系统在全国推广应用,取代了全国电子联行系统,这一举措实现了异地跨行支付清算业务的跨越式发展。

小额批量支付系统主要处理同城和异地纸质凭证截留的借记支付业务以及每笔金额在规定起点以下的小额贷记支付业务。系统7×24小时连续运行,支付指令批量发送,轧差净额清算资金,为社会提供低成本、大业务量的支付清算服务。2005年1月,人民银行总行启动了小额批量支付系统的建设,2006年5月,小额支付系统在浙江省成功上线运行,标志着浙江省以现代化支付系统为核心、商业银行行内系统为基础、票据交换系统和其他支付系统并存的支付清算体系已初步建成。

截至2012年末,浙江省共有大、小额支付系统直接参与者91个,间接参与者7156个,基本实现现代化支付系统在银行机构网点的全覆盖。大、小额支付系统日均处理支付清算业务57.62万笔、金额4646.03亿元,有力地支撑了浙江经济金融的发展。

(三) 全国支票影像交换系统

支票作为我国企事业单位使用最广泛的非现金支付工具之一,在便利商品交易、加速社会资金周转等方面发挥着重要的作用。但长期以来,我国的支票只能在同城范围内使用,一定程度上约束了区域间的经济往来。2005年,基于经济快速发展和民众需求不断增长的现状,人民银行总行在深圳市率先开展了基于影像技术的票据截留试点,并取得圆满成功。基于上述实践,人民银行总行立足国情,积极引入影像截留技术,建设全国支票影像交换系统。支票实现了全国通用。2006年12月,全国支票影像交换系统在北京、天津、上海、河北、广东和深圳六省（市）成功试点运行。2007年6月，人民银行总行完成全国支票影像交换系统的全国推广，浙江省内74家票据交换所、4645家票据交换机构上线运行全国支票影像交换系统，实现了支票全国通用。

全国支票影像交换系统主要处理银行业金融机构跨行和行内支票影像信息交换，其资金清算通过小额批量支付系统处理。支票影像业务的处理分为影像信息交换和业务回执处理两个阶段，即支票提出行通过影像交换系统将支票影像信息发送至提入行以提示付款；提入行通过小额批量支付系统向提出行发送回执完成付款。截至2012年末，浙江省共有全国支票影像交换系统参与者5129家，日均处理支付业务0.27万笔、金额1.64亿元，为社会公共日常支付需求提供了便利。

（四）境内外币支付系统

改革开放以来，我国外汇管理体制经历了一系列改革，取得了突破性进展。人民银行的经常项目分步实施了可兑换，取消经常项目对外支付和转移的限制，有序推进资本账户的开放，使人民币资本项目可兑换程度逐步提高。外汇管理体制的变革，为金融机构、企业和个人创造了良好的外币经营环境，促进了我国经济特别是对外经济的发展，同时也对我国的外币计价和支付结算活动产生了影响。

长期以来，我国境内交易引起的银行间外币资金清算和结算主要通过境外代理银行、境内代理银行、外汇管理局同城外币清算系统并最终通过境外代理银行等渠道处理，境内银行开立的外币结算账户主要分散在境外，存在结算效率较低、风险较大、成本较高等问题，不能满足境内商品及劳务服务交易对外币支付服务的需求。基于此，人民银行总行经过深入调研和论证，提出了外币支付系统建设的总体目标和原则。2008年4月，境内外币支付系统上线运行。系统主要提供境内跨行外币贷记业务、外币轧差净额业务以及外币

付款交割业务,支持日元、欧元、美元、港币、英镑、澳大利亚元、加拿大元、瑞士法郎等8个币种的清算。境内外币支付系统的上线运行,是人民银行为完善我国支付体系采取的又一重要举措,对强化金融基础设施建设、适应和促进我国经济改革发展特别是外汇管理体制改革具有重要的意义。

2009年6月,温州银行成为省内第一家接入境内外币支付系统的法人银行机构。截至2012年末,温州银行、宁波银行、宁波鄞州农村合作银行等3家法人银行机构已接入境内外币支付系统。

(五)网上支付跨行清算系统

随着互联网技术的发展,网上银行业务随之兴起,但由于缺乏适应网商支付业务特点的跨行清算平台,网上支付的优势在跨行业务中不能充分体现,无法有效满足客户的实际需求,在一定程度上制约了电子商务的快速发展。为此,人民银行总行组织建设了网上支付跨行清算系统,该系统于2010年8月30日正式上线试点运行。

网上支付跨行清算系统是人民银行继大额实时支付系统、小额批量支付系统后,组织建设的又一人民币跨行支付系统,是中国现代化支付系统的重要组成部分。网上支付跨行清算系统主要支持网上支付等新兴电子支付业务的跨行(同行)资金汇划处理,系统7×24小时连续运行,目前业务金额限制为5万元。2010年10月18日,杭州正式上线运行网上支付跨行清算系统。截至2012年末,浙江省共计有11家法人银行机构加入该系统。

(六)同城票据交换系统

同城票据交换最初由工作人员使用算盘计算各交换单位的轧差净额,然后到各交换单位使用计算机磁盘拷贝出提出借、贷方的清单数据,再通过计算机读取各交换单位的磁盘数据,并完成轧差净额清算,但纸质票据仍由人工进行清分和传递。20世纪90年代,为提高同城范围内票据和结算凭证交换、清分、轧差的效率,以杭州清分机系统和宁波电子交换系统为代表的地方同城票据交换系统不断发展，为改进地方金融服务、促进地方经济发展发挥了积极作用。

1997 年，杭州清分机系统上线运行，它通过清分机实现票据清分及资金清算的电子化处理，业务种类包括普通贷记业务、普通借记业务、退票业务等，业务范围覆盖杭州主城区以及萧山、余杭、临安、富阳、桐庐等 5 区（县、市）。1999 年，宁波电子同城交换系统上线运行，系统覆盖了宁波辖区银行机构、公用事业单位、大型超市和商场，实现了实时或批量交易的清算，为地方经济金融发展搭建了便捷的清算平台。2005 年，人民银行杭州中心支行组织建设浙江省同城系统，并于 2007 年在全省推广。浙江省同城系统覆盖了浙江省内除杭州和宁波以外地区的人民银行票据交换所和各银行机构。浙江省同城系统自投产至今，运行稳定。

（七）柜面通、一户通

为推进税费征收入库的电子化，方便纳税人缴纳税费，提高税费缴纳入库的准确性和及时性，2002 年以来，浙江省大力加快推进利用"一户通"系统征缴税款的步伐，先后实现杭州市国税税收的实时扣缴、地税税收的批量扣缴，2003 年底"一户通"系统延伸至嘉兴市，2004 年初实现了税款通过"一户通"系统进行批量扣缴。

为解决商业银行间网点和业务系统的相对封闭的问题，方便客户办理跨行业务，实现商业银行网点共享和业务合作，2004 年，人民银行杭州中心支行积极推动在杭银行机构联手合作，创新银行"柜面通"业务。10 月 28 日，浙商银行、中信银行、上海浦东发展银行、华夏银行、中国民生银行、兴业银行、中国光大银行、交通银行等 8 家商业银行的 104 个网点率先开通了"柜面通"业务，实现了跨行储蓄、转账的通存通兑。

（八）中央银行会计集中核算系统

早期，人民银行会计核算经历了从手工、计算机单板到会计核算"四集中"的发展,为配合现代化支付系统的建设,2000年,人民银行总行开始建设中央银行会计集中核算系统,并于2005年6月在全国范围内将其推广成功。系统以人民银行地市级以上分支机构为基本核算单位,运用计算机网络和电子通信技术,实现人民银行各类会计业务的电子化处理,业务范围涵盖人民银行对金融机构的存贷款业务、公开市场业务、质押融资业务、货币投放回笼业务以及人民银行内部资金汇划、清算和财务核算等业务。中央银行会计集中核算系统的上线推广,标志着会计核算工作已不再局限于处理数据、登记账务、形成报表等业务,而是通过优化核算体系,提高核算质量,强化内控机制,逐步发挥出参与管理和提高决策的能力。

二、 非现金支付工具广泛应用

浙江中小企业数量众多,经济活跃度高,以支票、汇票、本票、银行卡"三票一卡"为主体的非现金支付工具应用体系初步形成,对减少现金流通、降低交易成本、提高支付效率、培育社会信用、促进金融创新等发挥了重要作用。

(一)票据

票据是企事业单位使用最广泛的非现金支付工具。目前,我国使用的票据主要有支票、银行本票、商业汇票。随着经济的快速发展,票据使用量和流通量稳步上升,票据业务不断创新,在经济金融发展中发挥了重要作用。

支票信用环境逐步改善。2002年,人民银行杭州中心支行率先在杭州全辖区试办银行保付支票业务,组织商业银行开展保付支票宣传活动,建立了保付支票查询系统,提高了公众对保付支票的认同度,推广了保付支票的使用。2002年,人民银行杭州中心支行组织建设了杭州市支票违规行为处罚系统,在杭州同城票据交换范围内(包括主城区、萧山区、余杭区、临安市、富阳市、桐庐县)启用,后续逐步将其推广应用到全省各地,并进一步加大对支票违规行为的处

罚力度,这极大改善了区域支票信用环境。

银行本票流通范围不断扩大。2007 年,中国人民银行印发了《依托小额支付系统办理银行本票业务处理办法》等制度,人民银行杭州中心支行结合杭州实际,制定了《杭州市银行本票业务管理办法(试行)》,该《办法》规定杭州市票据交换范围内(包括杭州主城区、萧山区、余杭区、临安区、富阳市、桐庐县),各银行机构统一开办银行本票业务,并且规定杭州市银行本票暂不允许背书转让。2009 年6 月 2 日,人民银行杭州中心支行修订了《杭州市银行本票业务管理办法》,旨在允许银行本票在杭州市各县(市、区)流通使用,允许银行本票背书转让。2012 年 4 月,为进一步推动银行本票的流通使用,人民银行杭州中心支行制定了《浙江省银行本票业务管理办法(试行)》,从而实现了银行本票全省流通使用。

商业承兑汇票应用持续推进。商业承兑汇票是建立在商业信用基础上的信用支付工具,具有权利义务明确、可约期付款、可贴现转让等特点。人民银行杭州中心支行重新确定 100 家商业承兑汇票金融重点支持企业。加强与周边地区联系,将商业承兑汇票再贴现试点联合区扩大到宁波、金华、绍兴、嘉兴、湖州地区。

2006 年 11 月,中国人民银行总行印发了《关于促进商业承兑汇票业务发展的指导意见》,旨在调动银行机构和企业的积极性,建立有效推广商业承兑汇票的良性机制,促进商业承兑汇票业务健康发展。2009 年 8 月,人民银行上海分行、南京分行、杭州中心支行、合肥中心支行结合长三角地区实际情况,研究制定了《长三角地区推广使用商业承兑汇票、促进商业信用票据化工作实施方案》,该《方案》提出通过建立定期交流制度,建立"黑名单"信息通报共享机制,完善企业信用评价体系,建立重点企业推广制度和重点联系行辅导制度,加大商业承兑汇票贴现力度,鼓励商业承兑汇票业务创新,加强商业承兑汇票业务知识宣传普及等多项措施,共同推进商业承兑汇票发展。

票据电子化进程加快。为进一步推动国内票据业务和票据市场发展，人民银行在充分调研论证的基础上，于 2008 年决定组织建设电子商业汇票系统，经过近一年时间的开发、测试和模拟运行，电子商业汇票系统于 2009 年 10 月试点运行，浙江省内法人银行机构于 2010 年 6 月 28 日上线运行电子商业汇票系统。系统设电子商业汇票业务处理、纸质商业汇票登记查询、商业汇票公开报价等三个功能模块，实现了商业汇票出票、承兑、背书、保证、提示付款、追索等业务的电子化处理，对于促进支付服务水平和支付效率，推动票据市场规范发展，推动电子商务发展具有重要的意义。此外，小额批量支付系统还逐步实现了银行本票、华东三省一市银行汇票、全国支票业务的系统化处理，提高了支付结算的效率，支持了地方经济金融的发展。

（二）银行卡

银行卡是我省个人使用最为广泛的非现金支付工具之一，"金卡工程"试点以来，我省逐步实现了银行卡联网通用，银行卡受理市场快速发展，这有力地推动了旅游、服务等第三产业的发展。

银行卡实现联网通用。作为"金卡工程"的首批试点城市，杭州市率先开展浙江银行卡跨行信息交换系统的建设。1995 年 6 月，经人民银行杭州市分行批准，成立杭州银行卡网络服务有限公司。1996 年 12 月，成立浙江金融电子化公司。1997 年初，《中国人民银行浙江省分行金融电子化建设"九五"规划》提出要建成全省大、中城市的银行卡授信与清算系统的目标。1997 年 6 月，经人民银行浙江省分行同意，组建杭州金融清算中心，各在杭银行分支机构积极开展行内系统和终端标准化的改造，杭州银行卡网络系统正式开通。

2000 年，温州市银行卡转接站建成。人民银行杭州中心支行进一步健全杭州银行卡网络，通过对网络结点、网络覆盖、网络收费三个层次的检查改进，全面提升了杭州银行卡网络功能。人民银行杭州中心支行积极探索杭州银行卡网络省内异地跨行联网模式，顺利将温州市银行卡系统纳入到杭州银行卡网络中，同时制定实施银行卡网络业务联合管理办法、银行卡跨行交易服务收费标准等细则，规范同业竞争，引导银行卡业务良性发展。2002年，省内8个城市通过不同方式接入浙江省银行卡联网通用平台，浙江省按时完成了总行对银行卡联网通用的"314"工作目标。2003年，银行卡联网通用覆盖扩大至11个地市，实现了全省范围内的银行卡联网通用，银行卡网络联通工作基本完成。

银行卡受理市场快速发展。银行卡网络联通工作完成后，人民银行杭州中心支行着力推广使用银行卡，改善银行卡使用环境，使银行卡应用得到较快发展。2006年，浙江省金融办、人民银行杭州中心支行等9部门联合印发《关于进一步发展我省银行卡产业的若干意见》，该《意见》提出集中各部门力量开展银行卡受理市场建设，推动银行卡在商业街区、星级酒店、旅游景区的医药、税务、烟草、公共事业缴费等领域的应用。同年，杭州市政府会同中国银联、各发卡银行组织开展了银行卡"卡卡嘉年华"营销活动，人民银行各市中心支行和各家发卡银行也组织了各具特色的宣传活动，促进了持卡人的持卡消费。

2007年，人民银行杭州中心支行将银行卡应用范围向经济发达的集镇延伸，组织萧山支行在临浦、瓜沥镇开展银行卡应用试点工作。同时，以银行卡应用为重点大力推广非现金支付结算工具的使用，在中国轻纺城、义乌小商品市场等4个全国知名大型商品交易市场推广刷卡消费，减少了现金交易量，在省级10家预算单位开展公务卡应用试点。2008年，银行卡应用范围扩大到全省城乡结合的51个商品交易市场，截至11月末，商品交易市场已布放各类机具22.62万台，达成交易1472万笔，交易金额7294亿元，同比分别增长117％、187％、270％，这一举措提高了交易效率，减少了现金流通。

2010年，人民银行杭州中心支行根据上海世博会金融服务领导小组的统一要求，结合浙江实际，开展世博支付环境建设的工作，重

点改善外卡受理环境,全省主要城市的 1.63 万台 ATM 开通外卡受理功能,开通率达 90％;全省外卡商户数量达到 4716 户,较年初增长18.4％;银行卡在医院、交通、景区等重难点领域的应用取得了突破性进展,并实现了银行卡在所有浙江省三级甲等医院、杭州火车站、重点城市汽车站、沪杭甬高速浙江段、杭州绕城等高速公路以及省内知名景区的应用。

截至 2012 年末,全省 42 家发卡机构共发行银行卡 22458 万张,同比增长 20％,人均持卡 4.1 张。全省人民币银行卡交易 270130.53 万笔、金额 387135.61 亿元,同比分别增长 21％和 1％。其中,跨行交易 33751 万笔、金额达 21462 亿元,跨行交易金额连续四年居全国第一。

三、 农村支付服务环境持续改善

为改善农村支付服务环境,2009 年,人民银行杭州中心支行启动"便农支付工程",提出用 3 年时间实现支付清算系统全覆盖、非现金支付工具广应用、支付服务质量新提高、农村支付习惯大转变的工作目标。引导并督促农村地区银行机构在风险可控的前提下,通过直接加入或借助上级行清算网络的方式加入支付系统等各类支付清算系统,推动支付清算系统向农村地区延伸;将银行本票通用的范围由同城扩大到同一地市,实现银行本票到县域的发展;针对浙江省内商品交易市场较为发达,且大多处于农村地区的特点,以商品交易市场银行卡应用为切入点,引导并培养当地农民用卡结算的习惯;积极组织在全省所有县城、中心镇主要商贸街区、商品交易市场、旅游景区等大范围开展"刷卡无障碍示范区"创建活动,改善县域用卡环境。

2010 年,人民银行杭州中心支行印发了《关于深化实施浙江省"便农支付工程"的意见》,旨在将工作重心由县城推进到中心镇及经济较发达的村镇、农村公共服务领域。积极推动票据业务在中心镇的应用;推动地方政府通过银行卡发放各类涉农补贴、养老及合作医疗保险金等业务的发展，引导并推动农民用卡结算；积极推动银行卡在公共服务、农家乐、农副产品收购等新领域的应用，以方便农民生产、生活；组织收单机构加大在纳税大厅、便民服务中心、公立医院等公共服务领域POS机的布放力度，以方便农民用卡支付各类公用事业费用。同时，针对省内部分金融服务空白地区的农民涉农补贴资金支取难、资金结算难等问题，组织在丽水市开展了"银行卡助农取款服务"试点工作，即在金融服务空白的乡镇、自然村中对符合条件的商户安装POS机，利用商户营业额的现金头寸，通过POS机刷卡，为农村借记卡持卡人提供小额取现服务，这一举措打通了"支农惠农"最后一公里，实现了农村小额取现"不出村、零成本"的目标，将中央和省委、省政府各项支农惠农的好事办好、实事办实，使农村居民真正享受到支农惠农政策。

2011年，人民银行杭州中心支行出台了银行卡助农取款服务推广意见，在全省范围内推广银行卡助农取款服务，将工程实施推进到金融服务空白的行政村。2012年印发的《关于进一步推进银行卡助农取款服务应用的通知》提出，在全面推广助农取款服务的基础上，针对偏远地区农民办理公共事业费缴纳难问题，创新推出银行卡助农代理转账服务，推动符合条件的服务点为当地村民办理水电费缴纳等代理转账业务。

截至2012年末，支付系统已覆盖浙江省所有中心镇以上银行网点；符合条件的92%的中心镇银行网点可直接签发银行本票、三省一市汇票；全省农村地区所布放的ATM机数达到2.3万台、POS机数达到34.2万台，较2008年底分别增长254%、249%；共创建完成13个"刷卡无障碍示范县"、18个"刷卡无障碍示范镇"、461个"刷卡无障碍示范区"；助农取款服务点达16833个，覆盖16372个行政村；农村地区人均持卡量达到2.9张，远超总行提出的2012年人均持卡1张的目标；2012年，浙江省农村地区持卡消费7774.98万笔、金额8839.89亿元，银行卡渗透率达30%。

四、 非银行支付机构创新发展

随着互联网通信技术的快速发展,众多的非金融机构借助互联网等通信工具为客户提供了支付服务,与银行业金融机构形成合作、竞争的支付服务市场格局,极大丰富了支付服务方式,有效缓解了支付渠道少、效率低等问题。为掌握非金融机构从事支付清算业务的情况,完善支付服务市场监督管理政策,人民银行总行于2009年组织对全国从事支付清算业务的非金融机构进行了登记,浙江省共有34家非金融机构按规定予以登记。2010年人民银行总行先后发布了《非金融机构支付服务管理办法》《非金融支付机构服务管理办法实施细则》等规章制度,这些制度明确了人民银行对非金融机构支付服务的监管职责,并从准入资质、审批程序、客户备付金管理、监督管理等方面进行了全面规范。

《非金融机构支付服务管理办法》等规章制度实施后,人民银行杭州中心支行结合实际制定了《浙江省非金融机构支付业务许可审查工作规程》,成立了非金融机构支付业务许可审查工作小组,该机构负责辖内的非金融机构支付业务申请审查工作。2011年5月3日,支付宝(中国)网络技术有限公司首批获得《支付业务许可证》。截至2012年末,浙江省共有12家非金融机构获得了《支付业务许可证》,业务涉及互联网支付、移动电话支付、预付卡发行与受理、银行卡收单等方面。2012年,省内法人非银行支付机构共办理支付业务82.12亿笔、金额29948.95亿元,分别同比增长47.11%和37.44%。其中,网络支付业务81.50亿笔、金额28668.60亿元,分别同比增长57.45%和38.16%;银行卡收单业务5781.68万笔、金额1268.35亿元,分别同比增长38.62%和22.22%;预付卡受理业务426万笔、金额12亿元,分别同比增长7.1倍和3.2倍(见表8-1)。

表 8 - 1　浙江省法人支付机构信息（截至 2012 年末）

序号	公司名称	许可类型	获牌时间
1	支付宝（中国）网络技术有限公司	互联网支付、移动电话支付、预付卡发行与受理（仅限于线上实名支付账户充值）、银行卡收单	2011 年 5 月 3 日
2	连连银通电子支付有限公司	互联网支付、移动电话支付	2011 年 8 月 29 日
3	商盟商务服务有限公司	预付卡发行与受理（浙江省、上海市）、互联网支付（全国）	2011 年 12 月 22 日
4	浙江易士企业服务有限公司	预付卡发行与受理（浙江省）	2011 年 12 月 22 日
5	宁波银联商务有限公司	银行卡收单（宁波市）	2011 年 12 月 22 日
6	网易宝有限公司	互联网支付	2012 年 6 月 27 日
7	浙江贝付科技有限公司	互联网支付	2012 年 6 月 27 日
8	浙江航天电子信息产业有限公司	预付卡发行与受理（浙江省）、互联网支付（全国）	2012 年 6 月 27 日
9	浙江盛炬支付技术有限公司	银行卡收单（浙江省、上海市）	2012 年 6 月 27 日
10	浙江甬易电子支付有限公司	互联网支付	2012 年 6 月 27 日
11	舟山市明生商盟科技服务有限公司	预付卡发行与受理（浙江省）	2012 年 6 月 27 日
12	浙江银付通信息科技有限公司	预付卡发行与受理（浙江省）	2012 年 6 月 27 日

　　获得《支付业务许可证》以后，以支付宝公司为代表的非银行支付机构不断开拓创新，推出了一系列创新支付业务。2011 年至 2012 年期间，支付宝公司推出了快捷支付、条码支付、支付宝卡等创新业务。其中，快捷支付业务采取网上签约方式将持卡人的银行卡与支付宝账户绑定，实现资金快速支付；条码支付主要应用于线下实体商品交易中收付款方面对面通过支付宝账户进行资金结算；支付宝公司线下发行的支付宝卡为不记名预付卡，单张卡限额 1000 元，用于向支付宝账户充值。这些创新业务有效满足了社会公众多元化的支付需求，促进了互联网经济的发展。

第二节　浙江征信体系建设

征信是指对企业、事业单位等组织的信用信息和个人的信用信息进行采集、整理、保存、加工,并向信息使用者提供的活动。为了反映企业和个人的信用状况,征信机构全面收集企业和个人的信用信息,以及能够直接或间接反映企业和个人信用状况的其他信息,帮助授信方准确、全面地识别企业和个人真实的信用状态,预测企业和个人未来违约的可能性,防范信用风险,准确进行风险定价。信用体系是现代市场经济和金融体系运行的基础,征信体系是社会信用体系建设的核心环节。推动中国征信体系的深化发展,建立"守信激励、失信惩戒"机制,对于改善市场信用环境、降低信用交易成本、建立良性市场经济秩序、保持经济金融稳定运行具有重要意义,对于提升社会信用意识、建设良好信用文化、创新社会治理、转变政府职能也具有重要作用。

现代征信业的发展与管理真正的起步是随着改革开放的进程逐步开始的,人民银行按照党中央、国务院的部署,履行征信业管理职能,同步推动征信系统建设。在征信系统建设方面,我国统一的企业和个人征信系统(即金融信用信息基础数据库,简称征信系统)开始于 1992 年建立的贷款证制度,征信系统作为我国重要的金融基础设施,在我国征信市场上发挥着基础性作用。在征信管理机构方面,2004 年,人民银行总行及其分支机构新设了专司征信管理的职能部门,同年 8 月,人民银行杭州中心支行分设征信管理处。2007 年根据《关于中国人民银行各分支行征信管理处加挂中国人民银行征信分中心牌子的通知》文件的精神,人民银行杭州中心支行征信管理处加挂"中国人民银行征信中心浙江省分中心"牌子。

167

一、 企业和个人征信系统建设和运行

企业和个人征信系统是社会信用体系建设的重要基础设施。2006年，全国统一的企业和个人征信系统在我省建成并正式联网运行，这是我省征信体系建设取得突破性进展的重要标志。

（一）企业征信系统

企业征信系统的前身是银行信贷登记咨询系统，从20世纪90年代初便开始建设。2003年，国务院"三定方案"明确赋予人民银行"管理信贷征信业，推动建立社会信用体系"的职责。人民银行以全国统一的企业和个人征信系统建设为重点，从信贷征信起步，不断完善征信体系建设。2002年，银行信贷登记咨询系统建成地市、省级、总行三级数据库，实现全国联网。该系统主要从商业银行采集企业基本信息、贷款和担保等信贷信息以及企业财务信息，供商业银行实时查询。随着金融业的快速发展和社会信用体系建设的不断深化，为满足社会各界，特别是商业银行对信用信息服务的需求，人民银行于2005年初对银行信贷登记咨询系统进行升级改造，推动建立全国集中统一的企业征信系统。

企业征信系统是银行信贷登记咨询系统的升级系统。企业征信系统通过升级改造，扩展系统功能，增加信息内容，开发更多的信息服务产品等方式，建成了一个数据集中存储和管理的信用信息基础数据库，并依法全方位地向社会各方面提供服务。我省是企业征信系统升级改造和新老系统切换的试点省，于2005年底顺利完成系统升级改造先行试点任务，2006年7月，率先实现新老系统切换，全省金融机构正式启用新系统。征信系统如期完成升级改造。截至2012年末，企业征信系统已经为我省120.8万户企事业单位建立了基本信用档案（见表8-2）。

表 8 - 2　浙江省企业征信系统数据入库及查询统计(2006—2012 年)

年份	人民币贷款余额(亿元)	查询用户(个)	全年累计查询(万次)
2006	13531.6	11453	245.37
2007	17244	13328	361.26
2008	20063	15905	703.62
2009	26136	21639	905.66
2010	30623	28013	1287
2011	34589.3	28785	1888.32
2012	39152	15718	3003.57

(二)个人征信系统

个人征信系统建设起步于 1999 年,2001 年在总结上海试点经验的基础上,人民银行请示国务院,拟建立全国个人征信系统。2002年全国金融工作会议之后,根据党中央、国务院的指示,由人民银行牵头,国家发改委等 22 个单位参加的"建立企业和个人征信体系专题工作小组"成立,在借鉴企业征信系统建设经验的基础上,提出了全国个人征信系统建设总体方案,并于 2004 年初开始在北京、重庆、浙江湖州等 7 个城市开展个人征信系统建设试点。2005 年 6 月 30日,人民银行杭州中心支行召开浙江省个人征信系统联网运行新闻发布会,宣布全国统一的个人征信系统于 2005 年 7 月 1 日在全省各商业银行和农村信用社正式联网运行。2005 年 8 月,北京、浙江等八省(市)实现了联网运行,2006 年 1 月,全国实现所有金融机构的联网运行。截至 2012 年年底,个人征信系统已经为全省 3431 万自然人建立了信用档案,入库个人贷款本外币余额 16574.83 亿元,月均查询 124.71 万次(见表 8 - 3)。

表 8 - 3　浙江省个人征信系统数据入库及查询统计(2006—2012 年)

年份	本外币贷款余额(亿元)	本外币信用卡透支余额(亿元)	查询用户(个)	全年累计查询(万次)
2006	356.84	12.89	10117	273.86
2007	4777.4	45.14	13680	532.47

续　表

年份	本外币贷款余额（亿元）	本外币信用卡透支余额（亿元）	查询用户（个）	全年累计查询（万次）
2008	7254.8	143.72	23790	872.35
2009	9815.4	249.15	25254	1322.2
2010	13555	377.42	22572	1478.8
2011	14904.1	689.01	21371	1456.43
2012	16574.8	954.78	20920	1496.48

二、 中小企业信用体系建设

中小企业是国民经济的重要组成部分，中小企业的发展，有利于扩大社会就业、缩小城乡差距、改善人民生活，有利于加快全面建成小康社会和社会主义新农村。为培育并提高中小企业信用意识，增强中小企业信息透明度，改善中小企业融资环境，扩大对中小企业的信贷支持，推进中小企业信用体系建设，促进中小企业健康发展，中国人民银行下发了关于开展中小企业信用体系建设试点工作的通知。2006 年，人民银行总行决定依托企业征信系统，在北京、上海、浙江等省（市）开展中小企业信用体系建设试点工作。经过全省金融机构的共同努力，我省中小企业信息征集工作顺利开展，并取得阶段性成果。

从 2006 年下半年起，人民银行根据国务院有关规定，牵头组织开展中小企业信用体系建设试点工作，为尚未与金融机构发生过信贷关系的中小企业建立信用档案。信用档案涵盖了中小企业的基本信息、主要经营业务和财务信息以及行政处罚与奖励信息等重要内容，可全面、客观地反映出该企业的信用状况，并通过统一的信息查询平台实现了中小企业与金融机构、政府部门和社会服务机构的有效对接。中小企业信用体系的建设，进一步提高了广大中小企业的信用意识，建立和完善了企业财务制度，促进了企业和银行建立良好的合作关系。"十一五"期间，全省累计建立了中小企业信用档案 16.2 万户,查询 129.7 万次,授信金额 4200 亿元,这一举措有效改善了中小企业融资环境。

2008 年,我省依托各金融机构,联合相关政府部门,完善信息征集、更新和使用机制,多渠道、多途径扩大中小企业信息采集规模,截至 2008 年年末,全省累计征集与银行发生信贷关系的中小企业信息 12 万余户,完成了中小企业信用体系建设三年规划目标,实现中小企业信息征集工作的三年跨越式发展。同年,人民银行总行与沪苏浙人民政府签订了《共建"信用长三角"合作备忘录》,旨在在社会信用体系建设中相互支持,共同推进。杭州、上海、南京三地人民银行拟定《人民银行长三角征信服务一体化合作方案》,该《方案》明确"长三角"三地人民银行征信服务一体化合作重点。

2009 年人民银行杭州中心支行为推动中小企业信用体系建设走向深入,联合和中小企业局推出"浙江省'千家成长万家培育'中小企业金融支持计划",该计划有助于进一步健全中小企业信用信息征集的长效机制,切实帮助那些具备一定基础,信用意识较强的中小企业优先享受政策和融资的支持。同时,人民银行杭州中心支行积极引导金融机构充分挖掘利用中小企业数据库,推动中小企业金融产品创新。我省金融机构中小企业信贷产品创新品种已达四十余种,实现了从单纯不动产抵押向多元化动产和权利抵质押,从单一保证向抱团增信和多户联保等一系列重大突破。

2011 年,全省中小企业信用体系建设被纳入我省打造的"中小企业融资平台"范畴,持续深化推进机制,同时重点推进舟山、建德两地中小企业信用体系实验区建设,充分发挥实验区"服务政府、辅助银行、助推企业"的作用。2012 年,人民银行杭州中心支行在义乌地区制定了以"一库一网七机制"为主要内容的试验区建设方案,为义乌创建"国家级信用示范区"奠定了基础,温州、丽水试验区将中小企业信用体系建设纳入金融改革实施方案,并依托信用评级提升企业信用意识。截至 2012 年末,企业征信系统已经为我省 120.8 万户企事业单位建立了基本信用档案,有效缓解了中小企业融资难问题。

三、 农村信用体系

农村信用体系建设是现代农村经济发展的基石。农村金融是现代农村经济的核心,是支持服务"三农"的重要力量。为贯彻落实党的十七届三中全会关于加快农村信用体系建设的决定,改善农村信用环境,促进农村经济发展,中国人民银行下发了关于推进农村信用体系建设工作的指导意见。做好以改善农村信用环境和融资环境为主要内容的农村信用体系建设工作,不仅关系到农村金融的稳健运行,更关系到农村基础建设和现代农业发展,关系到农村经济繁荣和农民增收。对贯彻落实科学发展观,支持社会主义新农村建设,构建社会主义和谐社会具有重要意义。

为全面推进全省农村信用体系建设,农村信用体系建设将成为延伸征信系统功能、优化金融生态环境的重要举措,人民银行杭州中心支行在 2008 年制定下发了《关于加强浙江省农村信用体系建设工作的指导意见》和《浙江省农户信用档案信息参考指标》。2009年,人民银行杭州中心支行加大金融支持"三农"力度,继续加快全省农户信用档案建设,截至 2009 年年末,全省累计为 428 万户农户建立了农户信用档案,已评定信用农户 301 万户,其中 164 万户获得了银行贷款,占信用农户数的 54.5%。

从 2007 年开始,针对全省农村地区信用体系相对薄弱、农村金融生态环境有待改善的局面,各级人民银行联合有关部门组织涉农金融机构在多地开展了农村信用体系建设专项试点工作,其中,丽水市农村信用体系建设取得显著成效,人民银行丽水市中心支行按照"政府推动、人民银行主导、各方参与、多方收益"的原则,以农户信用评价为切入点,举各部门之力推进农村信用体系建设,较好地优化了农村地区的信用环境,有效缓解了"三农"融资的困境,促进

了农村经济的发展。其推进模式已经成为全省乃至全国广大农村地区开展此项工作的样板。

2011年,全省全面推广农村信用体系建设的成果,选择12个县试点农村信用体系建设"丽水模式",这一举措建立健全了农村信用体系建设工作机制,开放上线了全省统一的农户信用信息管理系统,力推"丽水模式"转变为"浙江模式"。截至2011年末,全省累计为615万户农户建立了信用档案,占全部农户数的56.5%,同时联合省委开展全省"农村青年示范户"试点工作,指导丽水创新开展"城乡一体化社会信用体系建设"及辖下云和县开展"信用县"的创建工作,有助于拓展农村信用体系建设的内涵和外延。

2011年,人民银行杭州中心支行组织开发了浙江省农户信用信息管理系统,该系统对于推进农户信用信息管理系统的应用,进一步深化我省农村信用体系建设、改善农村金融生态环境、提高金融服务水平具有重要意义。2012年,进一步优化完善全省农户信用信息管理系统,对系统功能进行全面升级和改进,加快农户信用信息采集和电子化进程,促进全省农户间的信息交流和共享。

四、 信用评级市场管理

信用评级是指由独立的评级机构或部门,根据"公平、客观、科学"的原则以及相关的法律、法规制度与有关标准,运用科学的指标体系与评级方法,按照规范化的程序,对评级对象在特定期间或特定条件下履行相应经济责任的能力与意愿进行调查和综合评级,并用特定的、简单的直观的等级符号来表示其信用等级。信用评级作为解决金融市场信息不对称的重要工具,在信用体系的构成中处于基础性地位,是市场监管运行的第三只眼睛,其作用是极其重大的。

为推动信用评级市场规范有序发展,在信用评级市场管理方面,2005年,人民银行杭州中心支行印发了《浙江省借款企业资信评级业务监督管理准则(试行)》,旨在规范全省信用评级市场秩序。

2006年，人民银行杭州中心支行在总结温州试点经验的基础上，顺利启动了嘉兴和金华两市的规范信用评级试点工作，联合浙江省中小企业局在全省范围内组织开展担保机构信用评级试点工作，制定了全省信用评级业务质量管理制度，组织辖内人民银行、金融机构和评级机构开展治理商业贿赂专项工作，建立健全各项内控制度，推动信用评级规范有序发展。目前，全省已形成市场化的大中小企业以及担保机构等层次分明、形式多样的评级体系。同时，它实施评级机构统计制度和信用评级违约率系统数据上报制度。2007年，全省信用评级覆盖面进一步扩大，评级内容不断丰富，评级结果进一步得到推广应用，信用评级结果在企业融资、政府部门招标、诚信企业评比等领域得到应用，同时，也成为浙江统战部门对非公有制经济代表人士综合评价的重要参考依据。2010年，人民银行杭州中心支行在全国率先开展了商业承兑汇票信用评级的工作，下发《浙江省商业承兑汇票信用评级工作方案》，完成了全省120多家商业承兑汇票信用评级的工作，并举办长三角商业承兑汇票评级报告评审会，扩大了商业承兑汇票评级的影响力和共享面。截至2012年底，全省开展借款企业评级12051家、担保机构评级526家、银行间债券市场信用评级业务525笔，业务量位居全国前列。各类评级结果在企业融资、政府部门招投标、非公经济评级、诚信企业评比等领域被广泛应用，其市场需求日益扩大。

2012年，我省认真研究辖内信用评级市场发展实际，不断规范评级业务开展的模式，积极培育评级产品，逐步建立起大企业、中小企业、担保机构和小额贷款公司等多层次的信用评级体系。人民银行杭州中心支行联合杭州市金融办下发了《关于开展杭州市小额贷款公司信用评级试点的通知》和试点方案，完成了杭州市31家小额贷款公司的评级工作，参评率达100％。同时，继续加强违约率检验系统管理，完成了辖内浙江众诚等5家法人评级机构、8.3万多笔违约率数据的审核和重报工作，这一举措有效提高了违约率系统数据的准确性和完整性。

五、 动产融资登记公示系统

动产融资登记公示系统包括应收账款质押登记公示系统和融资租赁登记公示系统,为全国范围内的应收账款质押和融资租赁业务提供登记和查询服务。

(一) 应收账款质押登记公示系统

应收账款质押登记是指在应收账款之上设定质押时,由质押合同的当事人根据《中华人民共和国物权法》(以下简称《物权法》)的规定,在应收账款质押登记公示系统办理出质登记的活动。作为一项新型的担保方式,应收账款质押登记对于提高中小企业融资能力,提升银行竞争力,改善商业银行信用具有重要意义。

2007年10月1日实施的《物权法》第228条规定"以应收账款出资的,质权自信贷征信机构办理出质登记时设立"。为落实《物权法》关于应收账款质押登记的规定,中国人民银行征信中心建立了应收账款质押登记公示系统,并于2007年10月1日与《物权法》正式实施同步上线运行。同年10月,该系统在我省顺利联网运行,并实现全国联网运行,拓展了企业融资渠道。截至2012年12月31日,浙江省应收账款累计发生登记90020笔,查询笔数106261笔,居全国第二。浙江省(含宁波)登记公示系统通过审核的常用户达392个,注册的普通用户达309个。全省累计接受查询106261笔,查询笔数占全国的10.76%。

(二) 动产融资租赁登记公示系统

动产融资租赁登记公示系统,是一个基于互联网运行的、全国集中统一的电子化登记系统。该系统如实保存系统用户的所有登记信息,不对交易合同等材料进行审查。登记当事人对登记内容的真实性、合法性和准确性负责。社会公众可通过互联网查询相关登

记内容。

2009 年 7 月 20 日，由中国人民银行征信中心负责建设的融资租赁登记公示系统正式上线运行，成为开展融资租赁业务的登记平台，改变了融资租赁业务长期以来无处登记的局面，这对于促进我国融资租赁行业的健康发展具有重要意义。登记系统客观、准确地公示租赁物上的权利状况，有效维护了租赁、担保、买卖交易的安全性和公正性，解决了多个权利发生冲突时的证据问题，对促进我国融资租赁业的发展有重要意义。自 2009 年融资租赁登记系统上线以来，全国已有 52 家融资租赁公司注册成为登记系统用户，发生登记 3389 笔，查询 1088 笔，我省的用户和业务量约占全国的 1/10，登记中涉及租赁的财产主要包括工程机械设备、医疗设备、印刷设备、纺织生产设备以及汽车和船舶运输工具等，具体有装载机、压路机、数控车床、彩超全自动生化仪、游艇、牵引车等。截至 2012 年，融资租赁登记公示系统的稳定运行，有效降低了融资租赁的交易风险，使资金短缺方以更便利的形式获得了融资支持，助推融资租赁行业的长远发展。截至 2012 年 12 月底，浙江省累计发生登记 3446 笔，居全国第七，累计查询数 5033，居全国第三。

第九章 浙江金融监管与金融稳定

第一节 监管体系概述及其历史沿革

自 20 世纪 90 年代以来,浙江金融改革步伐加快,浙江金融业初步形成了以央行为主导,政策性银行与商业银行相分离,国有独资商业银行为主体,多种金融机构并存、功能互补和协调发展的多元化的金融组织体系。金融监管也在不断调整中进一步强化。相当一段时期内,我国各类金融机构和金融市场的监管权都集中于人民银行,随着金融机构混业经营风险不断产生,在一系列清理整顿后,分业经营分业监管的体系逐步形成。

20 世纪 90 年代初,随着金融机构种类的多样化和金融业务的多元化发展,货币市场、证券市场、保险市场快速发展,分业经营的格局基本形成,加之 1992 年和 1993 年上半年出现了经济过热的现象,金融秩序一度出现了混乱,违规放款、违规拆借、违规投资、违规提高利率、信贷资金进入股市的现象十分严重。主要表现在:银行普遍办理信托或委托存、贷款业务;信托机构超范围吸收存款、超比例发放贷款;一些证券机构超范围办理各种形式的融资业务甚至贷款业务;有的银行、保险公司、信托公司甚至城市信用社设立证券部等。混业经营加大了经营风险,影响了金融秩序。

1994 年,国务院提出了对银行、保险、证券、信托实行分业经营的要求,1995 年 5 月,《中华人民共和国商业银行法》和《中华人民共和国保险法》颁布实施,从法律上明确了分业经营、分业监管的体制。按照国务院、人民银行总行的统一部署,浙江省金融系统在划清银行业、证券业、保险业、信托业的业务界限的前提下,以"联系历史、结合现状、立足发展"为指导思想,按照"以并为主、划时为界、逐步到位"的基本原则,逐步理顺全省金融机构混业经营的做法,对不符合分业管理要求的金融机构和金融业务进行清理整顿。具体做法为:银行与所办的信托投资公司一律脱钩;有地方参股的商业银行信托投资公司脱钩后重组成地方信托投资公司;对银行办的信托、委托业务划时为界,逐步消化。银行办新的证券部不再审批,原有银行办的证券部、信托业划归相应的证券公司或保险公司。信托公司办的证券部年交易在 100 亿元以上的,通过申报单独成立证券公司;信托公司不能开办自营和代理保险业务,更不能开办银行业务;证券机构不得办理融资和贷款业务。

在清理整顿过程中,1999 年 7 月 1 日,根据《国务院批转证监会证券监管机构体制改革方案的通知》(国发〔1998〕29 号)的有关精神,中国证监会杭州特派办正式挂牌成立,并于 2004 年 4 月升格更名为中国证监会浙江监管局。2001 年 4 月 28 日,杭州保监办正式挂牌,2004 年 2 月 6 日经国务院和中国保监会批准,更名为浙江保监局,并升格成正局级单位。

专栏 3 1998 年人民银行分支行的职能转换与体制改革

1998 年,按照"金融监管实行垂直领导体系,金融服务工作按属地化原则办理"的要求,人民银行管理体制实施了重大改革,撤销了原人民银行省级分行,设大区分行。浙江省 1998 年底撤销了人民银行浙江省分行和杭州市分行,撤销了国家外汇管理局浙江分局和杭州市分局,同时成立人民银行上海分行杭州金融监管办和金融纪检监察特派员办事处。人民银行杭州中心支行履行了原杭州市分行的全部职责,同时承接了原浙江省分行的会计财务、支付清算、金融科技、国库管理、货币金银、调查统计、安全保卫等基本业务。人民银行各地市分行更名为地市中心支行。

随着浙江证监局、浙江保监局先后成立,并专门负责对证券业和保险业的监管,人民银行移交证券保险的监管职责,从而分业监管体制正式确立。

2003 年,国务院设立中国银行业监督管理委员会,负责统一监管银行、金融资产管理公司、信托投资公司等银行业金融机构,并履行原属中国人民银行的部分监管职责。2003 年 10 月 16 日,浙江银监局成立。至此,由中国人民银行承担宏观调控,防范化解金融风险、维护金融稳定职责,中国银监会、中国证监会、中国保监会明确分工,相互协调的"一行三会"分业监管、分工合作的金融监管体制正式确立,浙江省内形成了"一行三局"的金融监管格局。

第二节　浙江银行业监管

一、浙江银行业监管理念演进

(一) 1992—2003 年

1992—1994 年,我国金融法制体系尚未完全建立,浙江银行业监管的理念主要是防范化解金融风险,保持金融平稳运行,指导银行业科学调整信贷结构以及发挥金融整体功能支持经济发展等方面的内容。

1995 年是我国金融立法之年。《中华人民共和国人民银行法》《中华人民共和国商业银行法》《中华人民共和国票据法》《中华人民共和国担保法》相继颁布实施,这标志着我国金融法制的基本框架开始形成,金融法制建设进入了一个新的阶段。学法、用法是该阶段浙江银行业及其监管机构的重要任务,依法监管、深化改革成为浙江银行业监管的重要理念，并贯穿此后历年的监管工作。

1996 年，浙江银行业持续深入学习宣传金融法律法规的知识，全面清理商业银行违规经营的现象，金融机构逐步增强了依法经营和风险管理的意识。1997 年，监管力度进一步强化，确立了金融机构内控与自律、人民银行监管、社会监督三位一体的金融监管格局。同时，人民银行将现场稽核与非现场检查相结合、业务检查与执法监察相结合，建立了金融监督举报电话，并委托社会审计机构强化监督。

1998—2000 年，浙江银行业监管有效性进一步增强，主要工作体现在三个方面：一是切实维护金融安全，制定实施《金融安全区创建规划》和 2002 年年底前防范和化解中小金融机构风险工作规划；二是摸清机构经营管理状况；三是深化分类分层次监管，加大违规处罚力度。2001 年，人民银行根据依法维护金融市场公开、公平、有序竞争的秩序，有效防范系统性风险，保护存款人和中小投资者的合法权益的监管目标，将金融监管列为金融工作的重中之重，开展了加强监管队伍建设、加强现场检查督促机构合法合规经营等工作。2002 年，中国人民银行杭州中心支行继续在提高监管有效性上积极探索实践。一是全面实行派驻监管小组制度，向在杭金融机构派驻了 9 个监管小组，实施个性化的监管措施，提高监管工作的针对性和有效性；二是突出对金融机构内控及高管经营行为的监管；三是着力化解小法人金融机构风险。

2003 年，银行业监管体制改革迈出重要一步，中国银行业监督管理委员会成立，银行业监管职能由中国银行业监督管理委员会承担。同一年，我国金融法制建设上升到一个新高度，新颁布了《中华人民共和国银行业监督管理法》，重新修订了《中华人民共和国中国人民银行法》和《中华人民共和国商业银行法》。

（二）2003—2012 年

中国银行业监督管理委员会在成立以后，提出"四四六"银行业监管新理念，即四个目标、四大理念、六项监管工作标准。此后十余年间,浙江银监局始终以"四四六"理念为准绳、结合浙江实际开展银行业监督管理工作。

银行业监管的"四个目标"为:"通过审慎有效的监管,保护广大存款人和消费者的利益;通过审慎有效的监管,增进市场信心;通过宣传教育工作和相关信息披露,增进公众对现代金融的了解;努力减少金融犯罪"。

银行业监管的新理念为:"管法人、管风险、管内控、提高透明度"。即必须坚持法人监管,重视对每个金融机构总体风险的把握、防范和化解;必须坚持监管内容以风险为主,努力提高金融监管的水平,改进监管的方法和手段;必须注意促进金融机构风险内控机制形成和内控效果不断提高;必须按照国际准则和要求,逐步提高监管的透明度。

银行业监管的六项工作标准为:良好的监管要促进金融稳定和金融创新共同发展;要努力提升我国金融业在国际金融服务中的竞争力;对各类监管设限要科学、合理、有所为、有所不为,减少一切不必要的限制;鼓励公平竞争,反对无序竞争;对监管者和被监管者都要实施严格、明确的问责制;要高效、节约地使用一切监管资源。

浙江银监局在成立之初,就把贯彻落实监管新理念作为重中之重来抓,明确提出要通过"三个新特点"把新理念贯穿到位。一是重视市场管理方法,运用市场的手段、符合市场运作的理念标准来调节被监管对象的行为,注重激励相容;二是根据"四个目标"调整监管目标导向,避免为监管而监管;三是建立监管问责制,规范监管者和被监管者的行为,树立监管目标导向,提高监管的有效性。10 年来,浙江银监局一直坚守这些要求,使得新监管理念成为贯穿于全过程、内化于监管行为的根本性指导原则,坚持把维护辖内银行体系稳健性、促进银行业科学发展与建设和谐社会作为加强有效监管的根本要求;把推进改革开放、加快体制机制创新作为加强有效监管的重要途径;把实施分类监管、有效配置监管资源作为加强有效监管的重要方式；把完善法人治理和内控、建立健全资本约束机制作为加强有效监管的着力点；把维护存款人利益、提高金融消费者服务水平作为加强有效监管的出发点和落脚点。

在此前提下，结合浙江银行业不同阶段的发展实际，浙江银监局提出针对性监管思路，完成相应工作目标。

2004年，大力开展银监法的学习宣传活动，使广大监管干部全面领会保护公平竞争的必要性，深刻理解依法监管与合规经营的互动性，依法监管意识不断增强，此外，浙江银行业监管还着力督促完善法人治理和内控机制，努力做好风险防范化解工作，并建立健全了金融监管协调机制。

2005年，积极探索监管新思路，实施分类监管，加强持续监管，同时上下联动以进行系统监管，外部协调追求合力监管，有力推进了辖内银行业金融机构的稳健运行。

2006年，突出"一个增强"，狠抓"两个提高"，以更好地促进全省经济金融的和谐发展。"一个增强"即要增强科学有效监管能力；"两个提高"即要提高银行业的风险管理水平，提高银行业的综合竞争力。

2007年，启动了"合规建设和风险管理年"活动，狠抓辖内银行业合规文化建设、案件防控、商业贿赂治理，全面推进辖内银行业风险管理的长效机制建设。

2008年，着力引领浙江银行业改进风险管理，加快改革创新，改善金融服务，大力提升核心竞争力，丰富"浙银品牌"内涵。

2009年，着力推动浙江银行业金融机构讲责任、促转型的发展，深入开展"浙江银行业履行社会责任年""浙江银行业金融支农推进年"活动。同时继续抓住法人治理的"牛鼻子"，扎实推进法人监管工作，此外，联合宁波银监局修订《浙江省商业银行异地授信业务指导意见》，旨在形成监管合力，有效规范全省异地授信业务。

2010年，监管工作更加突出预见性、针对性的要求，强调灵活有

效地开展审慎监管,推动转型升级促发展,坚守监管底线防风险,着力推进银行业金融机构增强特色经营能力、全面风险管理能力和可持续发展能力,提升浙江银行业发展质量。

2011 年,监管工作以持续打造"浙银品牌"为目标,围绕转型升级的主线,坚守风险防控的底线,强化县域金融服务,加大改革创新力度,使监管工作的前瞻性、持续性和有效性进一步增强。

2012 年,继续以贯彻落实全国金融工作会议和银监会工作会议精神为核心,以科学发展观为统领,按照稳中求进的工作总基调,以提升"浙银品牌"为目标,全面深入开展"完善金融服务、支持实体经济"活动,守底线、强服务、推改革、促创新,开创了浙江银行业监管工作新局面,进一步促进了全省经济平稳较快发展。

二、 浙江银行业监管方式完善

探索有效监管银行的新方法,一直以来都是银监局履行职责的重要环节,其中,现场检查、非现场监管是银行监管的基本手段。随着金融业的深入发展,银行业监管方式也不断改进与完善,从粗放逐步向精细转变,从初级逐步向高级演进,从零碎逐步向系统完善。特别是金融行业逐渐分化后实施分业监管,使监管的专业能力和程度得到了大幅提高。1993 年,中国人民银行正式将非现场监督软件开发列为国家"八五"科技攻关项目之一,并明确指出,今后一个时期,中央银行在稽核检查方式上要从以现场检查为主逐步转变到以现场检查和非现场监督相结合上来。浙江银监局在成立以后,坚持银行业监管新理念,在监管方式上不断创新发展,形成了以市场准入、非现场监管和现场检查为基本框架的监管体系,监管有效性有了质的提升。

(一) 强化市场准入的监管导向

市场准入是银行监管的首要环节,把好市场准入关是保障金融机构稳健运行乃至金融体系安全的重要基础。浙江银监局高度重视市场准入工作,抓住源头,完善机制,创新手段,利用杠杆,强化准入监管。在市场准入上,根据不同时期的发展需求,采取"引进来、走出去、沉下去"监管策略,不断推动浙江银行业金融服务体系走向完善。

"引进来"。浙江银监局在成立之初,本着积极稳妥的原则,鼓励和吸引具有竞争力的机构来浙设立分支机构,或新设法人机构,鼓励外资金融机构来杭设立分支机构,支持辖内法人银行机构引进战略投资者。如2004年,浙商银行经过重组,获准开业;2005年,杭州市商业银行与澳洲联邦银行、杭州联合农村合作银行与荷兰合作银行开展战略合作;2006年,进出口银行浙江省分行、恒丰银行杭州分行、渤海银行杭州分行、浙能财务公司先后开业,上海银行、宁波银行杭州分行筹建;同时,根据银监会政策,确定在长兴和玉环进行新型农村合作金融机构村镇银行的试点;2007年,杭州工商信托引进摩根士丹利入股;2008年,北京银行、深圳平安银行来浙设立机构。同期,积极引进外资银行,继2004年三井住友银行登陆杭州之后,外资银行进入浙江的步伐逐渐加快。截至2012年末,在杭州设立分行的外资银行已达11家。

"走出去"。自2007年开始,浙江在稳妥引进分支机构的同时,重点推进辖内具有小微金融服务特色的城商行稳步实施跨区域发展,努力推进普惠金融服务体系建设。截至2012年末,浙江省13家城商行共在异地设立分行52家,其中省外分行19家。特别是台州三家银行(台州银行、浙江泰隆商业银行、民泰银行)将"台州小微金融服务模式"成功移植到异地分支机构中,对当地金融市场起到了很好的"鲶鱼效应"。

"沉下去"。针对县域、欠发达地区金融服务薄弱的现状,浙江银监局积极引导银行业金融机构下沉机构、下沉金融服务,努力扩大金融服务覆盖面。2010年,浙江银监局制订了《关于银行业进一步支持我省欠发达地区加快发展的指导意见》,旨在加大欠发达地区银行机构设立力度。在市场准入上执行欠发达地区与发达地区机构准入挂钩政策,严格控制大型银行撤并县及县以下网点,引导股份制商业银行和城市商业银行到欠发达地区设立网点。加快欠发达地区新型农村金融机构的设立步伐,优先支持银行业金融机构在欠发达地区设立村镇银行,2011年以前设立的34家村镇银行中,有21家设在欠发达地区,占比达60%以上。同时,大力实施"空白乡镇金融网点与服务覆盖工程",发挥农合、农行、邮储银行3家的合力作用,采取设立全日制、非全日制固定网点(简易网点)和布设存取款功能一体化自助设备等3种方式,使辖内所有乡镇的农户都能享受到基本的普惠制金融服务。

总体上,这一时期浙江银行业监管在市场准入上呈现以下几方面的特点:一是加强股东资质评价,强化股东资质实质性审查,评价股东公司治理、股权结构、关联交易、经营状况。二是突出资本可持续性评估,加强资本监管,强调资本必须与业务的长期发展相匹配,必须与机构扩张相适应,必须与风险状况实现动态匹配。三是加强市场定位的预先承诺和事后评价,明确要求申请机构在可行性报告中提出清晰的市场定位和各项经营目标,建立新设机构后评价制度,事后评价机构的事先承诺,并将评价结果作为准入的审查依据。四是始终坚持风险为本的监管理念,强调必须坚持跨区域发展与机构市场定位和内部管理水平相适应,强调坚持内控优先和特色优先,体现经营上的差异化。五是充分发挥监管的引领作用,通过差别化政策推动商业银行向欠发达地区延伸,将完善县域及欠发达地区金融服务作为规划的重点,积极鼓励符合条件的城市商业银行、股份制银行向县域延伸其分支机构,通过机构布局完善服务体系,切实改善欠发达地区金融服务。六是从严评估高管任职的适合度,注重专业技能、工作经验、对任职机构的忠诚度等因素,指导银行业协会制定从业人员流动管理公约的方式,建立银行从业人员违规信息共享机制,约束违规人员"带病流动"。

（二）构建全面、多维的非现场监管框架

非现场监管是实施风险早期预判和监管关口前移的重要手段，具有持续监测、方式灵活、信息来源广、节约监管成本、对被监管机构影响小等优点。浙江银监局成立后，不断完善非现场监管的制度和手段，建立健全非现场检查的数据收集、分析和反馈系统，形成了具有全面诊断功能的、多维度非现场监管框架。

一是立足调研监测，保持前瞻性。充分利用浙江经济的先发性特点，注重和深化监管调研，及时根据经济发展阶段和趋势，加强横向、上下工作联动，动态跟踪、持续监测行业动态及信贷风险，在日常非现场监管中始终保持敏锐性。根据日常监管监测和调研分析的情况，浙江银监局每季召开监管要情与经济金融形势通报会，分析形势、通报问题，提示产业重大调整和相关银行业风险状况，指导银行业做好各种行业，特别是一些过热行业和高风险领域的信贷风险和市场风险的压力测试，并对银行业提出监管要求。

二是突出分类监管，提高针对性。浙江银行业金融机构有两大特点：法人机构数量多，分支机构种类全、体量大。为此，在非现场监管方面，浙江银监局针对不同类别机构的特点、发展阶段、风险状况，有针对性地实施差别化监管。对浙商银行和法人城商行，实施"一行一策"的监管政策，侧重推进公司治理、小微金融服务等业务，密切关注信用风险和流动性风险；对农村中小金融机构，以良好机构的股份制改造和落后机构的资产质量提升为重点，全面深化服务三农工作；对非银法人机构，则采取"盯住式监管"策略，针对类型杂、差异大、创新多的特点，全力推动机构增强合规审慎的经营管理基础；对规模总量大、市场份额高的大型银行和股份制商业银行在浙分支机构，则侧重时间序列和同质同类比较，关注异常变动，抓重大风险，抓情况反映，发挥其"经济金融晴雨表"的作用。

三是强化系统建设，提高有效性。银监会在成立之初就启动了银行业金融机构监管信息系统建设工程（1104工程），并于2006年

年初上线运行。浙江银监局在 2006 年下半年上线该系统,在"1104工程"基础上,浙江银监局不断开拓创新,大力推进多项富有特色的信息化建设,切实提升非现场监管水平。一方面,建立客户风险信息共享机制。积极争取成为派出机构客户风险监测预警系统的第一批试点部门,先后增加个性化报数机构、设置个性化报数起点、添加个性化采集指标,扩充共享信息来源,成为银监会系统第一个实现"三个个性化"的银监局,并推动客户风险信息运用,指导银行业防范风险。另一方面,提高监管数据准确度、精确度。开展监管数据标准化建设和监管统计数据评比,将银行机构多样化的数据结构转化为统一的、标准化的数据;开展积极运用软件功能实现部分1104 主要报表与会计报表间的自动校验功能,提升报表审核质效;尝试利用 EAST(现场检查)系统,从非现场监管角度进行数据提炼、分析,使得数据更全面、准确度更高。

(三) 提升现场检查的精准制导

立足于精确制导,不断提升现场检查的有效性,浙江银监局在现场检查实践中充分借力信息系统及技术探索,积累了诸多良好经验。一是灵活借用被查机构信息系统。紧密跟进银行信息化进程,了解掌握相关业务涉及的信息系统及功能。二是推动 EAST 系统在基层落地。浙江银监局是银监会 EAST 系统(现场检查分析系统)的首批试点单位,2009 年,开始尝试开展农村合作金融机构的EAST 现场检查,利用试点先行优势实践 EAST 系统全流程现场检查,在提升监管有效性、培养复合型人才、推动被查机构内控建设等方面成效明显。

在现场检查质量上,坚持全流程全员管理。结合实际,2011 年,出台了《浙江银监局现场检查专业人才库管理试行办法》,2012 年,制定下发《浙江银监局现场检查质量管理实施细则》,系统建立现场检查质量管理体系,进一步完善了辖内现场检查质量控制、评价和检查资源管理等工作,加强辖内现场检查工作的专业性和规范性,改进现场检查人力资源培育和集成。开展现场检查项目评议,建立健全激励机制,调动各级检查单位和检查人员的积极性。

在现场检查效率上,强调集成运用资源。一是创新自查督导机制。通过科学规范自查流程、全程介入督导评估、激励处罚双管齐下、自查问题分类处置、自查决定检查范围等举措,提高银行自查能动性和工作质量,形成互动合作的良好氛围,有效突破监管对象网点分布广、业务量大与现场检查人员少、任务重等现象产生的制约瓶颈,避免外部检查和内部检查的重复劳动。二是深化监审联动机制。建立与机构内审部门之间的监审联动制度,结合 EAST 检查方式持续指导,督促其加快推进内审系统研发,推动内审模式转型升级。同时,建立监审信息交流制度,督促机构上报内审报告等资料,使监管部门更全面掌握机构情况,有效确定检查和监管重点。三是强化内部共享机制。加强交流,比较剖析各类机构存在的突出问题,相互取长补短,并拓宽员工监管视野,为进行规范经营提供借鉴与指导作用,最大限度达到检查资源的集成。

在现场检查成果运用上,注重信息的积累、深化与转化。一是内外协作,深入排查疑点问题。对易引发风险的违规问题进行深入检查,并充分利用检查对象的内审力量,就相关问题进行全面排查。二是督促被查机构就发生问题的根源进行深入研究剖析,反思管理策略、经营目标和内部管理方面存在的问题,在制度层面和操作流程上予以深化整改,提高检查效果。三是积累利用现场检查违规信息。通过建立违规档案或违规信息库,完成对历年现场检查发现的违规问题梳理和分类,区分不同的业务条线进行问题汇总,形成系统性的违规信息资料库。在此基础上试行违规情况、整改效果与市场准入挂钩,把检查发现违规问题、检查意见落实情况作为被查机构业务、高管、机构等准入事项的审核依据之一,拓展检查成果利用范围。

三、 浙江银行业监管重点

二十年来,伴随浙江银行业的发展,银行业监管组织体系在不断调整与完善,监管的理念不断成熟、先进,监管的方式与手段不断改进与完善,监管工作的重心也不断调整;但总体上,强化金融服务、防范金融风险、促进金融改革始终是银行业监管的重点。

(一) 服务实体经济,确保经济与金融良性互动

金融的本源是服务实体经济。唯有实现经济与金融的良性互动,金融本身才能获得可持续发展的根基。基于这种认识,从人民银行杭州中心支行到浙江银监局,二十年来,浙江银行业监管部门始终把推动银行业服务好实体经济作为监管工作的基本立足点,以加强金融保障、服务小微企业和服务"三农"等为抓手,积极引导浙江银行业拓宽资金渠道,优化信贷结构,从总量、结构两方面推动金融保障,形成了经济与金融良性互动的发展格局。2012年初,浙江银监局为进一步推动银行业金融机构服务实体经济,促进全省金融与实体产业良性互动、共生发展,出台了《浙江银监局关于完善金融服务支持实体经济发展的指导意见》,该《意见》提出了银行业服务实体经济的目标方向、措施与着力点。

1. 加强监管引领,着力完善小微金融服务

浙江银监局在成立之后,从理念、机制、网点、技术等多方面入手,鼓励和推动浙江银行业积极探索小微金融服务商业化可持续道路。截至2012年12月末,全省小微企业贷款(含个人经营性贷款)余额达22014亿元,小微企业贷款余额、增量、累放额和户数均居全国首位。

一是强理念,致力培育银行业服务小微企业的内生动力,理念是先行。浙江银监局在自身不断提升认识、完善小微企业金融服务工作机制的同时,坚持将推进小微企业贷款工作与银行监管工作有机结合起来,充分利用监管情况通报会、举办专业培训等形式,积极

引导银行业金融机构树立科学发展观和商业可持续的小微企业金融服务新理念，切实转变"唯大是从"的信贷观念。在监管部门的引导下，小微企业金融服务理念在浙江银行业中不断强化，逐渐生根发芽。大型银行纷纷把发展小微企业金融业务纳入长期发展战略，打破"成分论"和"规模论"的思想束缚，实行"大小并举、扶优限劣"的信贷政策；中小商业银行形成了与小微企业共患难、同成长的共识，台州商业银行、泰隆商业银行等根植于草根经济的小银行把扶持小微企业等弱势群体作为自己的发展根基。

二是抓机制，着力夯实银行业小微企业金融服务基础。2006年以来，银监会着力推动商业银行建立健全小企业贷款"六项机制"，指导商业银行建立健全利率风险定价机制、独立核算机制、高效贷款审批机制、激励约束机制、专业化的人员培训机制，以及违约信息通报机制。浙江银监局始终把推进小微企业贷款机制建设置于核心位置，按照"抓两头、带中间"的思路积极部署落实，重点督促国有商业银行完善小企业授信管理的工作，指导有条件的小法人机构试行独立核算机制。2006年年初，按照以点带面、分步推进的思路，浙江银监局在全辖区确定了37家小企业贷款重点联系行，指导推动辖内银行业重点探索"六项机制"建设。经过几年的努力，小企业贷款"六项机制"建设取得了明显成效。各银行机构普遍下放审批权限、优化审批流程，小企业贷款审贷效率明显提升；不少银行建立了个性化、灵活的小企业贷款风险定价机制；大多数银行建立了相应的激励约束机制，出台了小企业授信尽职免责评议办法；银行业小企业贷款分账管理、分账核算和单独核算模式初步形成。

三是重激励，推动银行业积极探索小微企业信贷差异化管理。浙江银监局充分运用各种监管手段，强化对小微企业金融服务的监管激励，引导银行业金融机构主动调整经营战略和信贷投向，加大对小微企业的信贷支持。通过督促各银行业金融机构落实"四单"（即单列信贷计划、单独配置人力资源和财务资源、单独客户认定与信贷评审、单独会计考核）的管理，确保小微企业贷款增量、增速实现"两个不低于"，并将有关情况纳入对银行机构的年度监管评级中，强化监管考核；通过现场检查、非现场监管等手段，严查大额贷款超比例行为，加强信贷集中度风险提示，以此引导和促进银行机构加大对小微企业信贷投入；通过将银行机构市场准入与小微企业金融服务挂钩，建立正向激励机制。

四是建体系，着力提升小微企业金融服务专业化程度。2009年年初，浙江银监局根据银监会《银行建立小企业金融服务专营机构的指导意见》要求，制定行动方案，把督促和推动各银行业金融机构设立小企业金融服务专营机构作为工作的重点；2010年，出台《辖内中资商业银行专营机构监管指导意见》，该《意见》明确了专营机构的内涵、市场准入及监管要求；2011年，根据银监会改进小企业金融服务有关政策，浙江银监局及时出台了《浙江银监局关于进一步改进小企业金融服务工作的意见》，实施了一系列"浙江版"的差异化监管激励措施，将市场准入、监管评级与小企业金融服务工作挂钩，推动小企业信贷专营机构建设；为进一步促进银行业小微企业专营机构建设，浙江银监局出台了《浙江银监局关于设立小微企业金融服务机构有关事项的通知》，该《通知》明确了批量化设立小微企业金融服务机构的基本条件、模式及相应的激励约束机制。2012年，浙江银监局着力实施"一体两翼三突破"战略，出台批量化设立小微专营机构的政策，进一步加大小微企业贷款专业化推广力度，新设县域以下支行和小微专营机构占比分别超过80%，不断推动小微企业金融服务体系的完善。截至2012年年末，全省小微企业贷款专营机构逾1000家，覆盖不同类型银行的小微企业金融服务专营体系初步形成。

五是促创新，不断增强银行业小微企业金融服务持续力。围绕省委、省政府提出的打造浙江"全国中小企业金融服务中心"的目标，浙江银监局出台了小企业金融服务指导意见和相应的工作推进方案,通过启动联席会议制度、举办小企业金融服务峰会等举措,积极推动银行业金融机构通过引入、移植和自主创新等方式,不断探索小微企业金融服务模式。"抱团增信""网络联保""桥隧模式""小本贷款""穷人银行""信贷工厂"等适合小微企业的金融服务模式不断涌现,初步形成了小微企业金融服务的集群效应。"村民担保一日贷""商贷通"等适合小微企业的金融产品不断涌现,极大地满足了小微企业个性化、多元化的融资需求。同时,银行业小微企业金融服务的技术不断创新,工商银行浙江省分行的"四为""八性""八看"风险识别方法,泰隆商业银行的"三品""三表"等风控技术日渐成熟并得到广泛推广运用。

为推动银行业加强小微企业贷款精细化管理,实现小微企业贷款到期与续贷的无缝对接,以减轻企业转贷压力,浙江银监局于2012年4月出台了《浙江银监局关于进一步加强小型微型企业金融服务的指导意见》,该《意见》要求银行业金融机构"积极探索适应小型微型企业贷款的还款方式";2012年10月,浙江银监局正式印发了《浙江银监局关于推进小微企业贷款还款方式创新的指导意见》,旨在指导和推动银行业金融机构按照"先行先试、实质重于形式"的原则,在风险可控前提下创新小微企业还款方式,最大限度地消除小微企业还贷后续贷难的顾虑,减少不必要的转贷成本。在监管引领下,辖内银行业金融机构主动对接小微企业,积极探索创新还款方式,涌现出了期限年审查法、期限拉长法、现金流匹配法、额度循环法、临时额度法等5大类、50多款还款方式创新产品。

六是搭平台,努力营造小微企业金融服务良好氛围。为推动小微企业金融服务,浙江银监局积极主动搭建交流平台,加强宣传,促进互动,增强合力,为小微企业金融服务营造良好氛围。成立以来,浙江银监局先后举办了中小企业金融服务高层论坛、小企业金融服务峰会等一系列大规模会议。2009年6月3日,浙江银监局积极配合中央电视台成功举办了破解中小企业融资难国际论坛长三角分

论坛,时任浙江银监局局长杨小苹出席论坛并发表演讲。2010 年 9 月召开的小企业金融服务峰会,促成了 6 家银行与 12 家企业签订授信协议,授信金额达 8900 万元,形成了《中小企业金融服务·杭州共识》等积极成果。在 2012 年 4 月召开的浙江银行小微企业金融服务峰会暨小微企业金融服务宣传月活动启动仪式上,时任浙江银监局局长韩沂围绕峰会主题"服务实体经济扶持小微企业",发表主题演讲,该演讲为浙江银行业进一步提升小微企业金融服务水平、实现浙江小微企业金融服务"二次腾飞"指明了方向。会上,浙江银行业协会发起了"改进小微企业信贷方式增强服务小微企业能力"的倡议,在杭的 42 家银行机构共同签署了"银行业开展小微企业还款方式创新承诺书",40 家银行机构签署了"银行业开展小微企业信用贷款试点承诺书",这成为浙江银行业小微金融服务创新发展的新起点。同时,还通过召开小企业金融产品展示会、编写《小企业金融服务良好做法》《小企业金融服务案例》等资料,推动辖内银行业小企业金融服务理念的深化。

2. 立足普惠金融,不断完善农村金融体系

浙江银监局以增户扩面为基础,大力改进农村金融服务方式,提升服务质量。截至 2012 年末,全省银行业金融机构涉农贷款余额达 25010.8 亿元,占各项贷款余额的 42.03%。浙江涉农贷款余额、增量、户数位居全国第一。

一是搞活农村金融体制。2003 年,浙江农信社拉开了第一轮产权制度改革序幕,经过了零资产启动、吸收入股、央行票据置换和兑付、建立"三会一层"法人治理架构,农信社解决了所有者缺位问题,实现了轻装上阵,多数联社改制为股份合作制的农村合作银行,使支农服务的机制活力和动力进一步增强。浙江省农村信用社联合社于 2004 年 4 月 18 日正式成立,标志着我省深化农村信用社改革试点工作特别是管理体制改革取得了阶段性成果,我省农村信用社的发展也进入了一个新的历史阶段。2008 年以来,银监会又大力推

动农信社改制为股份制的农村商业银行。为了活跃农村金融市场，银监会积极推动村镇银行、农村资金互助社和贷款公司等新型农村金融机构的试点工作。

2007年12月12日，根据银监会关于扩大调整放宽农村地区金融机构准入政策试点工作的有关精神，时任浙江银监局副局长金丽丽主持召开试点银监分局、合作银行座谈会，并正式启动村镇银行组建工作。2008年5月，浙江省首批试点的长兴联合村镇银行和玉环永兴村镇银行开业。短短几年，从星星之火到呈燎原之势，村镇银行基本实现县域全覆盖（除嵊泗外）。截至2012年末，全辖区共有8家农商行、39家村镇银行开业。

同时，浙江银监局积极推动邮储资金反哺农村的工作，从推广小额存单质押贷款开始，推动邮储银行小额贷款的全面开花，全面提升对农村地区的金融服务功能，使被广为诟病的农村资金"抽水机"现象得到扭转。

二是扩大农村金融服务覆盖面。2007年，浙江银监局指导农信社顺利推进"百千万"工程，全年新增农户公议授信242.49亿元、信用村1429个、信用农户45.17万户，改善了农村信用环境。浙江银监局引导银行业金融机构向农村地区延伸网点和服务，2010年6月底，在全国率先完成全省159个空白乡镇金融网点与服务全覆盖的工作。同时，引导农合机构在行政村逐步设立带存款功能的金融便民服务点，从而切实方便农民生活。截至2012年末，全省农合机构已设立农信金融服务终端130台。值得一提的是，浙江农信加快向现代社区银行转型，提供金融产品在互联网尤其是移动互联网的客户端定制化部署，积极解决农村"最后一百米"的问题。

三是提升农村金融服务质量。2009—2010年，浙江银监局先后组织开展了"浙江银行业金融支农推进年"和"浙江银行业支农深化年"活动，重点从完善县域银行业组织体系、加大县域信贷投放力度、创新县域金融服务方式等方面推动银行业金融机构加强金融服务。坚持以点带面，引领农村金融服务技术和服务方式的突破，推动国家级现代农业示范区金融服务创新、农业产业链融资模式和微贷技术推广"三管齐下"。为了盘活农村资产存量，浙江银行业金融机构因地制宜开展"两权"贷款，林权抵押贷款在丽水等林业资源丰富的县(市)得到大力推广，部分地区在政府支持下探索开展农房抵押贷款。

3. 立足经济转型，切实增强金融保障能力

曾创造高速成长奇迹的浙江经济，也面临着传统产业发展受阻的情况，挖掘新的经济增长点，提高浙江经济质量，成为浙江经济转型升级的当务之急。浙江银监局引导银行业把握发展形势，主动将自身战略转型与推动经济发展方式转变相结合，探索创新驱动、内生增长道路。

一是积极发展绿色信贷，做深做透"生态金融"。2011 年以来，浙江银监局联合我省有关部门开发绿色信贷信息平台，制定绿色信贷工作实施意见；鼓励银行业金融机构积极支持嘉兴、衢州、湖州等绿色金融创新示范区建设，开发推广绿色信贷信息共享系统。绿色金融从理念引导转变为实实在在的实践推动，这一转变引起了良好的反响。2012 年 11 月 13 日，银监会联合环保部在浙江召开绿色信贷信息共享经验交流会，对浙江绿色信贷工作给予了高度肯定。时任银监会统计部副主任叶燕斐、环保部政策法规司副司长别涛等出席会议。

二是加快淘汰过剩和落后产能。浙江银监局督促指导银行业围绕浙江省委、省政府总体部署，采取窗口指导、现场检查、实地走访、召开监管情况通报会和座谈会等形式，督促辖内银行业金融机构按照"区别对待、有保有压"的指导方针，引导辖内银行业积极稳妥地压缩和退出落后产能信贷，助推浙江传统产业转型升级，有力促进浙江经济结构调整和优化。

三是着力培育新的经济增长点。为做好监管政策与产业政策

的有效衔接,浙江银监局先后开展了"提升信用品质、服务实体经济"等系列主题活动,引导浙江银行业紧紧抓住打造浙江信息经济升级版的机遇,充分运用网络金融、银团贷款、并购贷款、直接融资等多种手段,积极研发适合新兴产业、新型业态、新型组织的金融产品和服务,稳妥增加有效信贷投入,优化金融资源配置,盘活信贷存量,建立支持浙江"四大战略""四大建设""四化同步"的对接协作机制,提升融资服务综合化水平,有效推动浙江经济产业升级和结构调整。

(二)审慎监管防风险,确保浙江银行业稳健运行

浙江银监局自成立以来,始终坚持防范单体机构风险和系统性风险并重,坚持防范企业风险和银行资金风险并重,坚持治本和治标并重的原则,强化"逆周期"监管和审慎监管,这不但提高了监管有效性,而且全方位督促了银行业金融机构增强风险防控能力。

1. 信用风险防控

2003年年末,全省银行业金融机构四级分类不良贷款率为3.84％。以浙江国有商业银行五级分类为标准,2003年年初不良贷款率高达8.98％。面对这样的严峻情况,浙江银监局一成立,就把提高银行业信贷资产质量、压缩和控制不良贷款作为中心任务,把"抓降"作为监管工作的重中之重来抓,加大对不良贷款的清收、转化力度,同时加快对呆账贷款核销和抵贷资产的处理。之后几年,浙江银监局始终围绕抓降工作,持续开展银行的内控评价和风险评级的工作,强化不良贷款监测和风险提示,严格控制银行大额贷款指标,督促银行加强对集团客户贷款、大额贷款和股东关联贷款的管理,督促银行提高防范不良贷款的能力。按月持续跟踪监测不良贷款,重点跟踪监管新增不良贷款、违规不良贷款、大额不良贷款、关联性的不良贷款,开展新增不良贷款和大额不良贷款清收保全情况的专项检查,强力抓好重点地区、重点机构不良抓降工作的督导。特别是对法人机构大户超比例贷款,实行逐户监测、定期检查、严格控

制,督促银行逐笔查找原因,制定压缩计划,落实清收责任,从源头上防止新增大额不良贷款。经过多年努力,全省银行业不良贷款连年实现了"双降"。

2. 案件风险防控

案件是银行业金融机构内部控制失败的突出表征,是监管部门重点关注的重点对象。银监会自 2005 年起持续开展了银行业案件专项治理工作,2010 年和 2011 年,银监会又组织开展"银行业内控和案防制度执行年"活动。按照银监会提出的"自查从宽、他查从严、尽职免责、失职重罚"的案件责任追究原则,执行鼓励自查、尽职免责的区别对待政策。科学落实"上追两级""双线问责""一案四问责"等案件责任追究办法,对案件情节严重的机构坚决采取停止准入和叫停业务等监管措施。如 2010 年,浙江银监局查处了"温州3·6非法票据牟利案",将大量违法线索移交给公安机关,最终,5 名银行工作人员被移送检察院审查起诉,20 余名银行员工被内部处理。

浙江银监局在案件防控过程中坚持"分类督导、突出重点、防查并举、重在防范"的方针。重点加强对银行业金融机构的监管督导和压力传导,推进银行业金融机构深入落实案防主体和第一责任人的职责,培育银行业金融机构自身的违规查处能力和纠偏整改能力,从而推进银行业金融机构案防内生机制建设。

浙江银监局通过召开案件防控千人大会、监管情况通报会等方式,及时通报和提示案件形势,将案件防控的意义和要求直接传达到银行基层机构;与各银行业金融机构负责人签订案件防控承诺书或责任书,形成"一把手负总责"和"分级负责,一级抓一级"的案件防控工作机制。在日常监管中,将案防工作落实情况与资本监管、监管评级、市场准入、行政处罚及高管履职评价和任职资格审查密切挂钩。

浙江银监局认真落实工作部署,并取得良好成效,案件数量大幅度下降,从 2005 年的 41 起降到 2009 年的 5 起;案件预防能力大幅度提升,2005 年到 2009 年案件自查发现率达 59.2%,成功堵截近 60 起案件和风险事件,防止资金损失近 1 亿元。2008 年以来,浙江经济金融形势复杂多变,浙江银行业案件防控形势依旧保持了平稳的态势。

3. 信息科技风险防控

浙江银监局制订了信息科技监管达标"路线图",通过详细指明不同信息科技发展层次的银行机构为达到监管部门监管目标和要求需要完成的路径和步骤,使机构了解自身信息科技发展水平,以及为达到监管目标需要开展的工作。

"路线图"以银监会发布的各项信息科技监管制度和管理办法为准绳,分为信息科技治理、信息科技风险管理、信息科技审计、系统开发测试、信息科技运行、灾难恢复应急管理、外包和信息安全八大领域、116 项指标。对每一个指标分为初级、中级、高级达标水平,循序渐进地提出达标要求。

浙江银监局在充分调研各法人银行业金融机构信息科技风险管理状况的基础上,提出了三年达标期的目标,要求第一年初级达标率 75% 以上,第二年初级达标率 100%、中级达标率 75% 以上,第三年中级达标率 100%、高级达标率 60% 以上。达标要求给予辖内发展水平不同的法人银行业金融机构以充分弹性,既为相对后进的机构指明底线要求,也鼓励发展较快的机构精益求精。同时组织辖内各中小法人银行机构根据路线图的要求开展自评估工作,确定路线图中各指标所处的高、中、初级水平,以及三年中达到中高级水平的具体目标和实施步骤。督促银行机构董事会将实施达标路线图纳入战略发展规划,并加强对路线图实施的跟踪。

4. 流动性风险防范

浙江银监局高度重视流动性风险的防控。一方面在日常监管中持续做好对流动性状况的分析,跟踪监测存贷比、流动性比例、流动性缺口率、核心负债依存度、最大十户存款比例和最大十户同业

拆入比例等流动性风险监管指标,督促流动性紧张的机构及时采取化解措施。另一方面高度关注可能影响流动性管理的宏观因素,2010年之后,人民银行曾12次上调存款准备金率,中小商业银行存款准备金要求从13.5％一路上调到18％,浙江银监局开展专题调研会分析存款准备金率上调对辖内法人银行业金融机构的影响,督促其加强对日常头寸、资金来源的监测分析,确保支付安全。

为了督促银行业金融机构提升对流动性风险的管理能力,浙江银监局还多次组织辖内法人银行业金融机构开展流行风险压力测试,分析法定存款准备金率上调、活期存款流失率、到期贷款转不良贷款无法收回、批发性融资来源的可获得性下降和利率升高等因素对本行流动性的影响。督促其加强对存款特别是保证金存款走势的分析以及对银行间市场资金面和利率走势的研判,对流动性风险进行前瞻性分析和预警。

在此基础上,浙江银监局引导法人银行业金融机构及时调整表内外资产负债结构,逐步规范表外业务,优化资产结构,控制中长期资产占比,提高资产流动性。加强负债管理与结构调整,督促保证金存款占比较高的银行努力降低对保证金存款的依赖,以减轻交存政策调整的影响。在合理保持存款组织力度的同时,实行日均存贷比考核,增强存款稳定性,防止贷款量在月末、季末大幅波动。

同时,引导浙江城市商业银行加强流动性合作,创新流动性风险管理机制。浙江银监局监管的10家城商行建立了两两互存同业存款的机制,即银行两两互存资金5000万元,各家行只需相应在资产负债表的资产类"存放同业"科目和负债类"同业存放"科目双向记账,即可使每家行在其他9家银行共有4.5亿元的同业存款。在银行间市场交易平台闭市后,如某成员银行出现现金短缺,可将存放在他行的4.5亿元同业存款立即划回,这足以应付绝大多数的流动性缺口。该创新机制的最大特点就是"零"成本,即成员之间不需要划付实际的资金,不增加额外成本,且参与的小法人机构越多,则资金池安全性越高，对流动性风险的防范能力就越强，该机制可以成为银行超额备付金之后的第二道屏障。

5. 地方政府融资平台风险防范

早在 2004 年初，浙江银监局针对浙江银行业贷款量增长异常迅猛，且贷款投向相当集中等现象，开展了 100 户企业新增大额贷款稽核调查。调查发现投向基础设施的贷款占被查行新增贷款的 57%，投向开发区的贷款又占基础设施新增贷款的 21%。获知这些信息后，浙江银监局敏锐地认识到如若任其发展，风险不容忽视，为此又进行了深入的专项调查。调查发现，共有 17 家银行业机构对 307 个开发区建设项目贷款投入 240 亿元，其中，由政府背景公司保证的保证贷款和信用贷款占 66%；市地和县及县以下的开发区建设项目占 58%，贷款占 48%。调查表明，基础设施和开发区建设贷款面临的风险，除了借款主体资本金偏低、贷款担保法律效力不足、贷款投放集中等风险之外，最直接的是政策性风险和地方政府背景的债务风险。浙江银监局及时将调查情况向被调查机构进行反馈，并向辖内银行业机构通报有关风险隐患，敦促各机构重点关注。同时，浙江银监局敏锐识别、深入研究，并向省政府率先报告、出谋划策，促成省政府制定《浙江省人民政府关于加强地方政府性债务管理的通知》《浙江省地方性债务管理实施暂行办法》等文件，规范了地方政府举债行为。正是因为浙江银监局对风险判断的前瞻性，以及对风险监测的持续性，才促进了浙江各地政府融资平台贷款的理性发展。

2010 年 6 月，《国务院关于加强地方政府融资平台公司管理有关问题的通知》拉开了融资平台规范管理的序幕。银监会陆续部署加强政府融资平台贷款风险管理的系列举措，全国银行业防控融资平台贷款风险的战斗正式打响。在浙江，监管部门迅速行动，从省局到分局均成立由局长任组长的领导小组，分析辖内情况，统一思想认识，逐步解决问题。

第一阶段："解包还原"（主要集中在 2010 年上半年）。浙江银

监局先后 7 次召集全省银行机构主要负责人,部署各阶段工作,提出"三步走"工作要求,以便于银行机构迅速执行。第一步,逐笔梳理贷款,摸清地方政府融资平台贷款现状和潜在风险;第二步,将"项目包"逐个打开、重新评审,严格审慎地对贷款及对应项目的合规性、现金流和可偿性进行再评审;第三步,严格控制新增贷款,落实银监会"实贷实付"和"受托支付"贷款新规,防止平台贷款被挪用。为推动银行机构切实做好此项工作,2010 年 5 月份建立了"解包还原"进度监测机制,并采取现场检查、约见谈话、监管意见和实地调研走访等手段,推动解包还原工作的开展。

第二阶段:统一会谈(主要集中在 2010 年下半年)。银行与平台企业、地方政府开展的统一会谈是缓释政府融资平台贷款风险的重要手段。政府融资平台贷款牵涉面广,与地方政府利益更是息息相关,银行机构通常会处于劣势。监管部门积极出面,与各级政府部门沟通交流,争取他们的理解支持。在此基础上,各银行业金融机构按照"因地制宜、分类处置、注重成效"的基本原则和"分层级、分类别、多维度"进行维权的总体思路,以"集体约谈"和"自主会谈"有机结合作为具体战略,积极开展统一会谈工作,最大限度地维护了银行信贷资产利益。

第三阶段:分类管理(主要集中在 2011 年)。在浙江银监局的推动下,全省银行业建立起融资平台"名单制"信息管理系统,通过对纳入平台类客户名单的贷款实行总行统一授信、全口径监控和逐笔审批,按照差别风险权重计算资本占用并提高拨备水平、强化资本约束等举措,平台贷款准入宽松、管理粗放等问题逐步得到解决。针对现金流覆盖情况,要求银行机构按季对每个融资平台进行风险定性(分为全覆盖、基本覆盖、半覆盖、无覆盖四类),并相应进行"支持类、维持类、压缩类"信贷分类,真正做到分类管理。同时,建立了融资平台退出动态调整机制,向各银行业金融机构明确退出标准,严格执行平台退出管理制度,明确要求一旦出现不符合退出标准的情况,立即调回平台管理。至此,平台贷款风险防控工作已从"运动式、阶段性"走向"制度化、常态化"阶段,风险防控长效机制基本形成。

第四阶段:持续管控(主要集中在2012年)。一方面,控风险绝不手软。针对存量平台贷款,深入调研平台贷款还本付息和土地抵押情况,绘制还本付息曲线图,确保浙江平台贷款总量平稳、不出风险;针对新增贷款,严格控制法人总量,新增贷款必须符合银监会规定的五个投向和五个条件;每年都针对融资平台贷款开展现场检查,及时发现违规行为,督促整改。另一方面,鼓励支持实体经济。提出了"以时间换空间"的原则和"区域调整、层级调整、方式调整"三调整措施,引导在浙银行业分支机构向总行争取额度倾斜,支持浙江重点项目建设;鼓励融资平台通过资产重组、发行债券等方式,拓宽融资渠道,降低对银行信贷资金的过度依靠。

经过多方努力,浙江融资平台贷款风险总体可控,自身偿债能力有所增强,平台层级逐步提升,资产质量保持较好水平,可以说,风险防控工作取得了阶段性的胜利。当然,防控融资平台贷款风险绝非一朝一夕之功,尚需多方面的持续努力和密切配合。

(三)深化改革创新,持续打造浙银品牌

近二十年来,我国经济发生了翻天覆地的变化,为适应经济体制转型需要,金融改革持续不断地推进,浙江金融业也发生了巨变。在法律法规方面,1995年,《中华人民共和国中国人民银行法》《商业银行法》相继颁布,2006年,《中国银行业监管管理法》颁布,银行业法制体系的不断完善标志着我国商业银行向着现代商业银行不断迈进;在监管体制方面,继1998年人民银行管理体制进行重大改革后,2003年发生了具有划时代意义的事件,为适应金融机构分业经营模式,监管体制实行改革,从人民银行统一监管变为"一行三会"的分业监管模式。

浙江银监局自成立以后,坚持改革的思路和创新的方法,坚持能改革的抓进度,改革不了的先改良,质变不了的先量变,积小步为

大步,变小胜为大胜,克服种种不利影响,不断深化改革创新。以先进的监管理念和标杆为引领,着力解决影响又好又快发展的体制机制问题。针对浙江银行业好中有忧、快中有慢、传统业务过强而创新不足的发展实际,坚持强化监管约束与引领创新发展并重的原则,把推进金融创新作为浙江银行业优化业务与盈利结构、转变发展模式、培育发展后劲的主要抓手,加大引导、总结、推广工作力度。发力点主要体现在组织体系、体制机制和区域金融改革三方面。

1. 组织体系改革

在推动浙江银行业组织体系改革过程中,监管部门始终牢牢把握三个原则:突出法人改革、坚持市场导向和打造浙江特色。

原则1:突出法人改革。回顾浙江银行业近二十年的组织体系改革历程,监管部门对于不同的机构分别采取了不同的措施,一方面力推法人机构改革,形成适度良性竞争的局面,推动组建浙江省内唯一一家全国股份制银行浙商银行和多家地方城商行,推进农村金融体制改革;另一方面注重发挥不同类型机构的互补作用,促进机构齐头并进。形成了"抓两头带中间"的改革思路。抓两头是指抓住浙商银行和城市商业银行,以及农村中小金融机构等法人机构改革。浙商银行和城市商业银行代表城市改革方向,农村中小金融机构则代表了广大农村改革方向。抓两头就是同时抓住城市和农村、抓住了改革基本面;带中间是指带动非银行金融机构和银行业在浙分支机构推进改革。

对于浙商银行和城市商业银行,监管部门从推动机构组建到推进机构按照现代股份制商业银行的要求加快改制步伐、加强公司治理,逐步由"形似"向"神似"转变;严把法人股东资格审查关,督促机构拓宽资本补充渠道,提高资本充足率,稳步实施跨区域发展;创新综合性辅导式监管方式,引导机构加快发展方式转变,优化激励机制,下沉经营重心,强化实体经济服务,支持小微企业。对于农村中小金融机构,坚持培育与规范并重原则,力克重重困难,二十年来,浙江完成农村信用社与农业银行脱钩、两级法人农信联社深化改革等多项体制改革,推动农合机构股份制改革顺利进行和新型农村金融机构健康发展,帮助机构全力消除不良贷款并亏损局面。对于非银行金融机构,积极支持设立财务公司、金融租赁公司等非银行金融机构,推动其发挥自身在财富管理、提高资金使用效率等方面的优势,着力实现特色化经营。

经过近十年的改革发展,浙江法人银行业的经营管理发生重大变化,主要体现在"五大转变"上:一是公司治理从"形似"向"神似"转变;二是合规建设从"他律"向"自律"转变;三是风险管理从"定性"向"定量"转变;四是业务竞争从"同质"向"品牌"转变;五是服务水平从"无差异"向"个性化"转变。这些为浙江法人银行业应对危机影响及保持长远持续发展打下了坚实的基础。

原则2:坚持市场导向。监管部门在推动银行业改革过程中始终坚持以市场这只"看不见的手"发挥主导作用的原则,通过监管政策和手段这只"看得见的手"实现引领和引导作用,这主要体现在以下三方面。一是在金融体系方面。对市场定位明确、与实体经济共发展的银行机构积极给予支持,适当倾斜市场准入政策,鼓励其发挥作用;同时,针对浙江民企众多、小微企业遍地开花的经济特点,引导银行将机构设置的重心向小微企业专营机构和新型农村金融机构靠拢。二是在金融服务方面。推动机构正确树立金融根植于经济的正确理念,通过政策文件、搭建平台、多方协作等方式,引导银行业加大对先进制造业、战略新兴行业、现代信息技术产业、绿色环保产业等的信贷投入,有效支持实体经济,助推浙江经济转型升级。三是在银行业架构改革方面。本着提高金融需求响应度、抢占市场先机的原则,推动银行业机构组织体系向"扁平化、专业化"方向发展,力推法人银行机构探索业务流程再造工作,积极调整组织结构和业务制度,并配备相应的人力资源,促使银行机构从"部门银行"向"流程银行"转变。

原则 3：打造浙江特色。浙江银监局长期致力于将打造浙江特色和浙银品牌作为银行业改革的一个重要方面来抓，立足浙江经济特点，通过连年制定创新业务监管工作方案、多次举办"浙江银行业创新论坛"、编写《浙江银行业创新产品服务指南》、创建交流平台、完善创新业务统计制度和数据发布机制等方式，鼓励银行业金融机构积极开展有利于服务实体经济的金融创新活动，引领银行业金融机构积极塑造"小微金融""三农金融""海洋金融"等特色名片。其中，多项适合中小企业和"三农"经济发展的贷款新模式和创新产品，得到了国务院领导的批示肯定，开展的林权抵押、农房抵押等业务创新工作也取得了良好成效。

2. 体制机制改革

浙江银监局始终清醒认识发展形势，将资本约束、公司治理和内部控制作为三大重点工作，促使浙江银行业苦练内功，夯实经营发展的基础。

重点 1：资本约束。银监会在成立之初，即提出了"提高贷款分类准确性、提足拨备、做实利润、资本充足率达标"的监管四部曲。浙江银监局非常重视法人银行机构的资本监管，将资本充足情况作为年度监管评级的重要内容，通过非现场监管报表系统定期监测法人机构的资本充足情况，对于资本充足率不达标的银行机构，通过下发监管意见书、约谈主要负责人等方式责令机构制定达标规划，且必须限期整改达标，如到期仍未达标，则采取限制市场准入、现金分红和资产业务等措施，督促机构自觉达标。

重点 2：公司治理。自 1993 年《中华人民共和国公司法》通过后，公司制有了坚强的法律保障，商业银行作为公司的一员，有效的公司治理是商业银行可持续发展的基石。2008 年的金融危机凸显了金融机构公司管理不健全、风险管控失效以及制衡、激励机制不科学等问题，各国银行业金融机构和监管当局形成共识，必须加强银行公司治理并强化公司治理监管，银监会也将公司治理作为法人监管的重点工作。浙江银监局秉承银监会的监管理念,通过加强制度约束、下发监管意见书、约见股东或高管谈话、向被监管机构的主管部门反映等方式,促使法人机构充分认识有效公司治理的重要性,督促健全"三会一层"的组织架构,明确权利与义务,制定完善相应的议事规程、职责分工和报告路径,确保基本形成"三会一层"各司其职、相互制衡、运作协调的公司治理架构;严格遵守高管任职资格审核制度,督促机构建立董监事和高管人员的科学有效的激励约束和履职评价体系,保障公司治理机制能够有效运行。同时,在日常的监管工作中坚持推动辖内法人股权机构多样化、投资主体多元化的形式,充分发挥股权的激励作用。

重点3:内部控制。2004年,中国银监会发布了《商业银行内部控制评价试行办法》,确定了内控五要素,分别是内控环境、风险识别与评估、内部控制措施、信息交流与反馈、监督评价与纠正。《办法》实施后,为促进辖内银行业金融机构树立审慎经营的内控理念、改进完善内控措施,浙江银监局组织实施了一次全覆盖的检查和评价工作,逐一指出机构存在的问题并督促整改。在日常的非现场监管、现场检查等监管工作中,浙江银监局将银行业金融机构的内控建设情况作为工作重点来抓,主抓以下三方面。一是抓公司治理促内控机制完善,督促银行业金融机构从机制、架构上完善内控体系,提升内控有效性。二是抓内控制度建设和落地执行,确保每一项业务、每一个环节都做到事前有防范、事中有控制、事后有监督。三是抓内部审计促改正纠偏,要求机构强化内审的独立性和权威性,提升内审的水平和有效性。同时,浙江银监局力推10家城商行建立非现场审计信息系统,通过计算机等辅助工具有效提高内审的覆盖面、频度和效率,实现违规问题及时发现、精确打击的效果。

回顾过去二十年,浙江银行业发展和监管工作均发生了显著的变化。从监管实践看,理念逐渐科学,手段不断丰富,监管的杠杆功能得到了有效发挥,监管的有效性得到了显著提高。特别是浙江银监局成立以后的近十年,目标明确、思路清晰,理念先进、方法专业,系统监管、标本兼治,妥善处理好了监管、服务与发展的关系,注重安全与效率的平衡,加强激励相容监管,督促和帮助银行业金融机构加强经营管理、增强风险控制能力;鼓励和帮助银行业金融机构探索金融经营的有效方式、提高综合竞争力,实现金融市场良性运行,支持经济持续健康发展;严厉查处违法违规行为,促进金融业稳健运行,维护存款人的合法权益;保护合法金融企业和合法金融行为,创造公正、公开、公平、有序的金融竞争环境。这十年,浙江银行业务的监管工作机制发生了"五个转变":由合规监管为主向以风险监管与合规监管相结合的新方向转变;由"分割性"监管向注重对法人机构总体风险的把握、防范和化解转变;由一次性监管向持续监管转变;由侧重监管具体业务向注重监管公司治理结构和内部控制的有效性转变;由定性监管向定性与定量监管相结合转变,加强风险评价和预警机制。与此同时,通过监管部门和银行业的共同努力,浙江银行业发展也发生了翻天覆地的变化,各项经营指标领先全国,各类特色服务和创新产品不断涌现,大大提升了防御风险能力和经营稳健性。更为重要的是,从体制机制入手改革创新,坚持走"专精优特"的路子,努力实现"指标领先、创新有力、服务优良、竞争有序、风险可控"的目标,被业界、媒体和社会各界誉为"浙江银行业高品质现象"。

第三节　浙江证券业监管

一、 浙江证券业监管机构沿革

根据国务院《批转证监会监管机构体制改革方案的通知》(国发〔1998〕29 号)有关"由证监会接管现有地方证券监管机构,实行垂直

领导"的要求,1998年12月,中国证券监督管理委员会(简称"中国证监会")和浙江省政府签订了《证券监管机构交接备忘录》,标志着其正式接管浙江省证券期货监督管理办公室的工作。

1999年6月18日,中国证监会批设"杭州证券监管特派员办事处"(简称"杭州特派办")。7月1日,杭州特派办正式挂牌,行政级别为副局级。2004年3月1日,中国证监会批准杭州特派办更名为"中国证券监督管理委员会浙江监管局"(简称"浙江证监局"),行政级别为正局级,其主要职责为:贯彻执行国家有关法律、法规和方针政策;依据中国证监会的授权对辖区内的上市公司、证券期货经营机构、投资咨询机构及从事证券期货业务的律师事务所、会计师事务所、资产评估机构等中介机构的证券期货业务活动进行监督管理;依法查处辖区监管范围内的证券期货违法、违规案件,调解证券期货业务纠纷和争议;联合和配合有关部门依法打击辖区非法证券期货业务活动,防范和化解辖区证券期货市场风险,促进证券期货市场持续稳定健康发展;履行中国证监会授予的其他职责。

二、 浙江证券业监管改革进程

1999—2000年,为适应监管工作需要,根据中国证监会有关规定,结合辖区实际情况,杭州特派办制定了30多个业务操作规程,做到了监管工作有章可循。上市公司监管方面有《拟上市公司改制调查业务规程》《上市公司巡检业务规程》等8个规程;机构监管方面有《关于证券经营机构合规性经营抽查规程》等9个规程;期货监管方面有《期货经纪公司工作检查规程》等10个规程;稽查方面有《重大案件跟踪制度》等6个规程。杭州特派办通过严格按章监管,提高了工作效率,同时增强了工作透明度。

在随后的几年中,杭州特派办根据业务发展需要,不断总结经验,提出新思路,陆续制定了《关于明确上市公司日常监管档案管理的若干意见》《关于进一步健全证券经营机构内控机制、强化风险管理的实施意见》《证券交易佣金收取标准报备实施意见》《群众来信处理办法》《稽查工作指引》等 10 余项规程，这为规范市场主体行为、提高监管工作效率打下了良好的基础。

2004 年 7 月 1 日，《行政许可法》正式实施，浙江证监局制定并在局内部实施了《浙江证监局行政许可申请事项办理程序暂行规定》，该《规定》确立了"统一受理、分头处理、统一反馈"的内部规范运转程序，并向辖区各证券期货经营机构下发了《浙江证监局行政许可实施程序暂行规定》《证券机构类行政许可事项审核工作指引》和《转发关于期货经纪公司营业部设立、变更、终止行政许可文件的通知》等文件，要求各机构按照法定程序，认真履行行政审批职责。

2005 年，浙江证监局研究制定了《浙江证券、期货市场突发事件应急预案》，从组织指挥体系及职责、预警和预防机制、突发事件的分级、分级响应、后期处置、应急保障等 6 大方面全面细致地建立了辖区证券期货市场快速反应和应急处置机制，指导和规范上市公司、证券期货经营机构突发事件的应急处置工作，最大限度地预防和减少各类突发事件的发生，降低事件所造成的损失和影响，保护广大投资者的合法权益，维护社会稳定，促进浙江证券期货市场的健康发展。

2006 年 1 月 1 日，修订后的《公司法》和《证券法》正式实施。浙江证监局以此为契机，重新调整和完善了辖区资本市场监管制度。在上市公司监管方面，修订《上市公司现场检查工作底稿》，旨在促进巡检工作的规范化和格式化；制定《辅导企业进展一览表》《辅导保荐现场检查工作规程》和《浙江辖区辅导保荐工作监管的补充规定等文件》，旨在加强对辅导企业基本状况和辅导进展情况的动态把握，加大对保荐机构的检查力度。在证券期货经营机构监管方面，制定《辖区证券机构信息披露与报送规程》和《关于辖区证券投资咨询机构信息公示有关事项的通知等文件》，旨在推动辖区证券机构信息披露的规范化、程序化，进一步提升信息披露质量；制定

《浙江辖区证券期货经营机构投资者教育工作考核办法》和《浙江期货市场投资者及从业人员股指期货教育与培训活动实施方案》等文件，以建立投资者教育长效机制。在稽查信访方面，协调推动浙江省政府出台《关于严厉打击非法发行股票和非法经营证券业务有关问题的实施意见》，制定《浙江证监局打击非法证券活动工作规程》，旨在严厉打击辖区非法证券期货活动，维护资本市场秩序。

2008年，浙江证监局制定、修订了一系列制度。在上市公司监管方面，制定《上市公司分类监管指引》，以增强监管针对性；修订《上市公司合作监管工作指引》，以深化合作监管内容和层次；制定《辖区上市公司董事、监事、高管培训管理办法》《关于加强上市公司董秘管理的若干意见》，旨在强化对上市公司高管人员的监管。在证券期货经营机构监管方面，修订《证券机构行政许可审核指引》《证券公司及营业部现场检查指引》，以加大对证券机构的监管力度；制定《浙江证监局机构监管责任分工制度》，以完善监管责任分工；修订《期货保证金监管工作规程》、《期货公司净资本监管工作规程》，旨在厘清监管思路，形成岗位责任制与监管责任制互为补充的工作机制。在稽查方面，修订《浙江证监局信访实施细则》，旨在明确信访处理程序和责任；建立浙江证监局稽查联络员制度，探索形成稽查合力的有效途径；制定稽查专用介绍信、查询资金账户/存款账户通知书使用管理规定，以促进稽查办案工作的规范化。

2011年，浙江证监局进一步修订、制定部分制度。在上市公司监管方面，对上市公司风险评价体系指标进行修订，并据此对上市公司进行风险分类，围绕风险防控抓好监管工作；制定《浙江证监局上市公司监管档案管理办法（试行）》，旨在扎实推动上市公司监管档案管理的规范化和电子化，以监管档案建设为基础，落实分类监管和分道制试点要求。在证券监管方面，制定《2011年浙江辖区证券营业部规范发展若干意见》，推动各证券营业部在合规管理和风险控制的前提下将经纪业务从传统的靠天吃饭、同质化竞争的格局转变为靠专业化、差异化、个性化服务的品牌之争，为营业部转型升级打下坚实基础。对《辖区证券公司分支机构负责人营销管理诚信考核办法》进行修订，完善诚信体系，严格监管制度约束。在期货监管方面，出台《浙江辖区期货公司首席风险官履职工作指引》，旨在发挥首席风险官"内部监管者"的作用。一系列制度和规程的制定和完善，使浙江证监局的制度运行更加顺畅，监管工作更加规范高效。

第四节　浙江保险业监管

一、 浙江省保险业监管机构沿革

从 1992—2012 年，保险业的监管体制随着国家金融体制的改革不断变化。1994 年，国务院提出了对银行、证券、保险、信托实行分业经营、分业监管的要求。1995 年 6 月 30 日，第八届全国人民代表大会常务委员会第十四次会议通过了《中华人民共和国保险法》（以下简称《保险法》），《保险法》明确了保险监督管理机构的职责。1998 年 10 月，中国保险监督管理委员会（以下简称"中国保监会"）成立，从中国人民银行手中接管全国保险业的监管职能。由于中国保监会在各省尚未设立派出机构，浙江省的保险监管职责仍由中国人民银行杭州中心支行履行。2001 年 4 月 28 日，中国保监会杭州特派员办事处（简称"杭州保监办"）成立，根据中国保监会的授权，从中国人民银行杭州中心支行手中接管保险监管职能，并负责浙江省的保险监管工作。2004 年 2 月 6 日，杭州保监办更名为中国保险监督管理委员会浙江监管局（简称"浙江保监局"），并升格为正局级单位。2004 年 8 月 6 日，中国保险监督管理委员会宁波监管局（简称"宁波保监局"）正式成立，负责宁波地区的保险监管工作，浙江保监局的监管区域变更为除宁波以外的浙江省行政辖区。

二、 浙江保险业监管工作沿革

以《中华人民共和国保险法》的制订、修订和保险专业监管机构的成立为节点，浙江保险业的监管工作主要分为 4 个阶段。

（一）1992—1995 年：保险法颁布之前的阶段

1992 年，对保险业的监管主要是加强保险机构管理。中国人民银行浙江省分行按照中国人民银行总行《关于对保险业务和机构进一步清理整顿和加强管理的通知》的要求，根据《国务院关于进一步清理整顿金融性公司的通知》的精神，对保险业务和保险机构加强监管。这是中国人民银行行使保险监管职能以来，第一次对保险业实施全面整顿。要求凡未经国务院、中国人民银行批准擅自成立的保险机构，一律撤销；企业、事业、机关单位一律不得办理或变相办理保险业务，已开办的一律停办；未经中国人民银行批准，保险机构不得擅自增设分支机构、扩大业务范围。凡擅自增设的机构，一律撤销；擅自扩大的业务，一律停办。同时，为加强对保险代理机构的监管，中国人民银行颁布了《保险代理机构管理暂行办法》。中国人民银行浙江省分行指出，浙江省现有保险代理机构设立时绝大多数未经人民银行批准，要求各地市在 1993 年第 1 季度内完成全面清查工作，具备条件的机构，可予补办审批手续，但暂不发放《经营金融业务许可证》；对不具备设置条件的机构要限期整改或撤销。专职代理机构统一定名为"保险代办所"，兼职保险代理机构定名为"保险代办站"，原"保险中心服务社"或"保险服务所"的名称一律予以更名。

1993 年，监管的重点是保险产品和保险业务。1993 年 2 月 10 日，经国务院同意，中国人民银行印发通知，要求保险公司停止为地方政府代办保险业务。文件指出，随着经济体制改革的深化，代办保险业务已不符合现行政策，并会引起其他地区攀比，要立即予以停止。文件强调，保险公司不得与地方政府或政府部门联合发文，强迫企业或个人参加保险。1993 年 4 月 9 日，为规范保险条款、费

率管理,中国人民银行发布了全国性保险条款及费率(国内保险部分)的通知,产品包括企业财产保险、机动车辆保险、国内船舶保险、个人养老金保险、团体人身保险、子女婚嫁教育保险、团体人身意外伤害保险等全国性险种。

1994年,保险监管机构对一些违法违规行为进行了治理。针对一些保险公司与有关部门联合在出售机票和车船票等业务和办理自行车牌照、煤气证、结婚证、驾驶执照以及在收取居民水电费、煤气费时,强制搭售保险等群众反映强烈的问题,中国人民银行和国家计划委员会联合印发通知,禁止强制收取保险费。通知明确规定铁路、交通部门在票价外不得再收取保险费,今后其他部门在办理正常业务时,要与办理保险的窗口分开,不得把购买保险作为正常业务工作的必备条件,不得在各种票证中加入保险费。中国人民银行和物价部门要加强监管,发现有强制或变相强制收取保险费以及擅自变动代办手续费标准的行为按乱收费依法处理。

1995年,《中华人民共和国保险法》颁布实施,保险业法规建设取得重要进展。1995年6月30日,第八届全国人民代表大会常务委员会第十四次会议通过了《中华人民共和国保险法》。这是中华人民共和国成立以来的第一部保险基本法,该法采用了国际上一些国家和地区集保险业法和保险合同法为一体的立法体例,是一部较为完整、系统的保险法规。该法自1995年10月1日起施行。

(二)1996—2001年:人民银行根据保险法进行监管的阶段

1996年,保险业的配套法规进一步完善。1996年7月29日,为加强对保险业的监管,中国人民银行总行印发了《保险管理暂行规定》,该《规定》共11章90条。同年8月28日,中国人民银行浙江省分行转发全省各级人民银行执行。这一法规的颁布,为各级人民银行依法加强保险监管提供了依据。文件首次将险种分为"主要险种"和"其他险种",公布了"主要险种"的名单,共有9大类39个险种,文件要求主要险种的基本条款和保险费率由中国人民银行总行制定。

1997 年,监管的重点是保险机构管理和个人代理人管理。5 月 30 日,中国人民银行浙江省分行印发了《浙江省保险公司寿险营销部管理暂行办法》,旨在加强对保险公司寿险营销部的管理。6 月 9 日,针对浙江省保险市场存在的保险机构特别是代理机构设置不合规、保险经营行为不规范、保险资产质量低、保险基金受损、偿付能力不足等问题,中国人民银行浙江省分行根据全国保险监管工作会议精神,印发了《关于组织对全省保险市场进行清理整顿的通知》,对全省保险市场进行清理整顿。7 月 8 日,中国人民银行浙江省分行印发了《关于加强保险个人代理人管理的通知》,该《通知》在展业资格、展业登记、展业规划、年检制度等方面做出规定,加强个人代理人管理。12 月 29 日,中国人民银行浙江省分行转发了人民银行总行《关于印发〈保险代理人管理规定(试行)〉的通知》,加强对保险专业代理人和兼业代理人的管理。

1998 年,监管的重点是保险业务的规范性和保险产品的正规性。6 月 19 日,中国人民银行浙江省分行转发了人民银行总行《关于严禁保险公司支付"无赔款退费"的紧急通知》,对保险公司的"无赔款退费"加强管理。10 月 30 日,中国人民银行浙江省分行转发了人民银行总行《关于在全国统一使用 1999 年版航意险新保单等有关问题的通知》,要求浙江保险业从 1999 年 1 月 1 日起一律停止使用旧保单,并做好旧保单清理、核销的准备工作。同时,做好新保单的启用工作。

2000—2001 年,监管的重点是规范兼业代理。2000 年 10 月 11 日,杭州保监办（筹）发布了《关于加强保险兼业代理人管理的通知》,按照保监会《关于执行〈保险兼业代理管理暂行办法〉有关问题的通知》精神,加强保险兼业代理人的管理。2001 年 8 月 29 日,杭州保监办转发了中国保监会《关于严厉打击有严重违法违规行为的保险兼业代理机构的通知》,开始部署对保险兼业代理机构违法违规行为的清理整顿工作。2001 年 4 月 28 日,杭州保监办根据中国保监会的授权,从中国人民银行杭州中心支行接管保险监管职能,负责浙江省的保险监管工作。

(三) 2002—2009 年: 保险法修订,浙江保监局进行专业监管, 行业平稳健康发展的阶段

2002 年,我国对《中华人民共和国保险法》进行了修订。根据中国加入世贸组织的承诺,2002 年 10 月 28 日,第九届全国人民代表大会常务委员会第三十次会议颁布《关于修改〈中华人民共和国保险法〉的决定》,对《中华人民共和国保险法》做了首次修改,并从 2003 年 1 月 1 日起实施。

2003 年,监管工作的重点是机动车辆保险制度改革。中国保监会决定从 2003 年 1 月 1 日开始实施机动车辆保险制度改革(以下简称"车险改革")。这次改革的近期目标是使车险条款费率制定权由保险监管机构向保险公司转移,终极目标是实现车险条款费率的市场化。改革后,原由中国保监会制定的车险条款和费率在浙江省停止使用,省内各财产保险公司将启用由其总公司制定的,并经中国保监会批准的车险条款和费率。1 月 14 日,杭州保监办转发了中国保监会《关于进一步做好机动车辆保险管理工作的通知》,就保险条例费率、保险单证管理等问题做出了要求。

2004—2005 年,监管工作的重点是保险业务的规范性管理和保险营销员管理。2004 年 4 月 1 日,为加强保险营销员队伍的管理,浙江保监局印发了《关于加强对保险营销人员管理的指导意见》,要求各公司、各协会加强对保险营销人员的管理。2004 年 6 月 18 日,浙江保监局转发了中国保监会《关于进一步落实保险营销员持证上岗制度的通知》,旨在进一步加强保险营销人员管理,落实保险营销员持证上岗制度。2004 年 8 月 5 日,为防范和化解银行汽车消费贷款和保险公司车贷险经营风险,确保我省金融市场秩序稳定,浙江保监局印发了《关于加强汽车消费贷款和汽车消费贷款保证保险业务风险管理的通知》。2005 年 3 月 28 日,为加强保险诚信建设,树立良好的社会形象,浙江保监局转发了中国保监会《关于加强诚信

制度建设提高车险理赔服务质量的通知》，该《通知》要求各保险机构要以提高车险理赔服务质量为契机，着力增强诚信意识，推进改善车险理赔工作的制度建设，杜绝车险理赔服务环节的失信行为。2005年9月16日，为切实提高中介公司从业人员的专业水平和服务水平，浙江保监局发布了《关于落实保险中介公司业务人员持证上岗制度的通知》，旨在要求各保险中介公司的业务人员都必须持有《资格证书》，无证人员不得从事相关保险中介业务；各保险中介公司在持续经营过程中，业务人员应保持在两人以上，且不得低于员工总数的二分之一。2005年，光大永明人寿浙江分公司成立，这是浙江第一家外资寿险公司。

2006—2008年，保险的政策支持力度不断加大，保险创新不断推进，行业服务能力不断提升。2006年9月14日，为全面贯彻《国务院关于保险业改革发展的若干意见》（国发〔2006〕23号）精神，推动我省保险业持续快速健康发展，促进社会主义和谐社会建设，浙江省人民政府发布了《关于保险业改革发展的实施意见》。从统一思想，进一步提高加快我省保险业改革发展的认识；增强自主创新能力，不断拓宽保险业服务领域；深化改革，努力提高保险业的核心竞争力；加强领导，为加快保险业改革发展创造良好的环境等方面，提出了促进浙江保险业改革发展的实施意见。

在政策性住房保险方面，截至2007年6月末，全省共有1025.56万户农户参保政策性农村住房保险，参保率达96%，合计保费收入1.16亿元，累计赔付3623户农户共2497.97万元。在政策性农业保险方面，2007年8月，浙江省政府印发《关于全面开展政策性能繁母猪保险工作的通知》，该《通知》提出了按照农户自愿参保与政府补助相结合的原则，在政策性农业保险试点工作框架下，建立浙江省政策性能繁母猪保险制度，以稳定和促进生猪生产发展。8月22日，中国人保财险桐乡支公司按新政策与当地18户养殖户签订了浙江省能繁母猪保险第一单，承保能繁母猪2593头。

2009 年,中国再次对保险法进行了修订,保险法规建设进一步完善。2009 年 2 月 28 日,第十一届全国人民代表大会常务委员会第七次会议修订了《中华人民共和国保险法》。这次修订,完善了"保险业法"的有关规定,着重修改了"保险合同法"部分的内容,强调保护处于相对弱势地位的投保人及被保险人的合法权益,使投保人、被保险人与保险公司之间的利益关系更趋平衡。

(四) 2010—2012 年:保险法进一步完善,行业文化建设和政保合作稳步推进的阶段

2010 年,浙江保险业在做好监管工作的同时,着重建设以"水文化"为核心的行业文化。5 月 21 日,浙江保监局印发了《浙江保险业"行业文化建设年"活动工作方案》,旨在要求各保险公司通过举办宣导活动、创建特色文化等形式,积极塑造保险行业文化。5 月 31 日,为贯彻落实中国保监会关于加强保险文化建设的总体要求,全面构建基于水文化的浙江保险行业文化体系,提升行业发展"软实力",使宝保险行业更好地服务经济社会发展,浙江保监局召开浙江保险业"行业文化建设年"活动启动大会,大力推进行业文化建设。

2010—2011 年,保险行业的工作重点是加强政保合作。2010 年 4 月 21 日,浙江保监局与义乌市政府签署了《保险支持经济转型升级示范区合作备忘录》,打造服务经济转型升级示范区;2010 年 6 月 18 日,浙江保监局与温州市政府签署了合作备忘录,打造保险市场集聚创新发展示范区;2010 年 12 月 17 日,浙江保监局与丽水市政府签署了《推进丽水保险发展合作备忘录》,在丽水打造政保合作示范区。由此,在浙江形成了"一点(温州)两翼(义乌、景宁)一平台(丽水)"的创新发展格局。2011 年 3 月,中国保监会和浙江省政府签署了《关于推进保险业改革创新,支持浙江省转变经济发展方式的合作备忘录》,这标志着正式在浙江启动"保险支持经济转变发展方式"的试验区建设。时任中国保监会主席吴定富和时任浙江省省长吕祖善做了重要讲话并签署了合作备忘录。时任浙江省委书记赵

洪祝、时任浙江省常务副省长陈敏尔等出席了签字仪式。浙江省政府召开全省保险工作经验交流会暨首批保险合作项目签署仪式，推动落实一批支持浙江省转变经济发展方式的重点保险合作项目。浙江保监局出台了《关于规范保险机构参与政保合作业务的指导意见》，旨在要求保险机构积极稳妥地参与政保合作业务，并通过提高参与资质、规范合作行为、强化政策支持、进行严格的监督管理等多项措施严格控制风险。在浙江保监局的推动下，2011 年 5 月 30 日，中国人保、中国人寿、太平洋保险、平安保险等公司分别与浙江省政府签订了《金融支持浙江海洋经济发展合作协议》。该协议提出在支持海洋经济发展示范区建设、开发航运保险、拓展港口基础建设保险、保险资金投资海洋经济重大项目等方面，以上保险公司将深化与浙江的战略合作，加大保险服务和支持力度，在推进浙江海洋经济的发展进程中，充分发挥保险的整体功能。

2012 年，保险监管工作的重点是加强消费者权益保护。2012 年 4 月 26 日，保监会开通"12378"保险消费者维权投诉热线，浙江保监局专门设立了接听中心，接听消费者的投诉。同时，浙江保监局设计启用了浙江保险消费者满意度评价系统，引导消费者从产品、销售、理赔等环节，对保险机构、中介机构和营销员进行评价。

第五节 其他行业监管

一、 浙江小额贷款公司经营发展及监管情况

（一）全省小额贷款公司基本情况

1. 小贷公司总体发展良好，创新活跃度明显提升。我省科学规划发展布局，择优筛选主发起人及一般股东，严格落实各项监管措

施,从而促进了小额贷款公司的规范、健康发展。截至 2014 年末,全省(含宁波 43 家)已开业小额贷款公司 344 家,注册资本金总额为 713.54 亿元,所有者权益总计 845.84 亿元,融资余额 103.36 亿元(其中银行融资 91.89 亿元),可贷资金规模 949.2 亿元,贷款余额 911.15 亿元,其中种养殖业及 100 万元以下贷款余额 613.01 亿元。开业以来,我省小贷公司累计贷款金额 11855.23 亿元、893.2 万笔,其中种养殖业及 100 万元以下贷款 6578.65 亿元、879.23 万笔,惠及的69.54万客户绝大部分是无法从银行机构获得贷款的"低资信"群体,这实现了"开正道、补急需、促创业"的试点初衷。

2. 坚持支农支小定位,加强经营风险管理。试点以来,我省要求小贷公司始终坚持支农支小的定位。尤其是我省小贷公司在经历了 2008 年后企业"两链"风险的经验教训后,更加认识到"做小"的市场定位才是小贷的生存之道。小贷公司坚持向乡镇延伸网点,努力打通小微金融服务"最后一公里"的缺位,有 123 家小贷公司设在乡镇、221 家小贷公司设在街道社区,如温州瑞安华峰小贷探索下沉服务重心,已在 8 个乡镇设立了分公司。特别在实体企业遇到困难的情况下,我省小贷也支持了一大批因资金链紧张、续贷难的企业渡过难关,并提出"降低利率、持续发展"的行业自律倡议。

3. 组建小贷协会,发挥行业自律与服务功能。2009 年 12 月 15 日,经省民政厅批准,浙江省小额贷款公司协会自愿发起成立。该协会为非营利性的社会团体,现有 4 名专职工作人员,共 301 家会员。小贷公司协会作为政府与小额贷款公司联系的桥梁和纽带,自成立以来,不断加强自身建设,发挥应有的职能和作用,使政府与小额贷款公司形成相互协作共同推进的格局。其作用有,一是发挥对监管部门的参谋助手作用,办好协会杂志,对小贷公司运行过程中的重点难点问题进行研究,为发展决策提供参考。二是发挥服务功能,在已有的培训、信息后台服务的基础上,倾听会员反映,满足会员需求,完善服务内容,提升服务水平。三是加强行业自律,通过行

219

业倡议，引导小贷公司规范经营，练好内功，把控好风险。四是加强宣传，推广好经验好做法，宣传好的典型，树立良好社会形象，为小贷公司行业可持续发展营造氛围。

（二）小贷公司监管基本情况

1. 认真制定规范管理制度，实行正向激励政策。为了确保小额贷款公司试点的质量，我省高度重视制度建设，根据银监会、央行发布的《关于小额贷款公司试点的指导意见》精神，在准入资格、规范运作方面大幅度提高了标准，先后制定了一系列管理制度：《浙江省人民政府办公厅关于开展小额贷款公司试点工作的实施意见》（浙政办发〔2008〕46 号）、《浙江省人民政府办公厅关于促进小额贷款公司健康发展的若干意见》（浙政办发〔2009〕71 号）、《关于印发浙江省小额贷款公司试点暂行管理办法》（浙金融办发〔2008〕21 号）、《浙江省小额贷款公司试点方案审核规范要点》（浙金融办发〔2008〕26 号）、《浙江省小额贷款公司监督管理暂行办法》（浙政办〔2012〕119 号）等 30 余个政策文件及相关配套制度，旨在逐步完善小贷公司的管理体制和机制，促进小贷公司依法合规经营。

通过正向激励扶持政策，对小贷公司进行差别化管理。一是实行财政补助和贷款风险补偿。我省在 2009 年就规定，在服务"三农"和小企业方面贡献突出、考评优秀的小额贷款公司，3 年内可由同级财政予以补助。3 年享受期满后，有条件的县（市、区）可顺延 3 年执行财政补助政策。我省还要求，县级政府对小额贷款公司的小微企业、涉农贷款、弱势群体的创业贷款和其他领域的小额贷款可给予一定的风险补偿，省级财政通过转移支付的方式给予县级财政适当补助。试点开展以来，省财政已补助县级财政 6983 万元。二是提高融资比例上限，拓展融资渠道。对坚持服务"三农"和小企业、合规经营、风险控制严、利率水平合理的小额贷款公司，融资比例可放宽到资本净额的 100%。我省还积极创新小贷公司融资渠道，取消了注册资本上限，鼓励管理优异、考评优秀的小贷公司通过增资扩股、

向主要法人股东定向借款、同业资金调剂拆借、发行定向债等方式融资,融资方式更加多元化。三是探索建立银行融资风险共担机制。为扩大银行对小贷公司的融资规模,浙江省金融办印发了《关于试行小额贷款公司风险共担机制的通知》,该《通知》提出以地市为单位探索建立风险准备金制度和公示评议制度,鼓励考评优秀的小贷公司抱团合作,降低融资银行的信贷风险,同时扩大小贷公司贷款额度、降低贷款利率。

2.加强监管队伍建设,提升监管能力。在省级层面,建立了小额贷款公司联席会议制度,由省金融办、人民银行杭州中心支行、浙江银监局、省工商局和省财政厅为成员单位,负责小额贷款公司重大发展事项研究、小额贷款公司试点方案审核和协调管理等工作。各有关部门在各自职权范围内依法履行对小额贷款公司的业务指导和管理职责。

全省金融办系统承担小额贷款公司的日常监管职责。省金融办负责统一监督管理全省小额贷款公司工作;对小贷公司的设立、变更与终止,进行日常监管与检查,对违规认定与风险监管处置等进行全流程管理;指导小额贷款公司行业协会工作。省金融办为正厅级参公管理事业单位,共39个编制,其中在全国率先单独设立"小额贷款公司管理处",有4个编制。同时,省金融办积极发挥并依托市、县力量,按照"管法人、管内控、管风险"的监管理念,省金融办督促11个地市金融办与辖内各县(市、区)金融办签订了《小额贷款公司日常监管与风险防控责任书》,市、县两级金融办均按要求配备了AB角监管员,形成了省、市、县三级联动监管机制。试点以来,全省金融办系统初步建立了200余人的小贷公司监管队伍。此外,鉴于小贷公司日常监管是我省金融办系统承担的首项监管工作,监管经验尚显不足,监管人员的业务能力还需通过工作实践与业务培训来提升,省金融办还每年经常召开全省各类专题的监管业务培训会,总结推广各地的成功做法和监管经验,切实增强人员的监管能力。

3. 建立事中事后分类监管机制，强化风险防控。我省各级金融办紧紧围绕"精细化管理、专业化监管"的工作要求，强化事中事后监管，突出风险防范，推动小贷公司规范发展。具体监管措施主要有：一是年度监管评级制度。2009 年度开始，由省金融办牵头，联席会议成员单位负责实施，从"支农支小"绩效、风险防范、合规经营、公司治理等方面内容，对全省小额贷款公司逐一进行量化测评。考评结果分优秀、良好、合格和不合格四个等级，考核结果与扩大融资、业务创新、享受扶持政策相挂钩。二是实施经营风险审计调查制度。从 2010 年开始，省审计厅和省金融办每年开展小额贷款公司经营风险专项审计调查工作，运用审计手段，查找和整改经营不规范的问题，提高监管的针对性，促进小贷公司健康发展。三是全面实施信息化联网监管。为满足小贷公司日常监管、综合信息业务及公共服务的要求，我省在原有小贷公司动态监测系统基础上，开发完成并推广应用我省小贷公司公共信息服务系统，其既是全省小贷公司的总信息技术后台的服务平台，又是全省金融办系统对小贷公司实时性和信息化监管的平台。四是率先开展信用评级试点。2012 年，浙江省杭州市先行开展小贷公司信用评级试点。浙江省金融办会同人民银行杭州中心支行印发了《关于开展浙江省小额贷款公司信用评级试点工作的通知》，旨在开展信用评级试点工作，积极推广信用评级结果应用，并作为小贷公司正向激励差别化政策的重要依据。五是落实日常监管和风险处置措施。各级金融办通过非现场监管、现场检查等方式实施监管，对发现的违规行为实施相应的诫勉谈话、高管人员处置、限制业务、暂停试点资格和取消试点资格等风险处置措施。省金融办连续两年组织开展了全省小贷公司风险防控专项检查。检查显示，全省小贷公司经营风险在合理范围内。对于发现的经营风险，也进行了及时处置和化解。

二、 浙江民间资本管理公司监管

(一)民间融资管理探索

1. 加强民间融资管理的必要性。我省民营经济发达,民间资金充裕,民间融资活跃。民间融资在我省创业创新、中小企业成长以及"三农"发展中发挥了积极作用,在一定程度上缓解了中小企业融资难问题。但是,民间融资活动隐蔽性强、参与主体复杂、涉及面广,加上法律制度尚不完善、监管缺位,存在很大的风险隐患。近年来,我省非法集资案件一直处于高发状态,这严重影响经济社会和谐稳定。因此,亟须加强对民间融资的引导和规范。

2. 民间融资管理若干意见的出台。2011 年 11 月,省政府办公厅出台了《关于加强和改进民间融资管理的若干意见(试行)》,从提高认识、明确基本原则、引导资金流向、发展专业资产管理机构、探索民间融资监管途径、加强民间融资行为监管、严厉打击非法集资、加强监测预警、强化管理责任等方面,要求各级各部门按职责抓好落实。该《意见》在参考国家有关法律法规和政策意见以及多年来浙江处置非法集资司法实践的基础上,按照"引导发展、创新管理、防范风险"的原则,系统地提出我省民间融资的管理思路,在全国属于首创,为浙江省开展民间融资管理奠定了政策基础。

3. 启动全省民间融资管理创新试点。在全省范围内选择杭州市拱墅区、杭州市西湖区、桐庐县、宁海县、湖州吴兴区、海宁市、绍兴县、永康市、江山市、台州市路桥区、温岭市等 11 个县(市、区)率先开展民间融资管理创新试点,引导各试点区域针对本区域民间融资的主要矛盾和突出问题,大胆探索创新工作,在民间资金管理企业、民间融资信息服务企业、民间融资服务中心等载体建设方面开展创新,在民间融资征信体系、监督管理、风险防范和处置等体制机制建设方面开展探索工作。自此,我省形成以温州金改综合试验区为突破口,全省其他地方互动补充相互佐证的民间融资创新管理格局。

（二）民间融资疏导

在如何开辟出民间融资正道方面，主要做法是着力搭建相关载体，引导民间资金通过专业化的机构、规范化的渠道服务实体经济。其中主要有三类载体，一是民间资金管理企业，二是民间融资信息服务企业，三是民间融资服务中心。

民间资金管理企业的定位是将小而散的资金进行集合，聚少成多，对接实体项目。民间融资信息服务企业的主要功能是提供资金的供求信息，并进行撮合。民间融资服务中心是民间融资备案登记机构，承担一定的政府管理功能。在实际操作过程中，有些地方将民间融资服务中心和民间融资信息服务企业的功能合二为一，有些地方则由民间融资服务中心提供场地，相关民间融资信息服务企业入驻其中。

民间资金管理企业具有较强的区域性，制度上借鉴了私募管理相关规定并做了创新，符合中小投资者的实际需求，实用性很强。从实践情况看，民间资金管理企业并未达到预期的效果，主要原因是由于经济下行，我省不少企业存在资金链、担保链风险，民间资本管理公司在投资上保持谨慎。但两年多的创新实践，仍发挥了重要的作用。一是解决了部分中小企业的资金需求问题。二是在注入资金的同时，为中小企业的发展提供了指导。三是逐步将股权融资的理念引入到中小企业中去。四是在资本项目对接过程中，培养了一批专业人员。

（三）民间融资管理

1. 持续加大宣传。民间融资的最大社会问题就是非法集资，防范非法集资的有效方法之一是通过宣传提高投资者的风险意识。多年来，我省一直在强化防范非法集资宣传。一是阵地宣传。在银行、证券、保险、信托等金融机构场所和人流量较多的公共场所中，以及出租车车顶显示屏、公交车电视等交通载体上，利用 LED、展板、广告牌、标语、横幅等方式,宣传非法集资的手段及社会危害性,鼓励和引导群众合法、合理开展投融资活动。二是媒体宣传。在报纸等媒体开辟金融知识专栏,刊登与广大群众日常生活息息相关的金融消费、投资等案例分析内容,提高广大群众对金融的认知能力。同时充分依托移动、联通、电信等通信运营商,定期、定时向手机用户发送防范和打击非法集资口号及相关金融知识。三是培训宣传。在各类培训会、工作例会中安排防范和打击非法集资的相关内容,对各类融资中介机构和处非从业人员开展针对性教育,切实提高集资者的法律意识和处非从业人员的业务能力。四是活动宣传。开展"金融知识下乡""金融知识进村入企"及"5.15全国打击和防范经济犯罪宣传日"等主题宣传活动。在打击犯罪专题宣传日活动中,突出大案要案宣教,通过以案说法的形式,给投资者以警示。组织干部群众参与案件庭审观摩,通过法官庭审释明、判后答疑等形式开展宣教。五是上门宣传。借助综治网格化管理的工作机制,分片、分组深入村(居)民家庭,开展面对面的宣传与谈心,将处非宣传的触角延伸到最基层,对特定人群(妇女、老人等)进行有针对性的宣传教育。

2. 创新排查方法。从 2010 年开始,我省多次开展理财风险及非法集资排查工作,并取得了积极的效果。近几年,随着互联网的快速发展,非法集资行为与互联网相结合后,手段更加隐蔽、情况更加复杂。针对这样的新情况、新问题,我们在排查的方法上也不断创新。一是在对象范围上,尽可能做到全覆盖。最近几年,在鼓励金融创新的背景下,新兴金融业态不断涌现。依据现有法律法规,一些新兴金融组织没有明确的监管主体。对于这种情况,我们将理财广告作为切入点,依托工商的力量,通过工商的广告监测系统圈定排查对象。二是创新排查方法,提高排查的有效性。运用互联网大数据技术和网络搜索技术,抓取网络借贷平台的异常交易行为;通过对各类账户交易中具有分散转入集中转出、定期批量小额转出等特征的资金的流分析,发现蛛丝马迹;大力发展群防群治、依靠群众举报的方式来发现线索;等等。

3.加强风险管理。如何加强民间融资行为的监管,一直缺少上位法的支撑。温州金改综合试验区获准国务院批复后,浙江省金融办以此为契机,牵头推动民间融资地方立法工作。在浙江省金融办的指导下,温州开展了卓有成效的立法工作。一是探索行业监管措施。温州市金融办依据《民间融资管理条例》,起草拟定了《温州市民间融资信息服务企业管理暂行办法》和《关于加强 P2P 网络借贷平台管理的若干意见》,对监管规划进行了细化。二是加强自律组织建设。三是深化联合监管机制。温州市初步形成市金融办、市公安局、市市场监督管理局、市人民银行、温州银监分局、电信温州分公司等部门之间联合监管的初步架构。各部门之间已初步形成 P2P 行业数据和信息共享机制,实现公安经侦立案数据、工商注册登记数据、电信 ICP 备案数据、金融管理局民间借贷备案数据和非现场监管系统数据的互通和共享,形成 P2P 行业基础数据库和从业人员名单库。同时,初步建立各职能部门之间对查证违法违规经营行为的抄告、移送等机制,确立了各有关单位的专人负责机制和工作联系沟通机制,加强信息互通,形成制作黑名单机制。四是探索第三方存管。如 P2P 平台三信贷和建设银行以及借贷中心签订三方合作协议,建设银行将为三信贷提供查询、支付、清算、账户维护等相关服务,温州民间借贷服务中心提供交易信息登记备案、社会信用查询等服务,并对其业务在借贷中心和行业协会网站上进行信息披露。此举使平台自由资金与用户资金隔离,形成封闭的支付环境,大大降低了客户资金被挪用的风险。

第六节　金融稳定及危机处置

一、维护浙江省金融稳定

2003 年,银行业监管职能从中央银行分离之后,修订后的《中华人民共和国中国人民银行法》明确了中央银行维护金融稳定的职责,2004 年,中国人民银行杭州中心支行在内部设立金融稳定处,负责防范和化解金融风险,守住不发生系统性、区域性金融风险的底线。

在浙江金融业不断发展壮大的过程中,金融风险事件也层出不穷,中国人民银行积极发挥最后贷款人的作用,依法合规处置风险事件,保障了浙江省金融业的平稳发展。一是依法关闭中国农业发展信托投资公司(以下简称"中农信")浙江办事处。根据国务院决定,中国人民银行于 1997 年 1 月 4 日依法关闭了中农信,同时由中国建设银行对关闭后的中农信实施托管,浙江省内的中农信机构由中国建设银行浙江省分行实施托管。托管工作结束后,原中农信所办工商企业移交浙江省政府接管。二是依法关闭中国新技术创业投资公司(以下简称"中创")浙江代理处。根据国务院决定,中国人民银行于 1998 年 6 月 22 日依法关闭中创,由人民银行组织成立清算组进行清算。人民银行浙江省分行成立了"中国人民银行关闭中国新技术创业投资公司浙江清算小组",该小组具体负责关闭中创浙江代理处的具体事宜,代理处的经营活动一律停止,其业务管理权、资产处置权和财务收支审批权由清算小组行使。中创清算小组工作结束后,所有债权债务由华融资产管理公司接管。三是全面清理农村合作基金会。根据全国金融工作会议精神,1999 年 1 月 8 日,国务院办公厅转发了整顿农村合作基金会工作小组上报的《清理整顿农村合作基金会工作方案》，该《方案》决定对农村合作基金会进行全面清理整顿，并要求 2000 年前完成全部工作。浙江省从 1999 年 8 月到年底，集中 5 个月时间对农村合作基金会进行清理整顿。为保证清理整顿工作的顺利开展，按照浙江省委、省政府的统一部署，从 1999 年 8 月清理整顿一开始，所有农村合作基金会就实行"二停一缓"政策，即一律停止以任何名义吸收存款，停止发放贷款，暂停支付存款。在清理过程中，严格按照"风险自担"的原则，不得将农村合作基金会的风险转嫁给金融机构。清理整顿阶段先后经历了清产核资、分类处置、存贷款换据和兑付等几个阶段，前后历时 1 年多时间，在全省农村信用社的积极参与下，1043 家农村合作基金会除关闭解散外，均并入农村信用社，清理整顿农村合作基金会的工作顺利结束。

中国人民银行被主赋予金融稳定职能，主要是由中央银行的地位和作用决定的。中国人民银行杭州中心支行作为中国人民银行在浙江的派出机构，负责维护浙江省金融稳定。主要工作有：

一是全面分析研究当前影响浙江省金融稳定的主要因素，从系统工程的角度，建立金融稳定工作机制，全方位、多层次推进浙江省金融平安工程建设。建立起涵盖银行、证券、保险等金融机构的全方位风险监测体系，深入分析金融风险的传播途径和方式，对金融风险进行监测，充分关注潜在风险，及时采取应对措施防范和化解风险。

二是扎实开展稳健性现场评估。在总结多年非现场评估工作经验的基础上，逐步探索出稳健性现场评估的新方法，这丰富了金融稳定工作的手段。通过查阅金融机构经营活动账表、文件等资料和举办座谈等方式，从宏观审慎视角对金融机构经营稳健性状况进行分析和评价。先后开展了全面稳健性、不良资产真实性、负债管理、证券公司资管业务等现场评估工作。

三是认真做好金融风险防范和化解工作。与监管部门配合做好高风险金融机构的市场退出工作,开展清算工作,及时化解银行业金融机构流动性风险,及时处置金信信托风险。高度关注并参与防范高风险机构的风险。

四是着力推进浙江省金融突发事件应急体系建设。先后发布《浙江省金融机构突发事件应急预案》《浙江省地方组织和金融市场突发事件应急预案》《浙江省维护金融稳定应对预案》《浙江省关键时间节点突发事件应急预案》等文件,旨在形成完备的金融风险应对预案体系,有效应对苗头性、潜在性风险。

五是加强沟通协调,建立健全各部门之间防范金融风险的信息共享、协调配合的制度框架。加强与浙江银监局、浙江证监局、浙江保监局等金融业监管部门与地方金融管理部门的沟通协调,初步建立起跨部门的金融稳定协调机制,增强宏观金融稳定与微观金融监管之间的协作,有效应对区域金融风险。

六是加强金融稳定再贷款管理,确保中央银行资金安全。为加强对金融稳定再贷款的管理工作,明确全省人民银行系统各分支行有关职能部门的职责,规范发放、使用和管理流程,根据人民银行总行《关于金融稳定再贷款管理职责分工的通知》《关于进一步加强再贷款业务管理的通知》等文件规定,浙江制定下发了《浙江省金融稳定再贷款操作规程》,要求其全省人民银行分支机构遵照执行。定期与货币信贷、会计营业以及财政部门核对数据,确保再贷款数据准确一致。对即将到期的地方政府专项借款,及时向财政部门发出借款到期通知书,要求按照合同规定落实还款计划。要求财政部门对逾期的金融稳定再贷款进行确认,以确保逾期再贷款的法律时效。

二、 整治金融"三乱"

1998 年亚洲金融危机后,金融"三乱"现象有所蔓延,整治工作已经刻不容缓。《国务院办公厅转发中国人民银行整顿乱集资乱批设金融机构乱办金融业务实施方案的通知》下发后,浙江省委、省政府高度重视浙江省金融"三乱"问题，为有效开展整顿金融"三乱"工作，成立了由分管省领导任组长，人民银行、公安、法院、工商、计经委、财政、民政、农业和供销社等有关部门领导参加的浙江省整顿金融"三乱"工作小组，对省内整顿工作进行指导。

1998年，各级政府组织、各部门根据中国人民银行总行对金融"三乱"范围的界定，坚持按照"谁主管，谁整顿；谁批准，谁负责；谁用钱，谁还债；谁担保，谁负相应责任"的原则处理。在清理整顿期间，"三乱"机构停办新的金融业务，对非法设立的金融机构，经当地人民银行分支机构调查核实后，发布公告予以取缔，责令其清理债权债务；对非金融机构非法或变相办理金融业务的，由县级以上人民政府责令其停业整顿并发布公告。在清偿债务的工作中，对金融"三乱"的机构采取了"一事一策"的办法，制定了债务偿还和资产处理方案，经报上级主管部门和县级以上人民政府批准后实施。

专栏4　兰溪市发生非法金融机构挤兑事件

兰溪市（系县级市）体改委在1994年6月、1994年10月和1995年3月连续审批设立了三家民间融资机构——兰江民融资金服务部、兰溪民融资金服务部、职工融资服务社，它们分别归兰江镇政府、兰溪市经济开发区、兰溪市总工会主管。当地工商行政管理部门发给三家民间融资机构的营业执照中核定其业务范围为：人民币存贷款业务。三家民间融资机构通过平均比国家法定存款利率高50%、贷款利率高90%的方式迅速扩张业务规模。至1996年3月底，这三家民间融资机构资本金为293.8万元；存款余额为9695.8万元，其中储蓄存款余额为8910.9万元，占91.9%；贷款余额为9752.7万元，逾期贷款余额为2017.6万元，贷款逾期率达20.7%，其中职工融资服务社贷款逾期率达51.5%。1996年5月，兰江民融资金服务部的两家贷款单位出现风险。一是5月上旬兰溪东海涂料有限公司（私营企业，在兰江民融资金服务部有85万元贷款）负责人外逃；二

是 5 月 19 日下午兰溪大昌工贸实业公司（私营企业,在兰江融资服务部有 83 万元贷款）财产被抢。从 5 月 20 日开始,这三家民间融资机构出现储户挤兑现象,日取款量达 300 万元左右。5 月 21 日,兰溪市政府为了稳定储户情绪,要求与当地人民银行联合出公告,人民银行兰溪市支行在未向上级行报告的情况下,迫于当地政府的压力,与兰溪市政府发布了联合公告,公告称"凡在兰嘉（兰江、职工）民融资金服务部存款的储户,其存款受法律保护。市政府、市人民银行绝对保证兑付。希望广大储户不要轻信谣言,对有意干扰金融秩序的人要依法严肃查处"。公告发布后,挤兑风波仍未能平息。5 月 23 日经省政府协调,当地政府在金融部门的督促、支持下,采取了接管、清理措施,逐步平息了挤兑风波,日存款支付额已下降到 6 月上旬的日均 98.97 万元。

为严肃法纪,维护正常的金融秩序,国务院决定对浙江省兰溪市非法成立金融机构并引发挤兑事件给予通报批评①,并责成浙江省人民政府和中国人民银行会同有关部门,对在此次事件中负有责任的兰溪市体改委、工商行政管理局和中国人民银行兰溪市支行等有关部门的负责人进行严肃处理;构成犯罪的,要依法追究其刑事责任。各有关部门要从这一事件中认真汲取教训,采取有力措施,坚决杜绝此类问题再次发生。

专栏 5　台州市银座城市信用社挤兑事件

2001 年 9 月 14—16 日,台州市路桥区两家经营情况良好的城市信用社（台州市银座城市信用社和台州市泰隆城市信用社）发生了储户挤兑事件。据不完全统计,两家城市信用社被挤提存款合计约 12.99 亿元。

---

① 详见《国务院办公厅关于浙江省兰溪市非法成立金融机构并引发挤兑事件的通报》,国办发〔1996〕42 号。

挤兑事件起因是由于台州一腐败县长被浙江省纪检部门"双规"，而那位县长是泰隆城市信用社的小股东，省里有关部门要求泰隆董事长王钧前往杭州核实情况。于是市场散播"泰隆的大股东被抓、泰隆有问题""城市信用社出问题"等谣言，从而引发挤兑，甚至波及同在路桥的银座城市信用社以及台州的其他信用社。深层次原因是公众对民营机构的不信任。台州市银座城市信用社与泰隆城市信用社是两家民营资本组建的城市信用社，2002年银座城市信用社更名为台州市商业银行后，成为首家政府参股5％但不控股的城商行，而泰隆银行目前仍是100％的民营银行。发生挤兑时，虽然两家城市信用社资产质量优良，机构发展稳健，但是公众对于由民营资本组建的小法人金融机构，不仅担心其资金实力，而且还担心其所有者的道德风险问题。因此，一旦发生风吹草动，极易引发公众信心危机。

挤兑事件发生后，时任省长柴松岳及时做出批示，时任常务副省长吕祖善率省金融管理部门的龚方乐行长、傅祖蓓特派员等人迅速赶赴台州指挥化解风险，并召开紧急会议。吕祖善常务副省长在会上说，要在风波的源头提供足够的资金应对挤提，阻断风波向其他金融机构蔓延的风险。会上决定采取的第一步对策是先依靠台州当地的力量化解风险，这为建立属地为主化解风险机制开了一个好的先例。第二步再视情况向人民银行申请再贷款，要求人民银行杭州中心支行先汇报央行以备不测。

台州市委、市政府主要领导等也到现场研究对策。人民银行台州市中心支行与路桥区政府发布联合通告，及时并印贴了约2万份。路桥区区长、人民银行台州市中心支行行长、台州市代市长在电视台上向市民作了讲话，召开存款大户会议，起到了稳定社会的作用。与此同时，人民银行台州市中心支行成立应急风险处置小组。全行班子成员、相关业务岗位人员昼夜坚守岗位，根据挤提情况，及时动用2.51亿元存款准备金。同时重点搞好财政性应急资金、调度和现

金供应工作。及时调运和合理摆布发行基金,确保现金供应。此外,及时召开椒江、路桥各商业银行负责人会议。提出:1)各金融机构不能延长营业时间;2)不得搞各种形式的上门收款;3)不得有诋毁城市信用社信誉的各种言行;4)帮助泰隆城市信用社召开10万元以上存款大户座谈会,宣传政策,讲明道理,消除误传,稳定存款。同时,台州市财政局与各县(市、区)财政部门资金到位3.3亿元,人民银行救助性再贷款1亿元,省财政厅借给市财政1亿元,合计筹集资金5.3亿元。

2001年末,台州市银座城市信用社和台州市泰隆城市信用社的业务已恢复到挤提风波前的水平,两家信用社运行情况良好。台州市银座城市信用社8月底(挤兑前)存贷款分别为24.3亿元和17.2亿元,11月底存贷款分别为24.43亿元和17.4亿元,2001年末存款上升至29.17亿元,较年初增长19.36%。台州市泰隆城市信用社8月底(挤兑前)存贷款分别为13.6亿元和9.7亿元,11月底存贷款分别为12.7亿元和9亿元。

专栏6   金信信托股份有限公司风险处置

金信信托股份有限公司(以下简称金信信托)前身为金华市信托投资股份有限公司,成立于1991年,在2002年重新登记,注册资本10.18亿元,是一家专营信托业务的股份制非银行金融机构。金信信托自1999年开始投入巨额资金违规运作股权、国债回购。2002年以后,金信信托将吸收的单一信托资金通过其所控制的7家公司投入股市,在当时股市低迷的情况下造成巨额亏损。同时,金信信托还片面追求多元化经营,盲目投资,涉足金融、实业和房地产等多个领域。因管理不善,多元化经营不仅没有给金信信托带来良好的经营效益,而且影响了其支付能力。另外,金信信托还违规进行账外借贷,向关联企业发放大额贷款,向委托人支付较高收益,致使风险进一步扩大，亏损不断积累。截至 2005 年末，金信信托账面损失已达 56.32 亿元，其中固有业务损失 19.6 亿元，信托业务损失 36.71 亿元。

2004 年，人民银行监测到金信信托频繁进行巨额场外拆借，日均拆借余额 9.69 亿元，"短借长用"现象非常突出，随后，进一步加强对其流动性、信托业务变动、大额资金进出以及关联交易的监测。2005 年 11 月，人民银行对金信信托的风险情况进行了摸底调查，基本摸清该公司的负债资金来源、资产结构、损失等情况，对风险的变化趋势和可能产生的影响进行深入分析，及时向浙江省政府和监管部门通报了金信信托风险状况，并从维护浙江金融稳定的角度，就金信信托风险处置提出了相关政策建议。

2005 年 12 月 30 日，经国务院批准，银监会对金信信托实施停业整顿，并委托中国建银投资有限责任公司成立金信信托业务整顿工作组，在浙江省政府统一领导下开展各项处置工作。浙江省政府和金华市政府成立了金信信托停业整顿工作领导小组和金信信托个人债权甄别领导小组，由其开展各项停业整顿工作。浙江省政府牵头会同有关方面研究制定金信信托风险处置整体方案，出台《浙江省金融突发公共事件应急预案》《金信信托个人债权甄别确认工作意见》和《操作指引》等文件，并承担了金信信托个人债权收购资金的 10％，协调新闻媒体加强舆论引导。人民银行及时发放再贷款用于处置金信信托的风险，同时督促与金信信托有业务往来的金华市商业银行等地方中小法人金融机构通过增资扩股等措施，防止风险蔓延。

为最大限度地实现资产的保值增值，人民银行提出了完善金信信托所持博时基金股权处置方案的建议。2007 年 12 月，在资本市场形势较好的情况下，金信信托破产管理人拍卖所持博时基金 48％的股份，回收资金 63.2 亿元，这使金信信托财务状况大为好转，有效资产大于负债，具备了全额清偿债务的条件。截至 2010 年 2 月，金信信托已清偿债务 58.0 亿元,其中包括人民银行的金融稳定再贷款本息 20.8 亿元。

根据浙江省政府的统一部署,2008 年 7 月,浙江国贸集团作为重整主体介入金信信托破产重整工作,先完成老股东股权收购,再引进新的战略投资者。按照 1 元/股的价格,浙江国贸集团先后完成个人股和法人股的收购工作,对 133 名长期用工和 12 名短期用工进行了妥善安置,顺利完成资产和业务清理工作。其中对于非规范固有资产的清理,由浙江国贸集团通过打包收购、公司分立等方式负责一次性承接,最终金信信托固有资产中只剩下现金资产、固定资产及少部分合规业务资产。2010 年 7 月,金信信托完成公司分立工作,分立为注册资本 5.18 亿元的浙江国贸金信信托资产管理有限公司和注册资本 5 亿元的浙江金汇信托有限公司。其中,浙江国贸金信资产管理有限公司注册地在金华,为浙江国贸的全资子公司,并以金华为主要投资地开展产业投资业务。浙江金汇信托有限公司为继承原金信信托牌照的新设信托公司,是浙江国贸全额控股子公司。

专栏 7 人民银行浙江省分行开展金融法律研究班,切实加强金融监管

1995 年 9 月 5—10 日,中国人民银行浙江省分行举办了金融法律研究班,学习《中国人民银行法》《商业银行法》和《关于惩治破坏金融秩序犯罪的决定》等法规政策,讨论部署加强金融监管的主要工作。

在研究班上,时任人民银行省分行副行长王长仁、杨绍红和龚方乐分别就有关金融法律作了辅导报告,杭州大学马绍春教授就市场经济与法制建设作了讲座。此次研修班归纳起来主要有三个特点:一是"新",研修班既是学习会又是工作会,依法论责,在学用衔接上有所创新,同时在讨论方法上也有创新,变以往的小组讨论为

大组讨论。二是"深"，研修班对"两法一决定"的立法指导思想、立法理论基础和主要内容进行了深入探讨。三是"实"，研修班做到虚实结合，以虚导实，以实论虚，既剖析了大量案例，又遵守依法履职的要求，还部署了当前的金融监管工作。

时任中国人民银行浙江省分行行长谢庆健在金融法律研修班结束上的讲话中高度肯定了此次研修班的成效，认为此次研修班对保持币值稳定，维护金融秩序，促进经济持续、快速、健康发展其有重要意义，并提出研修班结束后，大家要做好传达、贯彻、落实工作，认真执行货币政策，切实加强金融监管，保障浙江经济金融有序运行。

专栏8　金通证券风险处置

2005年6月—7月，根据中国证监会《关于摸清证券公司底数有关工作的指导意见》的要求，浙江证监局组成检查小组，聘请外部审计机构，对金通证券股份有限公司及下属9家证券营业部进行了摸底检查。检查发现，金通证券存在挪用保证金弥补到期国债回购损失2.53亿元、关联方占用公司资金0.33亿元、违规为关联方担保1.24亿元、集中持股"民丰特纸"80％、设立非证券类投资公司0.3亿元以及财务指标（流动比率、净资本、净资产）未达标等问题。

2005年8月22日，浙江证监局向金通证券下发了《关于要求金通证券股份有限公司对有关问题进行整改的通知》，旨在督促公司提出切实可行的整改措施，并限期报送浙江证监局。由于调查期间正值金通证券重大资产重组阶段，浙江证监局及时将上述问题向浙江省政府和中国证监会作了专门汇报，并多次召集各方协商解决方案。

在有关方面的共同努力下，上述事项得到妥善解决。2006年3月22日，中国证监会批复同意金通证券分步办理股份转让事宜。2006年5月23日，中国证监会批准中信证券受让浙江省国际信托等持有的金通证券共计94.35%的股份。2006年7月20日,中国证监会批准中信证券受让海南养生堂药业持有的金通证券5.65%的股份。至此,中信证券持有金通证券100%的股份,金通证券重组工作完成。

专栏9　天和证券风险处置

2003年底至2004年上半年,随着证券市场的结构性调整和持续低迷(上证指数从2245点到998点),以南方、大鹏、闽发、"德隆系"等证券公司的问题充分暴露为标志,证券行业多年累积的风险呈现集中爆发状态,证券公司面临行业建立以来的第一次行业性危机。

2004年8月,中国证监会召开专题性的全国证券监管工作座谈会,在证券监管系统内全面部署和启动了综合治理工作。2005年7月,国务院办公厅转发了证监会《证券公司综合治理工作方案》,要求各地区、各部门配合。

2005年11月,天和证券因杭州体育场路营业部原负责人张宁违法协助客户融资、违规委托理财等形成了共约5.92亿元的债务,而天和证券注册资金2.1亿元,净资产仅为2亿元,公司严重资不抵债,面临破产。2006年1月,浙江证监局以涉嫌挪用客户账户资金对天和证券体育场路营业部立案调查。经查,天和证券近6亿元的债务形成过程主要为债务人李国安(或天和证券体育场路营业部原负责人张宁协助)找资金出借方在天和证券体育场路营业部开户,存入资金,然后由张宁协助李国安进行资金划转。此案主要涉及27名个人债权人和14家机构债权人。

由于天和证券未能按照要求在规定时限内上报符合要求的整改计划,未能采取切实可行的措施解决问题,中国证监会决定,从2006年4月1日起,暂停天和证券的证券开户代理业务。天和证券面临的选择只有两个:破产清算或重组,且必须在短时间内明确措施并实施。浙江省杭州市政府决定采取重组的方式化解天和证券的风险。

2006年5月8日,浙江省政府召开专题会议,决定由财通证券重组天和证券。2006年7月21日,浙江省政府向中国证监会报送了关于重组天和证券的方案。7月27日,中国证监会函复同意了该重组方案。

2006年8月7日至9日,天和证券所有原股东同意零价格退出,与财通证券签署了股权转让协议,财通证券获得天和证券全部股权。8月15日,全体债权人签订了债权偿还和转移协议。

2006年10月25日,中国证监会批复同意由财通证券吸收合并天和证券。12月,天和证券被财通证券吸收合并后注销。

第七节　地方政府金融办的发展

一、地方政府金融办机构沿革

（一）2005年浙江省金融办正式设立

2005年是我国"十五"的最后一年,浙江金融业正处于快速发展之中,浙江金融业增加值的增长速度高于全国平均增长速度,也高于经济发展水平处于同一层次的广东省和江苏省。金融业产值在国民生产总值中的比重也是逐年提高,2004年,全省金融业增加值达到416.97亿元,占当年全省第三产业增加值和GDP的比重分别为10.45％和4.07％。浙江已经成为全国金融业务增长最快、金融机构类别最全、金融运行质量和效益最好、金融生态环境最佳的省份之一。

正是金融业的飞速、迅猛发展,对浙江地方金融监管格局提出了新要求。而金融业发展一直处于引领地位的上海市,当时已在全

国率先成立了金融服务办公室,这对于浙江在省级层面成立金融办起了很好的借鉴与推动作用。与此同时,中央大力鼓励发展地方金融业,降低地方金融机构的准入门槛,浙江金融改革发展工作迎来了难得的历史机遇。要推动浙江省金融转型,需要将金融业作为主导产业大力发展,推动浙江省从以金融大省到金融强省的转变;需要将资本市场作为核心产业大力发展,推动浙江省从间接金融为主向直接金融占比不断提高的结构转型;需要将地方金融作为支柱产业进行大力发展,推动浙江省地方金融业发展与经济结构相匹配;需要将金融业与经济结构调整和转型升级相结合,推动浙江省从"供给导向金融"到"需求导向金融"的转变。

在此背景下,浙江地方政府需要一个专门从事地方金融发展服务与协调的机构。2005 年 6 月 16 日,浙江省人民政府办公厅正式发文《关于成立浙江省人民政府金融工作领导小组及其办公室的通知》(浙政办发〔2005〕50 号),旨在成立浙江省人民政府金融工作领导小组办公室(简称"省金融办"),它是在浙江省人民政府企业上市工作领导小组办公室基础上组建而成的,为省政府直属副厅级监督管理类事业单位,并明确由省政府办公厅代管。

(二) 2009 年机构升格扩编

2005 年 12 月 30 日,浙江监管局和金华市政府发布公告,金信信托因"违规经营和经营不善,造成较大损失",从即日起责令金信信托停业整顿。金信信托以信托之名行非法吸收公众存款之实,可追溯到 1997 年 9 月。至 2005 年 7 月,不具备吸收公众存款业务资格的金信信托,采取书面或口头承诺还本付息的方式,与社会不特定的机构和自然人签订协议或合同,变相吸收公众存款共计 73.8 亿元。其中葛政"直接参与决定、指挥"吸存的涉案金额为 48.8 亿元。金华市发生金信信托面临破产清算事件,该事件涉及 40 亿元窟窿,省市两级政府迅速组织成立金信信托整顿领导小组,省政府委托省金融办全面参与协调处理。省金融办抽调骨干力量深度参与金信信托事件,经过多方努力,2007 年 12 月 26 日,最高人民法院批复金信信托的破产申请,但就在 2007 年 12 月,因股市上扬,金信信托所持的博时基金 48％的股权,在拍卖中以 63.2 亿元的"天价"转让给招商证券,这一举措完全解决了金信信托的债务危机。与此同时,经过多方努力和争取,浙江省政府从司法到国资等多部门也因此推翻了此前破产清算计划,改为重新申请破产重整,这样既能保住这张宝贵的金融牌照,又能让企业起死回生。2008 年 10 月末,经过近两年时间,破产重整的金信信托股权清退进入收尾,浙江省政府主导的拯救行动基本完成。之后改组成立了浙商金汇信托股份有限公司。

2009 年,在国外金融危机大背景和国内、省内经济下滑转型大背景下,为更好提升我省金融支持经济、抵御风险的能力,2009 年 4 月,经省委、省政府同意,浙江省人民政府金融工作领导小组办公室更名为浙江省人民政府金融工作办公室(简称省金融办),为省政府直属的监督管理类事业单位,机构规格为正厅级,参照《公务员法》管理。

(三) 2011 年增设内设机构

2008 年,为增加小企业和"三农"贷款的供给,进一步改善农村地区金融服务,浙江省人民政府决定在全省开展小额贷款公司试点工作,省金融办是全省小额贷款公司试点工作的省级牵头协调部门,其会同省工商局、浙江银监局和人民银行杭州中心支行建立了联席会议。2008 年 7 月全省开展了小额贷款公司试点工作,2009 年末,全省正式成立小额贷款公司达 103 家,注册资本总额 123.8 亿元,可贷资金规模 97.26 亿元。2010 年,全省正式运行的小额贷款公司 134 家,注册资本总额 230.9 亿元,可贷资金规模 330.6 亿元。开业以来,累计发放贷款 1492.6 亿元,其中 2012 年以来发放贷款 882.6 亿元;累计发放小额贷款 20.32 万笔、822.58 亿元,户均贷款 40.4 万元,对缓解县域小企业、"三农"融资难问题和促进民间金融阳光化发挥了积极作用。2011年,继续推进小贷公司试点扩面增量工作,并制订出台推进小额贷款公司改革发展的若干意见。全年新增设立小额贷款公司52家,全省已开业小额贷款公司达到186家,当年累计发放贷款1800亿元,223.6万笔,这对服务"三农"和中小企业发挥了积极作用。省金融办在中国小额信贷机构联席会被评为"2011中国小额信贷最佳行业服务奖"。

为了更好地服务小额贷款公司发展,加强民间融资管理工作,省编委下发浙编〔2012〕47号文件,同意省金融办增设小额贷款公司管理处,并增加编制到42名。

二、 地方政府金融办主要职能

省金融办成立后,迅速进入角色,找准自身定位,积极为全省金融业发展出谋划策,扎实推进各项工作。在不断的实践与探索中,通过"干中学、学中干",并借鉴上海等兄弟省市的做法,省金融办慢慢确立起了自身承担的主要职能。

一是贯彻执行党和国家金融工作方针政策和相关法律、法规;配合国家金融管理(监管)部门做好货币政策落实及金融监管工作;协调拟定并组织实施本省金融产业发展规划和政策措施;研究金融发展重大问题,及时向省委、省政府提供决策参考。

二是负责建立全省金融工作沟通协调机制。建立"一行三局一办"(人民银行杭州中心支行、浙江银监局、浙江证监局、浙江保监局、省金融办)的沟通协调机制;加强对全省金融办系统的业务指导和协调;加强与在浙金融机构的沟通联系,组织搭建政银企沟通合作平台。

三是负责组织协调金融机构为本省经济社会发展提供金融保障。负责金融保障情况的汇总分析、督促落实、考核评价等工作,引导金融机构运用各种金融创新工具和融资平台为经济建设尤其是重点工程、主导产业、重点区域和中小企业、"三农"发展提供金融支持。

四是指导和推动地方银行业金融机构改革与创新工作。加强对地方金融产业发展的指导，协调地方银行金融机构的改制重组、股权变更、风险评估等工作；牵头提出地方金融机构改革实施方案，组织推进金融机构对外开放与国际合作工作；负责协调农村金融改革发展工作，推动新型农村金融组织发展；负责规划多层次金融组织体系建设，引导金融机构合理布局。

五是负责推进地方创新类金融组织的试点工作。负责牵头协调全省小额贷款公司试点的审核和管理工作；负责股权投资基金发展综合协调的具体工作，指导股权投资管理公司组建行业协会工作；牵头协调未上市公司股份转让试点工作；参与推动融资性担保机构规范管理工作；承担由地方政府审批的创新类金融组织相应授权的监管职责。

六是负责指导协调企业上市工作。负责组织协调全省拟上市企业的培育推荐、改制上市工作；负责企业上市有关审核确认事项的核实工作；牵头协调上市公司资产重组工作；指导协调上市公司再融资工作；负责完善全省企业上市合作协调机制；配合证券监管部门加强对境内外上市公司合作监管；负责协调上市公司风险防范和处置工作。

七是负责指导证券、保险业等非银机构的改革创新工作。负责浙商证券、财通证券、浙商保险、浙商基金等地方法人机构的培育发展工作；牵头协调推动证券、保险综合创新试点工作；指导和协调全省产权交易市场建设工作。

八是负责指导和推动多层次资本市场和金融集聚区建设。研究推进多层次资本市场的发展；指导和推进杭州、宁波、温州等地的金融集聚区建设，吸引中外金融机构总部及分支机构落户浙江，推动金融集聚区、金融后援服务区和金融改革试验区的建设；参与推进长三角地区金融协调发展。

九是负责推进地方金融发展环境建设。负责建立对地方金融生态环境建设的评价机制;负责对金融中介机构执业行为的信誉评价和管理工作;推进建立社会信用信息共享机制;推动金融法治环境建设,规范民间融资行为,引导民间资金为地方经济发展服务。

十是负责协调防范和化解金融风险。配合金融监管部门加强金融监管,督促落实地方金融业风险防范和处置责任机制;审核涉及有关金融安全的事项,建立金融风险预警机制和评价机制;承担省处置非法集资活动联席会议办公室、省金融突发公共事件应急领导小组办公室的工作。

十一是负责参与指导金融人才培训和引进工作。参与拟定引进各类金融机构和金融人才的政策,吸引各类金融机构和高素质金融人才集聚浙江;参与指导金融管理人才的培训和国际交流工作;配合有关单位对金融机构的考核评价工作,落实对金融机构的激励措施。

十二是承担省政府金融工作领导小组的具体工作;承办省政府交办的其他事项。

三、 组建三级金融办体系

到 2012 年,全省 11 个地级市都成立了市金融办,其中衢州、舟山与市政府办公室合署办公,其余 9 个地市为独立运行单位,另外温州市还成立了市金融局。

杭州市金融办成立于 2011 年 5 月,副厅级单位,内设 4 个职能处室和 1 个下属事业单位——金融事业发展中心,该中心宗旨是促进杭州市区域性金融服务中心建设。

宁波市金融办成立于 2007 年 12 月,副厅级单位,内设 6 个职能处室。

温州市金融办成立于 2007 年 8 月,2011 年 6 月升格为市政府工作部门,正处级单位,内设 7 个职能处室。2011 年 6 月又成立了

243

温州市地方金融监管服务中心,内设 4 个职能处室。

湖州市金融办成立于 2012 年 1 月,2012 年 8 月由市发改委管理的事业单位调整为市政府直属事业单位,正处级单位,内设 3 个职能科室。

嘉兴市金融办成立于 2011 年 10 月,正处级单位,内设 2 个职能处室。

绍兴市金融办成立于 2008 年 7 月,正处级单位,内设 4 个职能处室。

金华市金融办成立于 2012 年 9 月,正处级单位,内设 2 个职能处室。

衢州市金融办成立于 2012 年 5 月,正处级单位,内设 3 个职能处室。

舟山市金融办成立于 2008 年 11 月,正处级单位,内设 3 个职能处室。

台州市金融办成立于 2011 年 6 月,正处级单位,内设 4 个职能处室。

丽水市金融办成立于 2009 年 4 月,正处级单位,内设 3 个职能处室。

第十章 浙江省区域金融改革

第一节 温州金融改革

一、 金融改革发展的相关情况

改革开放以来,温州金融改革试点实践从未间断,形成了特有的改革创新"试验区"现象。温州金融改革创新的一大特色是:体制内外两个市场并行发展。即构建了以现代银行业为主的正规金融和以合会、集资、民间借贷等为主的传统金融市场二元并存结构。这种二元金融结构与当地个私经济、中小企业的发展是相辅相成的,起到了补充融资、风险投资和优化资本结构的重要历史作用。回顾 1992—2012 年的温州金融改革、创新和发展历程,大体可以分为三个阶段。

(一)区域金融结构的二元化,管制和反管制的共同推动,取得了同步发展

1992 年,邓小平南方谈话以后,温州的经济快速崛起。这一阶段金融改革的标志性事件是:整顿城市信用社和清理农村基金会。一是 1991 年和 2001 年有关部门对典当行业进行了两次较大的清理整顿工作,将部分城市信用社更名改制,并入有关农村信用联社。二是清理整顿 191 家农村合作基金会。三是产权交易、拍卖商行崭露头角。1989 年,温州产权交易事务所(后改名为温州产权交易中心)成立。1995 年后,瑞安市和平阳县相继建立了产权交易所。

2001年,温州技术产权交易所成立。四是1994年3月设立第一家全国性的股份制商业银行——交通银行温州分行,打破了国有专业银行一统天下的传统金融格局。

同时,继续深化银行利率体制改革。存款利率按照法定利率执行,贷款利率根据产业政策、风险大小、成本高低和企业信用程度等因素确定浮动档次。这一阶段商业银行贷款最高上浮幅度为35%,农村信用社为50%。特别是工商银行温州市分行在2002年推出"三包一挂"贷款业务,将贷款收益与信贷人员收入挂钩,得到了当时中国人民银行领导的高度评价。

这一阶段,在金融监管部门的"窗口"指导下,正规金融机构的突出做法是:力求增加中小企业的融资量。1992年以前,民营企业资金的主要来源是劳动积累、合伙集资和企业盈利等内源融资,而在外源融资中,民间借贷是主要形式,银行信贷融资相对较弱。农行温州市分行于2001年推出了"五要素管理法",为贷款的发放和风险的把握提供可靠信息,再配合其他如"四化管理法"和"信贷资产质量奖惩办法"等信贷管理制度的运作,走出了一条富有特色的信贷路子。此外,温州的个人外汇交易市场也开始起步。1998年10月,中国银行率先在温州推出个人外汇买卖业务("外汇宝")。

(二) 金融业的全方位创新监管,显现出良好的生态环境,自主创新提升了金融服务水平

从2003年中央开始提出"科学发展观"以后,温州启动建设资本活跃的"金融港"发展战略。2004年推进农村合作金融体制试点改革,顺利实施"5—5—1"改革方案。2005年温州对区域性金融改革进行系统研究和全面部署,提出近期10方面改革方案和中长期4方面探索课题。2006年,重点推进小企业贷款试点改革。2007年,进一步做强做大区域金融,鼓励区域拓宽直接融资渠道。温州新一轮的金融改革和创新,引起了时任国务院总理温家宝的重视和肯定,2006年以来总理多次批示有关部门,将经验加以总结。在2006年、

2007年的中国市长年会中,温州连续被评为"中国最具魅力的金融城市"。

这一阶段以温州被中国人民银行列为金融综合改革"试验城市"为标志,其重点工作之一是:加强对中小企业的信贷支持,切实贯彻《中小企业促进法》。通过实施小额贷款营销、利率市场化试点、深化小企业贷款"六项机制"等改革措施,有效地缓解了中小企业的融资难问题。通过强化银行信贷登记咨询系统建设和开展"资信百佳"企业评选活动,有效促进和引导了企业守信的良好风气,构建起信贷风险防范体系,有效遏制了逃废债行为,创造了良好的社会信用环境。通过发展票据业务、贴现业务、信用卡业务以及签订授信协议,建立起了新型的银企关系。通过创建"金融安全区"、开展农村"百千万信用工程"等活动,逐步将民间资金和民间借贷活动纳入监测范围,为全社会的金融安全创造了良好的条件。

这一阶段金融体制改革的另一重要内容,是不断推出适应温州民营经济特点的金融服务产品。相关商业银行因地制宜地推广自然人生产经营性贷款;简化信贷审批手续,推行授信管理;扩大贷款抵质押范围;打破常规推广"五要素管理法"等信贷管理方式。同时,中间业务不断创新,电子银行业务快速发展,初步实现了从"存款立行"向真正意义上的现代商业银行经营理念的转变。

同时,对地方法人机构采取增资扩股的办法,温州市城市商业银行进行产权结构重组,完善了法人治理结构,构建出主要为民营企业服务的更具适应性和灵活性的地方股份制商业银行机制。温州市城市商业银行通过更名为"温州银行",跨出温州设立异地机构,发行金融次级债券一系列举措,使其实现了从小型银行向中型银行发展,从地方性银行向区域性银行发展。为解决农村信用社的历史遗留问题,温州分类别分层次地出台农村信用社体制改革方案,通过清产核资、增资扩股等程序,率先在全国探索出了农村信用社改革的新路子。

此外，这一阶段银行的利率改革步伐并没有停止，新一轮利率改革的目标是：向市场化迈进的探索阶段。经人民银行总行批准，温州率先在瑞安、苍南两县（市）除城关外的 131 个农村信用社网点开始试行改革。中国人民银行上海分行批准了《温州市人民币利率改革试点方案》，该《方案》规定农村信用社存款利率最高可以上浮 50％，贷款利率最高可以上浮 100％。2003 年 10 月份开始，试点范围扩大到全辖除县（市）政府所在地以外的 105 个法人社、357 个网点。

（三）国务院批设温州金融综合改革试验区，全力推进四大体系改革，温州金融改革迈入崭新阶段

2011 年以来，温州民间金融风险日益积聚，非法集资活动重新抬头，多家投资担保公司等中介机构违规经营出现资金链断裂现象，从而引发大规模的群体性事件。温州爆发的局部民间金融"风波"引起举国关注，部分企业资金链断裂而停产，民间金融和信用体系受到较大破坏。

危机催生改革，2011 年 10 月 4 日，时任总理温家宝在浙江调研，周小川行长陪同，其间，浙江省和温州市党委、政府提出在温州设立民间金融改革试验区的想法，希望将民间金融纳入监管轨道、降低市场利率和风险，早日实现"阳光化"，此想法得到温总理认可。同年 11 月 10 日，浙江省政府正式向国家申报成立温州金融综合改革试验区，2012 年 3 月 28 日，国务院第 197 次常务会议决定设立温州金融综合改革试验区，从申报到正式获批共历时 5 个月。

这一阶段，温州以破解"两多两难"为改革导向，以强化地方金融组织体系、民间资本市场体系、地方金融服务体系、地方金融监管体系等四大体系建设为改革重点，积极稳妥地推进地方金融体制机制创新，引导民间资金阳光化和规范化，促进民间金融和正规金融协调发展，努力为全国金融改革积累经验、提供借鉴。

作为我国推进金融改革发展的重大战略举措，试验区建设得到

了各级各界的关心关注和大力支持。"一行三会"、财政部等九部委多次在北京召开部际协调会,强化温州金融综合改革的顶层设计。2012 年 4 月 9—10 日,时任人民银行杭州中心支行行长刘仁伍陪同人民银行总行行长周小川率领的中国人民银行调研组赴温州调研,时任人民银行副行长杜金富、办公厅、货政二司、稳定局、研究局和上海总部有关负责人员陪同参加。4 月 9 日下午,调研组与时任浙江省委书记、省人大常委会主任赵洪祝等进行座谈,并在 4 月 10 日上午宣布温州市金融综合改革试验区建设正式启动。原浙江证监局局长吕逸君、原上海证券交易所党委书记、理事长桂敏杰到浙江温州调研指导。浙江省委、省政府领导高度重视,时任省委书记赵洪祝、省长李强,副省长朱从玖、省金融办主任丁敏哲等多次到温州考察指导,时任省长夏宝龙亲自担任浙江省温州市金融综合改革领导小组组长,4 月 25 日至 26 日,浙江省以省委、省政府的名义,在杭州召开高规格的全省金融工作会议暨温州市金融综合改革试验区工作动员大会,全面启动和部署推进试验区建设。时任省委书记赵洪祝、省长夏宝龙出席会议并讲话,时任副省长龚正宣读了国务院第 197 次常务会议纪要关于温州金融综合改革 12 项主要任务等内容。时任副省长、温州市委书记陈德荣就加快推进温州市金融综合改革试验区建设发言。

　　省级各协调推进组、相关部门切实加强对试验区建设的业务指导与政策支持,省市联动共同推进试验区建设的各项改革任务。温州市委、市政府把金融综合改革作为当时和今后一个时期重中之重的任务,按照 12 项改革主要任务,紧紧围绕"民间融资—金融服务—实体经济—金融监管"的主线,细化方案,明确责任,防控风险,全力以赴推进各项改革任务的落实。2012 年 7 月 27 日,《浙江省温州市金融综合改革试验区总体方案》(银发〔2012〕188 号)明确了温州金融综合改革的 12 项主要任务,包括规范发展民间融资、加快发展新型金融组织、大力发展专业资产管理机构、研究开展个人境外直接投资试点、深化地方金融机构改革发展、创新发展各类面向小微企业和"三农"的金融产品与服务、培育发展地方资本市场、积极发展各类债券产品、拓宽保险服务领域、加强社会信用体系建设、强化地方金融管理机制、建立金融综合改革风险防范机制等。

2012年，温州市以构建"四大体系"为基本框架，深入谋划、细化方案、落实项目，各项工作全面推进并取得初步成效。

1. 加强金融服务体系建设，引金融水浇实业田。一是实体经济信贷需求得到有效支撑。截至2012年末，全市本外币各项贷款余额7011.99亿元，比年初增加617.92亿元，增速超过经济发展速度5个百分点。贷款结构加快调整，中小微企业的企业贷款额比年初增加399.53亿元，占本外币贷款增量的64.7%，十大特色行业贷款额比年初增加197.24亿元，占本外币贷款增量的31.9%。二是民间借贷服务中心、民间资本管理公司运营良好，并在各县（市、区）提质扩面。2012年已在4个县（区）成立中心，累计成交登记907笔、金额4.2亿元，借贷成功率29.9%。2012年开业6家民间资本管理公司，筹建3家，累计向111个项目投放资金4.2亿元，有效支持了当地小微企业和个体工商户的发展。三是设立一批小微企业融资综合服务平台，积极运用设备融资租赁等方式拓宽企业融资渠道，创新推出适合小微企业特点的金融产品和服务。规范引导民间票据市场与资本市场融合发展，拓宽企业票据融资渠道。编制再担保中心筹建实施方案，吸收有实力的融资性担保机构参与筹建，着力解决小微企业融资难问题。

2. 加快地方金融组织体系建设，引民资优化金融产业。一是小额贷款公司深化发展。在浙江省率先推出小额贷款公司主发起人入围资格招投标制度，推行市场化运作，截至2012年末，全市开业小额贷款公司31家，筹建21家，完成12家招投标工作，总注册资本金达34.7亿元。二是农村合作金融机构股份制改革稳步推进。完成鹿城、龙湾等地股份制改革初步方案，全面启动其他各县（市、区）股

改工作。三是村镇银行和资金互助社加快发展。开业的村镇银行有 6 家,分支机构 5 家,基本覆盖温州县域地区。支持瑞安马屿资金互助社增资扩股,总股本达 1180 万元,社员 1000 人,成为全省最大的资金互助社。四是加快推进温州银行增资扩股。发动内外温商积极参与优化温州银行股权结构,积极做好增资扩股工作,资本总额争取达到 100 亿元左右。五是加快发展地方性金融机构。择优推荐 10 家企业作为小额贷款公司转村镇银行、民营企业发起设立村镇银行、信托公司、保险公司、融资租赁公司的主发起人。支持在外温商回归创业创新,引导民资、外资及国资投资温州,实现各类资金优势互补。

3. 推进民间资本市场体系建设,引民资进入多层次投资平台。一是积极推动中小企业改制规范试点项目。从建立现代企业制度入手,初步制定温州中小企业改制规范试点项目方案,按照"改制一批、规范一批、托管一批、挂牌一批"的工作思路,筛选 100 家至 150 家企业参加改制规范试点项目,着力培育更多优质的企业上市后备资源,推进股权交易市场的发展。二是拓宽中小企业融资渠道。2012 年,全市直接融资量达到 92.59 亿元;其中,全年新增上市公司 4 家,融资总额 34.39 亿元;4 只企业债券成功发行,共募集资金 38 亿元;2 家企业发行私募债 1.5 亿元。首笔 20 亿元的企业中期票据业务成功注册。短期融资券、中小企业集合票据等募集资金 18.7 亿元。全年新增直接融资占全社会新增融资量的 13%,比 2011 年提高 5 个百分点。三是大力发展股权投资基金。制定政府平台建设引导基金和创业投资引导基金管理办法,设立政府引导基金项目,解决重大基础设施项目建设资本金需求的问题。规模 5 亿元的首支保障房引导基金成功组建营运。吸引赛伯乐基金公司入驻鹿城区,拟募集资金 1.5 亿元,主要投向科技型生产企业;市域铁路 S1 线定向募集受到群众热捧,至 2012 年末已成功募集 13 亿元以上。

4. 建立地方金融监管体系,构筑以民间金融为重点的个性化防火墙。一是推动《浙江省温州民间融资管理条例（草案）》（后颁布名为《温州市民间融资管理条例》）立法调研座谈会，做好条例出台准备工作。二是制定实施《温州民间融资利率指数编制方案》，逐步扩大统计范围，定期向社会发布"温州指数"，及时反映民间金融交易活跃程度和交易价格。三是加强组织力量。设立温州市地方金融管理局，设立金融犯罪侦查支队、金融仲裁院和金融法庭，强化风险预警，规范金融行为，化解金融纠纷。四是开展风险企业帮扶和银行不良贷款百日化解专项行动。制定全市开展风险企业帮扶和银行不良贷款百日化解专项行动方案，推进银行不良贷款化解工作，力争年内银行不良贷款率逐月下降并控制在合理的范围内。五是加大监管和打击力度。开展对全市非持牌类金融组织、融资性担保公司等融资中介机构和寄售行、调剂行、投资机构等市场主体的拉网式风险专项检查，并通过非现场监管系统建设，规范对温州民间金融组织全方位信息采集的工作，构建以软硬件支撑平台、数据库为基础的温州市民间金融组织非现场监管体系。出台《温州市非法集资排查工作方案》，加大对非法集资的排查和打击力度。

二、 金融改革的成效与经验

（一）温州二十年的金融改革和发展，自主创新是主旋律

1. 以利率改革为突破点，逐步向市场化迈进。利率改革取得的阶段性成果主要有：一是有效平抑了民间借贷利率；二是增加了中小企业融资量，银行和农村信用社信贷在中小企业外源融资中占据最重要的地位；三是激活了温州金融业，一定程度上促进了银行业务的迅猛增长；四是发展和保持了行社良好的经营绩效；五是逐步增强了社会公众和金融机构的利率市场化意识，为银行利率体制真正走向市场化奠定了基础。

2. 以金融创新为基本点，初步缓解了中小企业贷款难问题。通过深化利率风险定价机制建设，适度下放利率定价权限，探索构建

贷款利率风险定价模型,实现收益覆盖风险的效果。通过有效简化信贷操作流程,下放贷款审批权限,实行统一授信和综合授信,减少审批环节。通过成立小企业金融服务中心,逐步实现小企业贷款的独立核算,确保专业、快速、简便、高效的小企业信贷"一条龙"服务实施到位。通过建设违约信息通报机制,搭建社会化信息共享平台,定期通报不良贷款信息及恶意违约客户信息,有效控制信用风险。同时,温州银行业还积极创新信用贷款、联保贷款、风险共担平台、供应链融资等信贷产品,切实解决小企业贷款无抵押、担保难问题。

3. 以建设信用温州为出发点,保持信贷资产质量水平。一是创建金融债权"执行难"综合治理机制,通过部门联手互动,将金融债权工作纳入社会综合治理范围。二是率先建立企业改制金融债权保全证明认可机制,有效维护了企业改制过程中的合法金融债权。三是建立违规贷款和大额关联交易监测跟踪制度,搭建同业沟通平台,实行担保公司担保贷款专项统计监测制度。四是实行民间借贷利率的定期监测,按月披露民间借贷利率信息。五是系统建立信用激励约束机制,开展资信评估工作,按年度表彰"资信百佳"企业,推进农村"百千万信用工程",联手实施不守信用企业(客户)信息披露和联合制裁约定。六是建立银行间防范信贷风险协调机制,定期对新发生的逾期贷款的企业进行银行业内部通报。对不守信用行为,不予新增贷款业务、不予新办信用卡业务,不予新办银行承兑汇票、信用证和票据贴现业务,从严管理现金支付。

4. 以防范金融风险为立足点,及时引导好民间流动性资本。按照国务院确定的"谁主管,谁整顿;谁批准,谁负责;谁用钱,谁还债;谁担保,谁负相应责任"原则,对民间信用逐步引导、适度管理,坚决打击金融"三乱"现象。高度关注金融突发事件,加强对社会融资活动特别是非法集资活动的监测,掌握辖区内社会金融活动及风险状况。规范中介机构正常经营,防止非法筹资和高息垫资等行为给社

浙江省区域金融改革

会稳定造成的隐患。加强舆论宣传教育，引导民资合理流动，充分揭露非法集资的危害性，切实增强社会公众对非法集资活动的风险意识和鉴别能力，引导和促进依法、理性投资，提高市民自我防范意识，自觉抵制非法集资活动，维护社会安定和金融稳定。

5. 以积极发展区域资本市场为重点，拓展直接融资渠道。截至2012年末，共有证券、期货营业部54家，上市企业12家，累计融资176.46亿元，并形成四批共计67家拟上市企业梯队。鼓励有条件的企业进行股份制改造。推动企业多渠道上市，实现"境内"与"境外"上市两条腿走路，形成"首发"与"买壳"上市两轮驱动的工作新格局。鼓励和扶持中小企业特别是高新技术企业通过创业板市场上市融资，支持企业到海外融资。努力打造以民营企业为主体、特色鲜明的"温州板块"。

6. 以保障社会为根本点，提高保险市场的深度和密度。2006年11月，温州市人民政府印发了《关于促进保险业改革发展的实施意见》。截至2012年末，全市各类保险机构55家，保费收入118.5亿元，同比增长6.8%，共计支付赔款及给付37亿元。

（二）温州二十年的金融改革和发展，在七个方面提供了经验

1. 发挥金融业在地方经济建设中的重要作用，并成为第三产业的重要门类，必须要有较为齐全的组织体系和竞争机制。经过二十年发展，至2012年末，温州有银行、证券、期货、保险等金融机构120多家，担保公司、典当等非金融机构120家。2012年全市金融业创造的生产总值约367亿元，金融业作为现代服务业，在经济领域发挥着越来越重要的作用。

2. 发挥金融业在地方经济建设中的重要作用，将温州市打造成为具有区域性的辐射功能的城市，金融业必须在整体发展上快于本地经济发展。将银行存贷款指标与地区生产总值比较来看，20年来，温州金融业发展速度明显要快于本地经济。从20世纪90年代开始，温州一直是不良贷款率最低的地区之一。1999年，不良贷款

率达到历史高峰后,资产质量连续实现总额和比例的双降。直至2011年温州爆发局部金融风波,不良贷款余额和不良率开始上升,2012年末,不良贷款余额和不良率达到262.84亿元和3.75％。

3. 发挥金融业在地方经济建设中的重要作用,并成为地方经济改革发展的重要推动力,必须要维持区域金融稳定秩序。30年温州金融改革,是伴随不断创新而发展的。在金融整体性较强,大部分改革与全国同步的情况下,一些重要的改革是创举和民间自发的外部推动力共同作用产生的结果,其中最有意义且影响深远的改革是利率市场化改革,其促成了小微私营金融机构的创设。

4. 发挥金融业在地方经济建设中的重要作用,并成为经济建设中的融资活动主力军,必须要适应并融入本地经济格局。2012年,温州的金融资源配置和金融服务与温州经济格局是基本相适应的。其中,个人贷款占比较高是温州银行业的特色之一。截至2012年末,全市个人生产经营贷款1650.67亿元,个人消费贷款1343.66亿元,个人购房贷款586.86亿元。

5. 发挥金融业在地方经济建设中的重要作用,并成为体制内外两个市场的引导者,必须发挥出自身优势并形成自己特色。温州正规金融和民间金融存在着你进我退的现象,资金相互交融。在正规金融信贷规模充裕时,民间市场利率水平总体趋于平稳,与银行贷款的利差相对会缩小。这时,民间借贷形式的多样性会减弱,组织化、机构化的程度会下降。反之,则增强。

6. 发挥金融业在地方经济建设中的重要作用,成为实施"走出去"战略的重要推动者,必须要按规律实施资金跨区域流通。近年来,民营企业的外迁,房地产、能源、工矿等的投资热潮的起伏,都引起了社会资金的跨区域流动,温州社会资金的足迹遍布全国各地甚至世界各大经贸城市,这进一步壮大了温州经济模式的社会影响力并扩大了其辐射面。

7. 发挥金融业在地方经济建设中的重要作用,推动区域经济金融良性互动发展，必须得到地方党委、政府的高度重视。根据温州经济对金融的需求特点，温州市委、市政府积极贯彻国家宏观调控政策，有效整合金融整体资源，将优化信贷结构、深化温州金融改革等列入年度工作责任中。全面推进温州金融综合改革试验区建设，成立温州市金融综合改革试验区实施领导小组，党政一把手分别任组长和第一副组长。各级财政建立"小企业贷款风险补偿机制"。同时，将金融业列为社会治安综合治理的重要行业，签订综合治理责任书。出台加强民间融资管理的意见和重大金融突发事件预警机制。联手处置民间融资引发的金融"两非"活动，消除区域性金融风险隐患，推进温州平安金融环境建设等。

第二节　丽水农村金融改革

一、金融改革发展的相关情况

从 2006 年开始，在人民银行的领导和支持下，丽水市中心支行以金融服务"三农"为己任，先后组织实施了以破解农村抵押担保物缺失问题为目标、以林权抵押贷款为重点的"信贷支农"工程；以破解银农信息不对称问题为目标、以农村信用体系建设为重点的"信用惠农"工程；以破解农民取现难问题为目标、以助农取款服务为重点的"支付便农"工程，深入探索实践农村金融服务创新。2009 年 4 月，人民银行总行联合林业部等 5 个部委在丽水市召开全国金融支持集体林权改革和林业发展现场会的专题报告，推广丽水经验；2010 年 8 月，人民银行总行牵头 22 个部委在丽水市召开全国农村信用体系建设工作现场交流会，自此，"丽水模式"的农村信用体系建设走出全省、推向全国。

基于上述实践，2012 年 3 月 30 日，人民银行总行与浙江省政府联合印发了《关于在浙江省丽水市开展农村金融改革试点工作的通知》，决定在丽水市开展农村金融改革试点工作，并同意实施《丽水市农村金融改革试点总体方案》。5 月 17 日，丽水市政府召开丽水农村金融改革试点工作动员大会，时任人民银行总行研究局局长张建华、人民银行杭州中心支行行长刘仁伍、郭安娜副巡视员到会，并宣布改革试点工作正式启动。会议由丽水市副市长王永康主持，陈瑞商副市长宣读总行批文，张健华局长、刘仁伍行长讲话，丽水人民银行行长孔祖根表态。同时，郭安娜副巡视员宣读人民银行杭州中心支行命名云和县为信用县的文件并授牌。整个试点工作采取人民银行和浙江省政府"行省共建"模式，围绕"创新农村金融组织体系、丰富农村金融产品体系、强化金融惠农政策体系、健全农村金融市场体系、完善农村金融信用体系、搭建金融服务平台体系、改进农村支付服务体系、优化农村金融生态体系"八个方面进行先行先试。

二、 金融改革的经验和成效

（1）信贷支农——扎实推广林权抵押贷款业务

自 2006 年以来，结合丽水市"九山半水半分田"的实际，人民银行丽水市中心支行把林权抵押贷款作为金融支农的一项重点工作来抓，从零起步、从无到有，以"多平台建设、多机构参与、多品种覆盖"的方式推进林权抵押贷款工作，深化"信贷支农"工程。

多平台建设。人民银行丽水市中心支行积极推动地方政府加快森林资源流转平台建设，在全市建立起市、县两级"三中心一机构"的森林资源流转服务平台。一是设立林权管理中心，主要负责林权确认、变更、过户、抵押登记等服务；二是设立森林资源收储中心，为贷款提供担保，并负责对抵押林权的收储和处置工作；三是设立林权交易中心，主要负责收集和发布林权流转交易信息，组织林权流转招标拍卖挂牌等交易；四是设立森林资源调查评价机构，为森林资源流转变现提供调查规范设计和资产评估服务。

多机构参与。推动财政贴息、风险补偿和业务考核等政策措施到位，发挥支农再贷款作用，实行激励优惠存款准备金率，积极发挥农村信用社支农主力军作用之外，以政策激励全市各金融机构共同参与林权抵押贷款业务。

多品种覆盖。根据辖区林权结构和农村信贷需求特点，人民银行丽水市中心支行"量体裁衣"，在全省首创了林农小额循环贷款、林权直接抵押贷款和森林资源收储中心担保贷款三种林贷新模式：一是林农小额循环贷款。在信用村、信用户的基础上，创建以信用＋林权抵押的方式核定最高贷款授信额度，并采取"集中评定、一次登记、随用随贷、余额控制、周转使用"的管理办法，简化贷款手续，以有效解决千家万户林农的贷款难问题。二是林权直接抵押贷款。对森林资源良好、权属清晰、变现容易的林权，推行直接向银行抵押贷款的举措，以解决林业企业和生产经营大户的大额资金需求。三是森林资源收储中心担保贷款。按收储中心担保基金的一定倍数确定其担保贷款的最高限额，银行贷款由收储中心担保，借款人以林权向收储中心提供反担保，主要解决林业龙头企业、专业合作社和林业专业户在产业化初期的融资问题。

截至 2012 年末，全市有 12[①] 家银行机构发放林权抵押贷款，林权抵押贷款余额 30.2 亿元，居全省首位，不良贷款率仅为 0.2％。惠及林农 20 余万元，取得了"叶子变票子、青山变金山、资源变资本"的成效，走出了一条"全国林改看丽水"的创新发展之路。

（2）信用惠农——全面开展农村信用体系建设

从 2009 年开始，针对农村信用体系缺失，银行"难贷款"与农民"贷款难"的矛盾，人民银行丽水市中心支行从农户信用等级评价入手，采取"政府支持、人民银行主导、多方参与、共同受益"的模式，在全市共抽调 1.73 万名机关、乡镇和村干部组成 3453 个农户信息采

---

① 全市 9 家农村信用社（合作银行）合并计 1 家，5 家村镇银行则分别计算。

集小组、198 个农户信用评价小组和 3 个业务指导小组,他们开展了声势浩大、地毯式的农户信用信息采集工作,这一举措有助于扎实推进农村信用体系建设,有效破解了农民"贷款难"问题。

把好"三个关",着力夯实农村信用体系建设基础。一是把好农户信用评价标准关。丽水市委、市政府制定下发了《丽水市农户信用等级评价暂行办法》和《农户信用等级评价百分表》,这些文件明确了评价的定量与定性指标。二是把好农户信息采集关。成立信息采集小组,上门逐户采集本村的农户信用信息。三是把好农户信用评价流程关。全面推行行政村农户信息采集小组初评、乡镇农户信用等级评价小组复评和县级农户信用等级评价指导小组终审的"三级"评价办法。

运用"三个力",着力打造农村信用体系建设工作合力。一是积极借助各级政府的行政推动力。成立全市农村信用体系建设领导小组,形成了市、县、乡、村四级横向到边、纵向到底的工作网络体系。二是充分发挥各涉农金融机构的政策吸引力。督促指导各涉农金融机构结合自身实际,有针对性地制定一系列惠农贷款措施,调动农户参与信用评级的积极性和主动性。三是充分激发广大农户主动参与的内在驱动力。利用电视、报纸、广播等各种传媒进行全方位的宣传,将农户信用等级、授信额度和优惠政策在村里张榜公示,把农户荣誉感和信用意识以及实际利益统一起来,有助于吸引农户主动参与的积极性。

实行"三个联",着力提升农户信用评价工作实效。一是实行资产评估、信用等级评价、授信额度评定"三联评"。二是实行信用贷款、抵押贷款、联保贷款"三联动",满足不同群体的贷款需求。三是实行政府、银行、农户"三联手"。建立起"政府协调、人民银行主导、多方参与、各方受益"的模式,为农户信用等级评价工作提供强有力的组织机制和政策保障。

创建"三个平台",着力构建农村信用体系建设长效机制。一是宣传培训平台。人民银行丽水市中心支行组织对全市所有 186 个乡镇党委书记分三期进行了专题培训。二是制度管理平台。丽水市政府先后制定出台了《丽水市农村信用体系建设工作领导小组成员单位工作职责和任务》《丽水市农村信用体系建设工作督查方案》及《考核办法》等一系列制度文件。三是信息共享平台。人民银行丽水市中心支行自主研发了市、县两级联网的"农户信用信息数据库系统"，并将 38 万多户的农户信息全部纳入数据库管理。

截至 2012 年末，全市行政村信用评价面达到 100％，农户信用评价面达到 92％，共创建信用村 692 个、信用乡（镇）24 个、信用社区 13 个、信用县 1 个，共有 32.52 万信用农户获得金融机构授信 103.2 亿元，其中已有 17.7 万信用农户累计获得贷款 159.7 亿元，同比增长 52.4％，真正实现了"信用很珍贵、证件（信用证）不浪费、农民得实惠"的目的。人民银行总行周小川行长在 2011 年人民银行工作会议报告中，明确指出"农村信用体系建设取得新突破，涌现出丽水市等突出典型"。

（3）支付便农——实现银行卡助农取款服务全覆盖

针对农村金融网点少，农民各种涉农补贴"取现难"的问题，人民银行丽水市中心支行报经总行批准，使丽水作为全国试点城市于 2010 年 7 月率先开展"银行卡助农取款服务"创新工作。按照"政府支持、人民银行指导、涉农银行机构分片负责、相关部门共同参与"的原则，指导辖内金融机构在行政村指定商店设立服务点，布放专用 POS 机，农民通过刷借记卡就近支取养老、医疗等涉农补贴资金，享受最急需、最基本的支付结算服务，这有效改善了农村地区支付服务环境。

争取地方政府支持，构建"四级联动"工作机制。提请丽水市政府将"银行卡助农取款服务"工作列入全市十件大事，成立了市、县、乡三级的"银行卡助农取款服务"工作领导小组，并与各县（市、区）政府签订了工作目标责任书，设立了专项支持资金，将"银行卡助农

取款服务"工作纳入年度工作考核范围,形成了市、县、乡、村四级全覆盖的工作格局。

加强业务指导,有序推进试点工作。一是严格准入,规范操作。制定了《丽水市"银行卡助农取款服务"工作指导意见》,该《意见》明确承办银行在业务管理、内控制度、人员配备等方面需具备的条件,以及对指定商店在信用等级、业务素质、资金实力等方面的具体要求,严把准入关口。二是加强指导,防范风险。指导并审核各承办银行制订的实施细则、操作手册及内控管理制度;组织承办银行上门对指定商店开展一对一的培训,包括制度规章、业务办理、纠纷处理等内容的培训。三是以点带面,有序推进。按照"应布尽布、先远后近、先急后缓"的原则,先在没有银行机构网点(或 ATM 机)的乡镇和人口集中度较高的行政村开展。在积累试点经验的基础上,按"应布尽布"原则完成全市 2114 个行政村的布放,实现全市"银行卡助农取款服务"全覆盖。

引入正向激励机制,调动各方参与积极性。一是实行"分片包干"负责制。采取由涉农银行机构按乡镇分片包干的办法设立银行卡助农取款服务点,并推行谁包干、谁布机、谁发卡的原则。二是安排专项补贴资金,对各助农取款服务点根据业务量、服务质量给予一定的奖励和资金补助,对承办银行向指定商店发放 5 万元以内的小额贷款,并由当地财政给予全额贴息。三是出台惠农政策。各承办银行出台"减免费用、信贷支持、利率优惠、全额贴息"的配套优惠政策。

截至 2012 年末,全市已在 2114 个行政村设立了助农取款服务点,累计办理小额取现 54.63 万笔、金额 1.106 亿元,惠及 130 余万农民,在全国率先实现"银行卡助农取款服务"的农村全覆盖,有效实现了农村居民小额提现"不出村、零成本、无风险"的效果,并促进了农村的消费、加强了涉农资金补贴廉政的监管,取得了"银行愿意、商户乐意、农户如意、政府满意"的多方共赢的局面,得到了人民银行总行领导、浙江省委、省政府主要领导的批示肯定，荣获"浙江省2011年十大民生工程"项目推荐奖。同时，依托全市助农取款服务点网络优势，我们同步实施了农村反假货币、国债宣传服务、民间借贷监测、金融知识普及等工作网络建设，从而进一步优化了农村金融生态环境。

第三节 台州小微金融服务改革

台州是股份合作制的发源地，其经济主体是小微民营企业，改革开放以来，尤其是20世纪90年代以来，政府坚持以市场为导向，采取适当宽容的态度，充分发挥各项体制、机制优势，较早地实现了经济的跨越式发展，这也一度被外界誉为"台州现象"，在此过程中，台州发达的"草根金融"为无数小微企业的发展起到了推动作用，也使台州成为全国小微金融发展的先行地区，2013年10月，鉴于台州小微金融在全国的先行地位，台州获省政府批准建立浙江省小微企业金融服务改革创新试验区。

一、金融改革发展的相关情况

为进一步促进金融业对小微企业、实体经济的支持，20世纪90年代以来，台州采取了一系列的改革措施。

（一）发展与改制城市商业银行（城市信用社）

1. 城市信用社起源与发展：市场主导基础上的地方政府扶助。城市信用社、金融服务社等创新组织形式随台州民营企业的发展而在20世纪80年代中后期应运而生，台州全市的城市信用社数量曾达到20余家，缔造了"小小城市信用社战胜国有大银行"的奇迹，早在1996年末，作为台州银行前身的路桥银座诚信社的存贷款余额就分别占到路桥区全部存贷款余额的 27.4％和 25.7％,且数倍于任何一家当地国有银行,截至 1999 年末,两家城信社存贷款余额占比分别为 37％和 39％,超过了当地四大国有银行存贷款余额(见表 10-1)。

表 10-1　台州路桥区金融机构存贷款余额分布状况

	1996 年末				1999 年末			
	各项存款		各项贷款		各项存款		各项贷款	
	余额(万元)	比重(％)	余额(万元)	比重(％)	余额(万元)	比重(％)	余额(万元)	比重(％)
金融机构总和	265910	100	170202	100	724493	100	413100	100
工商银行	19217	7.2	10935	6.4	66538	9.2	39192	9.5
农业银行	32123	12.1	22082	13	93907	12.9	45338	11
中国银行	10752	4	4400	2.6	36694	5.1	17078	4.1
建设银行	24788	9.3	6444	3.8	78018	10.7	29518	7.1
其中：银座	72730	27.4	43826	25.7	153658	21.2	100200	24.3
泰隆	40131	15	24877	14.6	114468	15.8	61301	14.8

2. 城市信用社改制：市场导向,避免"一刀切",不控股,坚持民营化发展方向。1995 年后,国内许多城市开始在当地城市信用社的基础上采用政府主导型的方式组建城市商业银行。而台州地方政府从本地的现实条件出发,并未同步在本地对诚信社实施此类"强制性制度变迁"的举措,直到 2002 年,才根据自身特点开始组建商业银行。然而台州城市商业银行的组建带有鲜明的市场导向特征。首先,基于自愿性参与组建原则,形成了全国仅有的三家民营、专业服务小微企业的城市商业银行。其次,地方政府不控股,坚持城市商业银行(城市信用社)民营化发展方向,突显了体制、机制先发优势。

(2) 推动国有股份制银行积极创新支持小微企业

台州各国有、股份制银行一直致力于服务小微企业金融,发挥自身优势进行小微金融业务创新,是全国大、中型商业银行开展小微金融业务的排头兵,中国工商银行台州分行、中国农业银行台州

分行先后于 2004 年、2012 年获得"全国五一劳动奖状"。目前,台州辖内国有、股份制银行被其总行确定为小微金融试点行的有 7 家,被省行确定为试点行的有 3 家,台州辖内国有股份制银行成为各系统内小微金融全国重点试点行,并积累了丰富的可供各地借鉴的经验。工商银行台州分行更是早在 20 世纪 90 年代便探索开展小微信贷业务,是全国工行系统小微信贷业务第一个"吃螃蟹的人",也是国有大银行小企业信贷业务的始发行,2008 年,时任工商银行董事长姜建清亲临台州指导,指示台州分行要秉承固有创新精神,积极探索小微企业信贷业务管理新模式,台州从此开启了专营机构的全国试点。

(三) 作为小金融机构(组织)先行先试地区,为全国金融体系创新探路

浙江首家村镇银行玉环永兴村镇银行、全国首家依托农民专业合作社成立(浙江首家经批准)的农村资金互助社临海忘不了资金互助社在台州成立;台州小额贷款公司 23 家,在全省地级市中排名第二;台州农信系统率先创新推出的"小额丰收贷款卡",成为农信系统支持小微企业、三农的服务品牌,并获得"全国服务小企业及三农十佳特优金融产品""浙江省 2010 年度十大民生工程"等称号;自发形成的小微金融组织也运行良好、活跃,全国首家农村先富带后富创业基金会天台平桥后山创业基金会、类社区银行全省首家农村资金互助社玉环九山农村资金互助社在台州成立、特定区域准小贷公司三门高枧粮食基金会也得到时任国务院副总理回良玉的批示。

(四) 大力发展多形式担保,解决小微企业贷款难问题

为解决因无权契约不完整、小微企业抵押物缺乏等问题,地方政府通过财政出资、引导民营资本等方式发展各类担保公司,截至2012 年末,台州有担保公司 100 家,注册资本达 41.63 亿元。担保公司有以下几种类型:

一是政府主导型担保公司。1999年11月,台州市椒江区中小企业经济担保有限公司成立,注册资本2000万元,公司实行董事会领导下的总经理负责制,2001年该公司就被列为全国第一批中小企业信用担保体系试点公司,标志着台州政府开始探索"政府主导＋财政出资＋市场运作"模式,探索地方政府推进中小企业融资的新途径。

　　二是特定对象与范围担保公司。台州市另一项成功经验是成立乡镇工业园区担保公司,由乡镇地方财政少量出资,以会员制吸收一些企业和自然人入股成立担保公司,对特定区域(园区内)企业进行融资担保,如2004年由路桥区桐屿街道工业办公室、有关企业联合筹资200万元组建的台州市双赢经济担保服务公司,为乡镇园区内多家企业进行融资担保。

　　三是政府、企业、行业协会以各种形式探索中小企业信用担保的推进。由财政出资一亿,台州市政府成立了注册资本为8600万元的台州市经纬担保投资有限公司,并与民生银行杭州分行合作,把外部资金引入台州。台州市经委组织企业成立会员制企业相互担保公司,会员企业共同出资成立担保公司。台州还成立了由协会牵头、协会会长为董事长的行业性、集团性担保公司,如天台县的金轮经济担保公司。这种以"政府组织、企业主体、市场主导"的中小企业担保体系和组织框架在一定程度上缓解了小微企业贷款担保难的问题。

　　在探索组建各种担保公司的同时,也反映出"担保公司模式"的缺陷。一是担保公司资金规模有限,尤其是台州10万余个小规模企业是担保公司无法顾及的,特别是政府出资成立的担保公司对担保对象往往提出了限制性条件。二是民间成立的担保公司担保费率较高,增加了企业财务负担。一般来说,民间出资成立的担保公司提供担保服务的收费比率相当于同一笔银行贷款利息的一半左右。

（五）创新推出财产登记抵押贷款制度，改善小微企业融资环境

为弥补改善小微企业在担保市场的被动局面，台州市政府与金融管理部门探索了一种企业直接抵押的贷款方式，即财产登记抵押贷款制度，只要对抵押物进行登记就可以获得贷款，这种做法无论是就财产登记抵押制度本身的制度设计、还是就解决小规模企业提供财产抵押的作用而言，以及对推动大型商业银行开展小微信贷业务而言，都具有重要的意义。

台州市委、市政府于 1998 年 6 月 25 日发出《关于开展企业财产抵押贷款有关问题的通知》，该《通知》提出在全市范围内开展企业财产抵押贷款如统一归口登记部门等的 7 项具体实施意见，1997 年 7 月开始，办理抵押登记更是实行免收登记费制度。另外，各种针对抵押范围的拓展创新也层出不穷，如台州市椒江区推出利用企业的流通物资进行登记抵押、对生产性企业开展以通用设备和专用设备为主的动产抵押登记贷款、对那些银行不予认可的可移动物资，先抵押给区政府部门成立的担保公司，然后由担保公司担保向银行申贷等。

实践表明，开展企业财产抵押登记工作，一方面改善了台州小规模企业的融资环境，缓解了信贷资产质量不高的"瓶颈"难题，另一方面，为解决台州小微企业贷款难的问题开辟了新的途径，也在一定程度上避免了企业间因互保引起的连锁反应和社会矛盾。台州的这一经验得到了小微企业发达地区的广泛认同，1999 年，浙江省人民政府发出《关于房地产抵押登记问题的通知》，并在全省推广。

（六）积极推动本地企业上市融资

自从 1999 年钱江成为台州首家上市公司以来，直至 2004 年，台州共有 7 家公司先后在上交所、深交所挂牌上市，而 2005 年《台州市人民政府关于扶持企业上市的若干政策意见》（台政发〔2005〕41 号）文件的发布，极大地推动了台州本地企业的上市步伐，为适应上市

环境的变化,台州市政府于 2012 年发布《关于进一步加强企业上市工作的若干意见》,该《意见》进一步对企业上市优惠与奖励政策、建立后备资源库等方面进行了明确规定。截至 2012 年末,台州共有 26 家公司上市,位列全国地级市第二。

(七) 大力推动扩大直接债务融资规模

通过窗口指导、举办推进会等形式推进企业债务融资规模的增加,2011 年,腾达建设集团股份有限公司成功发行首期短期融资券 2 亿元,实现了台州短期融资券发行零的突破。同年,海正集团通过公开招标方式发行首期 3 亿元中期票据,星星集团 4 亿元短期融资券发行获中国银行间市场交易商协会注册。

二、 台州金融支持小微企业主要经验

"体制优势、竞合共荣、经验普适"是台州金融业服务小微企业的主要经验。台州三家城市商业银行凭借坚持民营化发展的先发"体制优势",成功探索出一套较为成熟的破解小微企业融资缺乏抵押、信息不对称、风险控制等难题的独特机制,很好契合了小微企业"短、小、频、急"的融资需求,其自身也得到快速发展壮大。城商行的示范效应促成国有、股份制等银行以及其他金融机构和组织在小微金融市场积极开展探索实践,从而形成了"竞合共荣"的台州小微金融市场良性竞争共赢发展的局面。同时,城商行通过小微金融人才培训输出、配套机构各地延伸等方式,国有、股份制银行通过试点经验推广等方式,将"台州模式"成功复制到全国各地,证明其"经验普适"性。台州小微金融的实践证明,金融服务小微企业是商业可持续的发展模式,其市场广阔、效益明显、风险可控。

一是金融服务小微企业是商业可持续的。在适当的制度安排下,小微金融市场广阔、效益明显、风险可控,而且能够在互动中实现小微企业、银行、政府等多方主体的合作共赢。二是坚持城商行民营化发展的体制机制优势是显著的。三家民营城市商业银行与

小微企业天然亲近，实现了"民营资本兴办民营银行，民营银行扶持民营小微企业"的良性互动局面。三是与小微企业需求相匹配的运作模式是成熟和成功的。城市商业银行通过"大数定律"和"环环相扣"的内控制度，破解小微企业贷款风险控制难题，通过"人海战术"和"三品三表"技术，破解信息不对称难题，通过"管营分工"和有意"忽视抵押"，破解小微企业缺乏抵押品难题。国有、股份制银行通过管理机制创新、"信贷工厂"标准化流程改造、风险预警系统开发等一系列方式，逐步探索形成了一套大、中型银行支持小微企业的成熟模式。四是台州小微金融运作模式是具有复制性和普适性的。城市商业银行能够在经济结构、金融环境、文化背景不同的上海、江西、四川等东、中、西部地区成功激活、引领当地小微金融市场，同时，台州的国有、股份制银行支持小微企业的创新举措能在全国得到很好的推广，都验证了其运作模式的可复制性与普适性。五是通过人才引领与培训带动的成功模式的辐射渠道是畅通的。台州脱颖而出一批以陈小军、王钧为代表的富于创新精神的银行家，为台州小微金融的成功奠定了坚实基础，而三家城市商业银行独立化、规模化的培训机制和配套机构又使这种模式成功地向全国各地辐射延伸。

3. 台州金融改革二十年取得的成效

金融改革二十年，台州始终牢牢抓住服务实体经济这条主线，积极致力于探索小微金融改革创新，创造出了特色鲜明、在全国有广泛影响的金融支持小微企业的"台州经验"和"台州小微金融品牌"，得到了时任总理温家宝等中央领导同志的充分肯定，形成了金融与小微企业良性互动的双赢局面，一大批企业如钱江、吉利、星星、苏泊尔等在金融政策支持下迅速发展成为全国知名企业，金融业自身也得到了迅速发展。培育形成了全国唯一的三家专注、专业服务于小微企业的民营城市商业银行；积累了丰富的国有、股份制银行支持小微的可供各地借鉴的经验；形成有全国影响力的金融支持小微企业明星信贷品种;创造了良好的小微金融政策创新环境。

截至 2012 年末,台州存、贷款余额达到了 4509.17 亿元、3783.97 亿元,分别是 1992 年的 81.3 倍和 81 倍。台州小微企业(含个人经营性)贷款占全部贷款比例达 47.2%,比全国高个 20 百分点,比全省高近 10 个百分点;三家城市商业银行占比达 75.7%,比全国高 44.2 个百分点,比全省高 19.7 个百分点,平均单笔贷款仅 50 万元左右,客户数占比在 94% 以上,不良贷款率也一直保持在 1% 以下,明显低于出现危机的毗邻地市,也明显低于全省平均水平。

第四节 义乌国际贸易金融专项改革

一、 贸易金改风吹义乌

一是国务院对义乌市国际贸易综合改革提出了新要求。浙江是市场大省、外贸大省和民营经济大省,义乌更是典型中的代表,义乌中国小商品市场已成为全球重要的小商品出口基地和国际贸易窗口,每年前来采购的境外客商超 40 万人次,在义乌设立的涉外经营主体已达 5624 家,其中外商投资合伙企业的数量更是占全国 80%,共 2497 家,常驻外商人口超过 1.3 万人,商品出口辐射超过 200 个国家和地区,直接带动了周边 20 多万家中小企业的蓬勃发展,然而随着国际国内经济形势的变化,在义乌外贸出口中存在的一系列深层次矛盾和问题也日益凸显,尤以与贸易相关的金融体制改革最为迫切,国际贸易综合改革试点的《总体方案》也明确要求,义乌将承担起探索建立新型贸易方式、优化出口商品结构、加快义乌市场建设等九大试点任务,义乌金融体制改革势在必行。

二是落实国际贸易综合改革需要有金融改革作为支撑。加快推动国际贸易综合改革试点,离不开强有力的金融支撑,制定金融专项规划、加快金融改革创新是落实《总体方案》各项任务的必要路径。义乌的金融机构体系要更健全，须通过完善金融布局规划、服务设施和政策体系，吸引更多的金融机构、投资机构来义乌发展，加快培育金融中介服务机构，壮大金融体系，提高金融体系的市场效率和服务能力，优化金融生态，改革完善金融监管体系，强化金融执法，创建金融人才服务平台，优化以人为本的金融人才环境。

三是义乌市场和产业的特色决定其需要有特色的金融服务。义乌自从1982年在全国率先创办小商品市场以来，经过五易其址、十次扩建，义乌早已成为中国最大的小商品出口基地、全球最大的小商品集散地之一，义乌集贸市场的总成交额也连续21年稳居全国各大专业市场榜首，由商务部主持编制的"义乌中国小商品指数"定期向全球发布，成为全球小商品价格变动的"风向标"和"晴雨表"。尽管成就巨大，但其在金融领域的发展仍旧依然存在一些亟须解决的重要问题，包括与国际贸易相适应的金融及相关服务机构体系，全市整体金融产品单一，不能与现行的国际贸易融资发展需求相接轨，社会直融比例相对较低等问题，因而对接资本市场成为义乌金融改革最为关键的推动力。

二、 几上几下方案获批

2011年3月国务院批复《关于浙江省义乌市国际贸易综合改革试点总体方案》，明确要求在健全金融机构体系、提升金融服务能力、改善金融环境等三个方面建设义乌现代金融服务体系，努力为义乌在2020年成为"转变外贸发展方式的示范区、带动产业转型升级的重要基地、世界领先的国际小商品贸易中心和宜商宜居的国际商贸名城"提供强有力的金融支撑。

经过一年多的不懈努力，2013年8月23日经国务院批准，由人民银行会同中编办、发改委、财政部、商务部、银监会、证监会、保监会、外汇局等九个国家部委联合发布印发了浙江省义乌市国际贸易综合改革试点金融专项方案的通知。该通知的主要目标是通过加快金融改革创新，积极推动人民币跨境业务、外汇管理和民间资本管理创新，探索贸易金融新模式。努力形成多元化金融组织体系、多层次金融市场体系和便利化贸易金融服务体系，创建规范有序的金融发展环境。力争到 2020 年，基本形成与义乌经济社会发展相适应的金融体制机制，在推动国际贸易发展、经济结构调整和转型升级中发挥重要作用。

三、 义乌金融改革成效初显

在各相关单位的不懈努力下，义乌金融专项改革，较好地发挥了金融在支持地方经济发展、服务国贸改革中的重要作用，在金融创新、金融集聚、产融互促等方面不断取得新突破、新进展。

1. 与国际贸易相配套的外汇管理机制不断完善。一是继续深化贸易便利化结算试点，在全国率先开展实施的个人贸易外汇管理改革试点，为市场采购新型贸易方式打开了结汇新通道。二是探索推进跨境电子商务结算业务。积极与境外金融机构、第三方支付机构对接开展跨境收付业务。目前与贝宝（PayPal）、盛付通等 6 家国内外机构累计实现跨境收付超 153 亿元。三是扎实推进跨境人民币业务。积极引进第三方支付平台与本地银行机构开展的跨境人民币集中收付业务，浦发银行的跨境兑、农业银行的跨境参融通等业务，为向全国复制推广积累了丰富经验。四是打造区域性跨境结算高地。以浦发银行、平安银行、交通银行、招商银行为代表的离岸业务创新中心相继成立。

2. 与金融服务国际化相接轨的贸易金融产品不断创新。一是贸易融资产品持续创新。信用证融资、出口保理、内保外贷、跨境保函等贸易融资产品不断涌现，国际陆港旗下的义乌保税港联合发展有限公司，结合海关"分送集报"业务与银行开发关税保函、信用融资等产品，浦发银行对应收账款的出口保理已累计办理 26.5 亿元。

二是供应链金融平台不断涌现。目前全市共有"国贸通""义乌通""义网通"等各类供应链融资平台12个，其中，"国贸通"已为1343户小微企业提供授信12.53亿元，累计发放贷款8804笔，共计金额9.2亿元；"义乌通"整合物产集团和中海运集团优势，为海外仓量身定制"壹仓通"金融产品，有力促进了义乌市场"走出去"的步伐。三是"互联网＋金融"快速发展。引进大数据金融服务龙头杭州云算信达数据技术有限公司并开展"云贷365"电商贷款，已累计发放贷款30余亿元，电商贷、网商贷等本土互联网企业不断壮大，其中电商贷已在全国电商百强县的11个城市中布局，累计为中小电商企业发放贷款1.8亿元。

3. 与促进实体经济相匹配的资本市场不断丰富。一是推动民间资本管理创新。国资控股的民间融资服务中心已完成筹建，将于近期开业；开展民间资本管理创新试点，共培育民间资本管理公司两家，已累计投资项目62个，累计投放金额超1.5亿元。二是拓展多层次资本市场。积极推动企业挂牌上市、发展债券融资和基金产业，全市共培育上市企业6家，2012年新增两家IPO报会企业，新增两家新三板企业，浙江股交中心新增挂牌企业6家，上海股交中心新增挂牌企业6家。三是创新企业融资担保方式。积极推动"转贷通""助保贷"发展政策性融资担保公司等融资担保方式，通过扩大融资增信减少互保互联；拓宽融资渠道，开展农村"三权"（农村宅基地产权、土地承包权、农村合作社股权）抵押、商标权质押等融资试点。四是创新小微企业金融服务。积极开展服务小微的小额贷款保证保险试点工作，有效帮助小微增信，共服务小微企业1640家，融资额4.65亿元；针对小微企业抵押难、担保难等问题，创新开发"质押＋信用""质押＋担保"等产品，创新小微企业贷款及还贷方式，加大信用贷款推广力度，目前全市小微企业贷款余额1136.37亿元，信用贷款余额达86.33亿元。

4. 与集聚地方金融产业相适应的金融生态不断优化。一是完善建设金融产业集聚发展平台,以丝路新区的金融商务区为核心规划丝路金融小镇,加速金融机构在小镇的集聚。二是积极探索社会信用体系建设。围绕争创国家发改委的社会信用体系建设示范城市试点的目标,启动"义乌市公共联合征信平台"建设,组建商城征信公司,主动申报个人征信牌照,整合对接市场采购联网信息平台与征信平台数据库,搭建统一征信平台。三是完善提高金融监管职能。加强与中央编办、国务院等中央职能部门的汇报衔接,推动人民银行义乌市支行、义乌市银监办的升格,提升金融监管机构的监管层级和监管权限。

第十一章　浙江省农村信用社改革与发展

第一节　农村信用社改革历程

　　浙江省农村信用社在省委、省政府的正确领导和人民银行、银监会部门等支持帮助下，从无到有、从小到大、从弱到强，经历了一个曲折多变的改革发展过程。1951年5月，中国人民银行总行召开第一次全国农村金融工作会议，决定大力发展农村信用社，由村民自愿入股组建。1952年10月，浙江省第一家农村信用社在慈溪南山乡（现属余姚市）组建成立，拉开了浙江省农村信用社蓬勃发展的序幕。1993年底，全省完成了县级联社的普建；2004年4月，浙江省农村信用社联合社成立，浙江省农村信用社迈入了改革发展新时期。

一、伏骥改革蓄势待发

　　为了加强对农村信用社的资金计划管理，搞活农村信用社经营，在1990年5月萧山等14个市、县（区）开展贷款"比例管理、以存定贷"的基础上，1991年全省农村信用社全面推广贷款比例管理，浙江省在当时属于全国最早试行贷款比例管理的省份之一。1992年7月25日，中国人民银行总行下发《关于农村信用社实行资产负债比例管理试点的通知》（银发〔1992〕169号），决定在浙江、山西、四川、江苏四省的农村信用社和河北、河南、吉林已与农行脱钩的农村信用社实行资产负债比例管理试点。据此，同年12月3日，人民银行浙江省分行和农业银行浙江省分行联合下发《浙江省农村信用社资产负债比例管理实施方案》(浙银发〔1992〕669号、浙农银〔1992〕387号),标志着全省农村信用社正式实施资产负债比例管理。

当时,全省农村信用社实行资产负债比例管理的基本内容是:(1)资金比例管理。即信用社的全部运用资金减去在银行的转存款(含准备金)之后,不得超过其可用资金。(2)贷款比例指导。根据信用社的管理水平、投资环境和全年的资金信贷计划,核定其贷款占可用资金的比例,将其作为信用社当年贷款的指导性指标。(3)资金调剂调节。各级银行和县联社通过资金调剂,对辖内各信用社之间资金余缺进行调节,调剂资金的总量由上级掌握。(4)资金风险管理。建立风险考核指标,与资金比例挂钩配套,以强化风险管理,防止资产损失。资产负债比例由各级人民银行和农业银行双线监控考核,实行按月检查,按年考核。实施农村信用社资产负债比例管理后,1991年底,信用社在农业银行的转存款基数从1993年开始分3年退还,全省每年退还三分之一资金运用比例,各市、地、县都按100%掌握;县联社对信用社的管理相应地逐步向资产负债比例管理的方向发展。

浙江省深化农村信用社改革的基本思路明确,在坚持农业银行领导信用社管理体制不变的前提下,把县联社办成以农行和基层信用社参股为主的自主经营、独立核算、自负盈亏、自担风险的股份合作性质的金融企业,即股份合作制联社,进一步理顺行社关系,提高信用社整体竞争能力,从而逐步把信用社推向市场,以便使其更有效地发挥筹集资金、支持经济发展的职能作用。1992年12月21日,省农行向省政府报告,提出《关于进一步深化我省农村信用社体制改革的几点意见》(浙农银〔1992〕406号),报告总结了10年来农村信用社改革取得的成效,提出应对浙江省农村信用社体制进行根本性的改革,要把农村信用社办成以现行联社为核心的股份合作制的金融企业,以壮大县联社资金实力,改善对信用社的领导,理顺各方面的关系,促进浙江省经济发展。

1993 年 3 月 22 日,省农行下发《印发〈关于对部分农村信用社县联社进行改革试点的意见〉的通知》(浙农银行〔1993〕80 号)。改革的基本内容是:扩股增资;实行董事会领导下的县联社总经理负责制;股份合作制联社具有独立法人资格;股份合作制联社在董事会领导下开展工作,按章程依法经营。为了顺利开展试点工作,人民银行浙江省分行和农业银行浙江省分行共同组成了资产负债比例管理领导小组。1993 年上半年,全省农村信用社顺利完成了试点工作。10 月 4 日,省农行制定下发了《浙江省农村信用社清产核资工作意见》(浙江农银〔1993〕306 号),布置开展全省信用社清产核资。

1993 年 12 月 25 日,《国务院关于金融体制改革的决定》(国发〔1993〕91 号)文件指出:"根据农村商品经济发展的需要,在农村信用合作社联社的基础上,有步骤地组建农村合作银行。要制定《农村合作银行条例》,并先将农村信用社联社从中国农业银行中独立出来,办成基层信用社的联合组织。农村合作银行目前只在县(含县)以下地区组建。国有商业银行可以按《农村合作银行条例》向农村合作银行参股,但不能改变农村合作银行的集体合作金融性质。"

1994 年 2 月 4 日,农总行下发《1994 年农村信用合作工作意见》(农银发〔1994〕22 号,浙农银〔1994〕53 号转发),该《意见》提出全国农村信用社将实行限额管理下的资产负债比例管理。实行限额管理下的资产负债比例管理后,农总行对各省分行的贷款限额和比例实行一次亮底、年中监控。年度执行中根据资金来源的实际状况在不超过总行核定的比例的前提下实行调整,对超额完成存款计划,但贷款限额不足的分行,可以向总行申请调整贷款限额;完不成存款任务的,节余的规模由总行调出;存款下降幅度较大的,相应压缩贷款存量规模。对比例与规模实行双线监控,年末总行对各省分行进行考核,比例和规模均不得突破。各省分行对下如何管理,应按照信用社自主经营和适应市场的要求,确定符合实际的具体考核管理办法。从此,浙江省的农村信用社都实行了这种限额指导下的资产负债比例管理办法。这是浙江省农村信用社资金计划管理体制改革的重大措施,极大地促进了全省农村信用社业务的健康发展。

同年2月23日,人民银行总行和农业银行总行以内部传真电报形成下发《关于加强对农村信用社领导和管理的通知》银传〔1994〕11号,该《通知》提出在"人、农两总行正式下发农村信用社具体改革方案前,信用社的隶属关系不得变动。各级农业银行仍要认真负起责任,切实加强和改善对信用社的领导和管理。同时,信用社必须服从农业银行的领导,搞好协调配合。"3月12日,省农行下发《1994年浙江省农村信用合作工作意见》,全省农村信用社不断加快储蓄营业网点的现代化建设,各地积极对电脑应用制定规划,发达地区的联社营业部和地处城关、集镇的信用社力争在一两年内实现储蓄业务电脑化;省分行研究制定信用社信贷资产风险管理办法,选择部分县进行试点,信用社积极落实和完善信贷岗位责任,实行包放包收、风险与经济利益挂钩的制度;加快信用社"工效挂钩"试点步伐,为信用社工资改革打下基础;推进联社营业部建立步伐,部分县联社积极自办信用社县辖结算,开办特约汇兑结算,主动参加人民银行同城票据交换,参加代签农行"三省一市"汇票试点等。

为贯彻落实农总行于1995年2月25日下发的《1995年农村信用合作工作要点》(农银发〔1995〕23号)等文件精神,农业银行省分行会同有关市(地)行选择了几家职能机构较全、管理力量较强的经营管理型联社进行专职主任试点。加快建立联社营业部步伐,已建立的营业部依法完善经营、服务功能,发挥筹集资金支持农业骨干项目、调度资金和结算等方面的作用。健全和完善联社办事议事规则,建立联社主任办公会议和社务会议制度,明确主任(常务副主任)、副主任、职能部门(负责人)之间的工作关系,明确主任办公会议的议题范围、决策程序和执行落实等内容。同时,全面推进全额资产负债比例管理的工作。经人、农两总行同意，浙江省农村信用社率先实施全额资产负债比例管理，这是改革农村信用社资金计划管理体制的重大举措。农村信用社除向农行缴足13％的存款准备金、留足5％～7％的备付金外，其余资金在原则上实现充分自主运用。至同年年末，9家试点联社中，6家完成了专职主任及领导班子的任命，建立了党组织和团委。

二、 脱钩农行自成主体

（一）全省农村信用社与农业银行脱钩

党的十一届三中全会以后，随着全国经济金融体制改革的逐步深入，浙江省农村信用社进行了一系列的改革，并在改革开放的大潮中边探索边发展。1987年1月，人民银行总行在全国确定6家县信用联社，进行农村信用社与农业银行脱钩的试点，浙江省绍兴市信用联社和鄞县信用联社是其中两家。萧山农村信用社开展了"行政挂靠地方、行业管理上挂市农行"的"半脱钩"试点。

在绍兴、鄞县两地市、县人民政府和人民银行省、市、县分、支行的领导下，绍兴市信用联社于1987年5月底与农业银行绍兴市支行脱离行政隶属关系；鄞县信用联社也于1987年11月15日与农业银行鄞县支行脱钩。绍兴、鄞县信用联社与农业银行脱钩后，各项业务迅猛发展，这都有力地支持了当地乡镇企业和农业经济的发展。以绍兴市为例，将信用联社与农业银行脱钩后的第5年（1992年）与1986年比较：（1）全县信用社1992年贷款余额20.39亿元，比1986年增加15.06亿元，增长282.55％。（2）全县乡镇工业总产值1992年增加到136.54亿元，比1986年增加94.29亿元，增长223％。（3）全县乡镇工业固定资产投入与净值的对比：1992年，固定资产贷款余额增加到28.2亿元，比1986年增长432％；全县乡镇企业固定资产净值达到17.74亿元，比1986年增长746％。（4）全县农民的人均收入在1992年增加到1988元，增长122.37％。随着全县农民收入的逐年增加,信用社的农村储蓄存款也得到相应增加,1992年全县信用社农村储蓄存款余额增加到 12.19 亿元,增长 435%。

绍兴市和鄞县两地农村信用社与农业银行脱钩试点的尝试,取得了积极成效,为全省乃至全国农村信用社实现独立自主经营、自我发展探索了一条可行的新路。1996 年 8 月 22 日,国务院正式下发《国务院关于农村金融体制改革的决定》(国发〔1996〕33 号),该《决定》明确指出,农村信用社与中国农业银行脱离行政隶属关系,对其业务管理和金融监管分别由农村信用社县联社和中国人民银行承担,然后按合作制原则加以规范。同月,国务院农村金融体制改革部际协调小组下发《关于印发农村信用社与中国农业银行脱离行政隶属关系实施方案的通知》(农金改办〔1996〕2 号),该《通知》对脱钩的原则、脱钩工作的组织领导、脱钩的条件和时间安排、农村信用社与中国农业银行的人员关系、财务关系、资金关系处理、统计数据及会计报表报送、其他业务问题等 8 个方面的问题进行了明确。自此,宣告农村信用社与农业银行正式脱钩。

1996 年 9 月 2 日,国务院农村金融体制改革部际协调小组下发《关于做好当前农村信用社改革和管理工作的通知》(农金改〔1996〕4 号),该《通知》提到加强对改革过渡时期农村信用社的领导和管理。"从农村金融体制改革领导小组及其办公室成立到县以上农村信用社自律组织成立前的这段时间,是农村信用社改革的过渡时期。这个时期农村信用社的日常管理,包括'三防一保'、案件查处等工作,县以下由县联社负责,县以上由各级农村金融体制改革领导小组办公室负责。省、地(市)两级领导小组办公室要设农村信用合作管理部门,县联社要接受地(市)领导小组办公室的领导和管理;对农村信用社的监管由中国人民银行承担。"

根据《国务院关于农村金融体制改革的决定》的精神,1996 年 9 月 5 日,浙江省农村金融体制改革领导小组成立,由分管副省长任组长,下设人民银行省分行分管副行长兼任办公室主任、省信用合作管理部门负责人为专职办公室副主任（以下简称省农金改办）。随后，各市、地、县也陆续成立了农村金融体制改革领导小组及其办公室，它们主要承担行业管理、稳健经营、努力提高服务质量的任务。在这一时期，制定下发了《浙江省农村信用社资金融通管理办法》《浙江省农村信用贷款管理责任制度》《浙江省农村信用社综合经营责任制考核办法》《浙江省农村信用社安全保卫工作暂行规定》等文件，进一步推进了农村信用社作为经营管理的规范化，同时，不断强化坚持服务"三农"的根本宗旨，充分发挥农村信用社农村金融主力军和联系农民的纽带作用。在省委、省政府的领导下，从9月开始在全省进一步开展农村金融体制改革。9月27日，省政府在杭州召开全省农村金融体制改革工作会议，全面部署全省农村金融体制改革工作，将信用社与农业银行脱钩工作列为农村金融体制改革工作的首要任务，并要求全省在1996年10月31日前完成脱钩工作。会后，省农村金融体制改革领导小组下发《浙江省农村信用社与中国农业银行脱离行政隶属关系的实施意见》。9月28日，省农村金融体制改革领导小组办公室召开全省农村信用联社主任会议，部署脱钩和改革时期农村信用社的经营、管理工作，强调农村信用社要在稳定的秩序中按时完成脱钩工作。10月上旬，全省各地农村信用社与农业银行根据省农村金融体制改革工作会议精神，按《浙江省农村信用社与中国农业银行脱离行政隶属关系的实施意见》的原则、政策，对行社相关人员、财产、资金进行清理、登记、划转和重新签订协议。为确保脱钩工作平稳顺利完成，省农村金融体制改革领导小组办公室组织两个调查组，到部分地市进行调查、了解和指导。10月17日，省农村金融体制改革领导小组办公室召开了全省各市（地）农村金融体制改革领导小组办公室主任、专职副主任参加的脱钩改革工作情况汇报会议，并审核了各地提交的《农村信用社与中国农业银行脱离行政隶属关系的请求报告》。

　　同年10月23日，省农村金融体制改革领导小组向国务院农村

金融体制改革部际协调小组上报了《浙江省农村信用社与中国农业银行脱离行政隶属关系的请示》。10月24日，国务院农村金融体制改革部际协调小组办公室批复："同意浙江省农村信用社与农业银行脱钩，并明确脱钩后农村信用社由省级各级农村金融体制改革领导小组及县联社领导管理，省以上由国务院农村金融体制改革部际协调小组办公室领导管理；对农村信用社的监管，由中国人民银行直接承担。"11月8日，时任省农村金融体制改革领导小组副组长、人民银行省分行行长谢庆健在会上正式宣布：浙江省农村信用社与中国农业银行脱离行政隶属关系。至此，浙江省农业银行自1979年恢复设立以来对全省农村信用社长达近17年的领导和管理宣告结束。

1997年7月3日，全省农村信用社管理体制改革工作会议召开，会议传达了全国农村信用社管理体制改革工作会议精神，总结、交流了脱钩以来全省农村信用社经营管理工作情况，研究、部署了下一步浙江省农村信用的社改革发展和风险防范工作。10月15日，省农金改办下发《浙江省农村信用社贷款管理责任制度（试行）》，旨在保障农村信用社信贷资产的流动、安全和效益，防范和消除贷款风险，强化信贷人员放款的风险责任。

根据中国人民银行于7月21日下发的内部传真电报《关于农村合作金融管理机构组建工作有关问题的补充通知》（银传〔1997〕52号）的要求，在农村金融体制改革领导小组办公室工作的农业银行人员全部调入中国人民银行；省、地农村金融体制改革领导小组办公室与同级人民银行合作金融管理机构合署办公，一套人员，两块牌子，仍承担原办公室的日常工作。自此，组建农村合作金融管理机构的工作基本完成。行、社脱钩时，全省有100名原农业银行信用合作管理干部划转到农村金融体制改革领导小组办公室工作，全省农业银行共向各级农村金融体制改革领导小组办公室、信用联社划转农业银行身份的人员264人，其中处级干部3人、科级干部11人、县联社正、副主任共 64 人、一般干部 186 人。

(二) 率先全国在海宁市进行规范农村信用社试点

根据《国务院关于农村金融体制改革的决定》的精神,农村信用社与中国农业银行脱离行政隶属关系后,农村信用社改革的核心是把农村信用社逐步改为由社员入股、由社员民主管理的,主要为入股社员服务的合作制金融组织。为了摸索经验,以便更好地指导全国农村信用社按合作制原则规范工作,1996 年 11 月 11 日,国务院农村金融体制改革部际协调小组办公室印发了《关于做好规范农村信用社试点工作的通知》(农金改办〔1996〕61 号),决定在浙江省海宁市进行规范农村信用社的试点工作,并将《按合作制原则规范农村信用社试点工作方案》随文下发实行。

试点工作组于 11 月 15 日进驻海宁市,11 月 16 日开始在双山乡、庆云镇和周王庙镇进行规范改革试点工作。试点小组到达试点社后,召开全体干部职工会议进行动员,然后开展广泛宣传。同时,召开信用社上届理事会成员会议,发挥其在试点工作中的作用;召开老社员代表、群众代表、企业代表座谈会,征求其对试点的意见。在广泛宣传发动的基础上,开展清股、扩股工作,进行清股、分红、利润返还、扩股工作,并张榜公布其结果,然后召开社员入股和分红大会。在清股中,做到"三倾斜":一是重点向老社员倾斜;二是向个体、私营企业倾斜;三是向乡镇骨干企业倾斜。经过清股、扩股,3 个乡镇共增社员股 6446 户,股金 47232 元;团体股 87 户,股金 8700 元;团体普通股 4 户,股金 4000 元(见表 11 - 1,表 11 - 2)。

在完成清股、扩股工作后,海宁市 3 个乡镇的信用社开始进行民主选举。在按社员代表结构和分布区域确定选区和代表名额后,将代表名额分配到各选区,由村民委员会广泛征求社员群众的意见,再进行社员代表民主推荐的工作,并将推荐结果张榜公布。在此基础上,由海宁市联社和试点小组提名,将理事长、副理事长候选人材料报人民银行海宁市支行进行资格审查。在各项准备工作完成后,周王庙镇、庆云镇、双山乡信用社分别于 1996 年 12 月 8 日—10 日召开了社员代表大会,通过了上一届管理委员会的工作报告,通过新的信用社章程,并选举产生新一届的理事会、监事会。到 12 月 16 日,3 个乡镇的信用社规范试点工作基本完成。3 个乡镇试点工作完成后,海宁市下辖其他信用社也根据试点办法按合作原则进行了规范,并在 1997 年 4 月 3 日全面完成规范工作。

表 11-1　试点信用社规范前后入股情况

项目 社名	入股户数(户)		入股金额(元)		农户入股比例(%)	
	扩股前	扩股后	扩股前	扩股后	扩股前	扩股后
双山信用社	2350	2464	16000	41300	80	84
庆云信用社	4736	5301	36753	85254	83	92
周王庙信用社	4776	5210	42903	101816	79	86

表 11-2　试点信用社扩股后社员与股金结构

项目 社名	社员构成(户)				股金构成(元)			
	合计	个体	团体	普通	合计	个体	团体	普通
双山信用社	2464	2450	10	4	41300	27300	10000	4000
庆云信用社	5301	5274	27	0	85254	58254	27000	0
周王庙信用社	5210	5160	50	0	101816	51816	50000	0

海宁市规范农村信用社的试点工作完成以后,1997 年 7 月 3 日,浙江省农村金融体制改革领导小组在杭州召开全省农村信用社管理体制改革工作会议,会议传达全国农村信用社管理体制改革工作会议精神,对全省开展规范农村信用社的工作进行了布置,要求各县联社在地方政府和农村金融体制改革领导小组的领导下,成立规范农村信用社改革领导小组。改革领导小组负责制订辖内农村信用社规范工作具体实施方案,落实各项工作措施,并提出年内第三季度各县联社借鉴海宁试点的经验,选择 1~2 家经营管理基础较好的农村信用社,按合作制原则进行规范试点,并在第四季度在全省面上推开。其目标是争取在 1998 年 6 月底除少数长期亏损、资不抵债的信用社放到后期进行整顿或撤并外,基本完成规范改革工作。到 1997 年底,全省已

有356家农村信用社进行了合作制规范试点的改革，其中全面完成规范工作的联社除海宁外，还有嘉善县。到1998年底，全省农村信用社基本完成按合作原则进行的规范工作。

其间，1997年2月24日，经国务院同意，国务院农村金融体制改革部际协调小组在北京达园宾馆召开了"全国农村信用社管理体制改革工作会议"，时任国务院副总理姜春云到会接见了全体会议代表并做了重要讲话。这是农村信用社脱钩后第一次召开的全国性改革会议。会议就农村信用社按合作制改革、人民银行加强监管、组建行业自律组织等工作进行了部署。会上，人民银行海宁市支行、海宁市农村信用联社、周王庙信用社、周王庙镇党委分别作了经验介绍，海宁经验得以在全国范围内推广。7月26日，时任人民银行行长戴相龙到浙江省考察了杭州、嘉兴、建德等地的农村信用社改革情况。

（三）农村信用社县联社的规范与改革

从1998年开始，全省开展了农村信用联社规范股权设置和管理职能的改革工作，即农村信用社的规范改革工作。这是浙江省农村金融又一次合作制改革。1998年6月18日，人民银行浙江省分行根据总行的《加强联社建设问题的若干意见》发出通知，要求加强全省农村信用社县联社的规范工作。这次联社规范工作的主要内容是：在对联社现有股本金清理的基础上，组织辖内农村信用社、联社职工入股，农村信用社入股金额不低于5万元，联社职工入股每人不低于3000元；对股金要按照"利益共享，风险共担"的原则，实行分红不保息。联社股权规范，主要是把非农村信用社职工和非联社职工的其他股金一律清退，辖区农村信用社与全体联社职工都必须入股；联社职能按《农村信用合作社联合社管理规定》要求的7项管理职能、9项服务职能进行规范。与此同时，人民银行浙江省分行按照总行《关于下发〈进一步做好农村信用社规范工作意见〉的通知》的精神，在杭州召开了全省各市、地分行农金科处长会议，会议对开展全省农村信用社的改革工作提出了工作目标和具体要求。会议提出：在 1998 年第三季度完成 1997 年度所有盈余信用社的规范改革工作，使规范改革的农村信用社达到全省农村信用社总数的 70％以上；农村信用社职工个人入股金额根据当地经济发展水平和员工承受能力确定，原则上经济发达地区不少于 5000 元、较不发达地区不少于 3000 元，最高不超过该社股金总额的 2％；增扩股的对象主要是迫切需要农村信用社提供信贷结算服务的农业种养业大户、经营效益好的个体工商户、个体私营企业和乡镇企业，入股金额应适当增加，个体社员可在 1000 元以上，团体社员可在 10000 元以上。到 1998 年 9 月末，全省已有 608 家农村信用社完成了规范改革，占应规范农村信用社总数 918 家的 68.7％。此外，全省开展联社规范股权设置和管理职能的改革工作，从 1998 年 8 月开始起步，到当年年底改革工作基本完成。

(四) 组建市(地)农村信用社联社的试点

1998 年 11 月，国务院办公厅转发《中国人民银行关于农村信用社改革整顿规范管理工作的意见》(国办发〔1998〕145 号)，人民银行总行于 1999 年 5 月提出了具体贯彻的方案，要求在经济比较发达的地区和省会中心城市，经过试点逐步设立市(地)级农村信用社联社，6 月 28 日制订并下发了《关于组建农村信用社合作社市(地)联合社的试点工作方案》。根据人民银行总行的试点工作方案，人民银行上海分行召开沪浙闽农村信用社工作会议，会议宣布绍兴市和嘉兴市列为上海分行辖区浙江省内先行组建市级联社的试点城市，这些城市同时也是全国首批按合作制原则组建市(地)联社的试点城市。

根据人民银行上海分行的部署，绍兴市和嘉兴市均在 1999 年 6 月成立了由人民银行市中心支行行长任组长、分管农村信用社工作的副行长任副组长的市联社筹建领导小组，并配备人员组成筹建办公室，开始市联社的筹建工作。同年 7 月，绍兴市辖内 6 家信用联社的主要负责人,正式签订了共同发起设立绍兴市农村信用合作社联合社的协议书;嘉兴市辖内 6 家信用联社的主要负责人,也签订了设立嘉兴市农村信用合作社联合社的发起人协议书。绍兴市和嘉兴市的人民银行中心支行分别于同年 8 月 2 日和 7 月 28 日向人民银行上海分行提出筹建市联社的申请。8 月下旬,两市的筹建申请得到中国人民银行总行及上海分行的批准。8 月 30 日嘉兴市 6 家信用联社认缴的各 40 万元(共 240 万元)股金筹集到位;9 月 30 日绍兴市联社 6 家发起人认缴的各 50 万元(共 300 万元)股金筹集到位。在完成一系列筹建准备工作的基础上,绍兴市和嘉兴市于 1999 年 11 月 25 日分别召开了市联社创立大会暨第一届社员代表大会,该大会审议通过了联社章程,选举产生了联社第一届理事会、监事会,并选举产生了理事长、副理事长、监事长,聘任了主任、副主任。

按照人民银行的规定和联社章程,农村信用社市(地)联社是由农村信用社县(市)联社出资入股、履行行业管理和服务职能、具有法人地位的合作金融组织。它的主要职责是对辖内县(市)联社和基层信用社统一管理和服务。行业管理职能包括:(1)根据全国农村信用社统一的管理制度,指导县联社和农村信用社制定内部管理制度办法;(2)对县联社和农村信用社的业务经营、财务活动、劳动用工和社会保障及内部管理进行辅导和稽核;(3)对主要负责人的提名和对不称职的主要负责人的罢免提出建议,并提交社员大会审议;(4)监察处理案件,组织指导安全保卫工作;(5)组织职工培训教育;(6)协调有关方面关系,维护社员的合法权益;(7)综合汇总会计、统计报表并按要求上报;(8)电子化建设的协调和管理;(9)其他有关行业管理职能。服务职能包括:(1)组织县联社之间的资金调剂;(2)经中国人民银行批准,参加资金市场,为县联社融通资金;(3)办理或代理县联社的资金清算和结算业务;(4)组织做好现金供应和回笼;(5)组织经验交流和对外交往,提供各种信息咨询服务;(6)其他服务职能。

(五）成立浙江省信用合作协会

按照中央有关金融体制改革的决定和《国务院办公厅转发中国人民银行〈关于进一步做好农村信用合作社改革整顿规范管理工作意见〉的通知》精神,中国人民银行部署了农信社改革工作,抓紧组建信用社行业自律组织,行使对农村信用社管理、指导、协调、服务的职能。1999 年 4 月,中国人民银行召开全国农村信用社工作会议,时任行长戴相龙指出:"把中国人民银行暂时承担的对农村信用社的行业管理职能逐步划分出去,建立起以信用社自主经营、自我约束为基础,由县、市(地)联社行业管理、全国和省级协会自律管理、存款保险制度保障和中国人民银行依法监管的合作金融管理体制。"中国人民银行成立了全国信用合作协会筹备办公室,1999 年 7 月 29 日,发出《关于增加省级信用合作协会试点的通知》(银发〔1999〕267 号),该《通知》决定增加四川、浙江两省作为省级信用合作协会试点单位。自此,浙江省被列为全国 5 个试点省份之一,开始建立浙江省信用合作协会的一系列工作。

根据人民银行总行的精神,在人民银行杭州中心支行的领导下,浙江组织开展成立浙江省信用合作协会的各项筹备工作。人民银行杭州中心支行于 1999 年 8 月成立了以时任行长龚方乐为组长、分管副行长赵青为副组长、有关处长为成员的筹备领导小组,于 9 月 1 日向人民银行上海分行上报了《关于组建浙江省信用合作协会的请示》(杭银发〔1999〕499 号),该《请示》提出了组建方案与协会章程。9 月 10 日,全省 11 家农村信用联社的负责人和 11 位从事信用合作行业管理的人员,在杭州召开了浙江省信用合作协会发起人会议,作出了《发起成立浙江省信用合作协会决议》的报告。会议推荐方镛泉、吴鸟春负责协会筹备工作,以全体发起人的名义向人民银行杭州中心支行呈报了《关于发起成立浙江省信用合作协会的请示》,并得到批复同意。

浙江省信用合作协会成立得到了省政府及省民政厅的大力支

持。信用合作协会在多次修改章程后,发出《关于进行浙江省信用合作协会会员登记的通知》,该《通知》要求在全省信用合作系统开展会员登记。同年 10 月 15 日,省民政厅下发《关于准予筹建浙江省社会团体的通知》(浙民社筹字〔1999〕9 号),批准了浙江省信用合作协会的筹建工作。10 月 25 日,浙江省信用合作协会筹备组向人民银行杭州中心支行上报《关于要求成立浙江省信用合作协会的请示》(浙信合协筹字〔1999〕1 号)。同日,人民银行杭州中心支行下发《关于成立浙江省信用合作协会的批复》(杭银发〔1999〕612 号),批准同意成立浙江省信用合作协会。10 月 27 日,浙江省信用合作协会筹备组向浙江省民政厅上报《关于要求成立浙江省信用合作协会的请示》(浙信合协筹字〔1999〕2 号)。11 月 17 日,浙江省民政厅以浙民社复字〔1999〕100 号发布《关于准予成立浙江省信用合作协会的批复》,批准成立浙江省信用合作协会。11 月 17 日,中国人民银行以银复〔1999〕257 号发布《关于组建浙江、福建省信用合作协会的批复》,同意人民银行上海分行上报的《关于组建浙江省和福建省信用合作协会的请示》(上海银发〔1999〕808 号)。11 月 30 日,人民银行上海分行以上海银发〔1999〕860 号发布《关于成立浙江、福建省信用合作协会的批复》,同意浙江省按照《浙江省信用合作协会组建方案》成立浙江省信用合作协会。

11 月 26 日,浙江省信用合作协会成立大会暨第一届会员代表大会在杭州召开,全省农村信用社系统 1367 家会员单位的 119 名会员代表出席了会议,时任浙江省常务副省长吕祖善到会祝贺。会议通过了《浙江省信用合作协会章程(草案)》,选举了第一届理事会、常务理事成员以及理事长、副理事长、秘书长,宣告浙江省信用合作协会正式成立。第一届理事会由 45 位理事组成,其中省协会 4 人,市、地联社(农金改办)11 人,县(市)联社 19 人,基层农村信用社 11人;常务理事 15 人,其中省协会 4 人,市、地联社(农金改办)11 人。方镛泉当选为协会理事长。

浙江省信用合作协会是由具有独立法人资格的基层农村信用社、县(市、区)农村信用合作社联合社等单位自愿发起成立的全省性信用合作行业自律管理组织,属社团法人性质,遵循非营利性原则。浙江省信用合作协会承担起对全省农村信用社管理、指导、协调和服务的职能。浙江省信用合作协会的成立,标志着浙江农村信用社的行业管理在省一级真正实现独立;标志着省一级人民银行的合作金融监管职能与行业管理从此彻底分离。浙江省信用合作协会成立后的几年,坚持以支持"三农"为主线,以抓降增效为重点,着力推动农村信用社转换经营机制、提高经济效益、稳健发展业务,把全省农村信用社协调和服务工作做得井然有序。

三、 深化改革自主发展

(一) 改革启动

2003 年 6 月 27 日,国务院印发的《深化农村信用社改革试点方案》(国发〔2003〕15 号)规定,按照股权结构多样化、投资主体多元化原则,根据不同地区情况,分别进行股份制、股份合作制和完善合作制等不同产权形式的改革试点工作。在产权制度改革的同时,因地制宜地确定信用社的组织形式:股份制银行机构、统一法人联社和二级法人联社。经国务院批准,吉林、山东、江西、浙江、江苏、陕西、贵州、重庆等 8 省(市)开展了农村信用社改革试点工作。2003 年 8 月 18 日,国务院专门召开农村信用社改革试点动员部署会,时任中共中央政治局常委、国务院常务副总理黄菊主持会议并发表了重要讲话。同日,银监会、人民银行联合召开会议,对改革试点工作进行部署。

2003 年 9 月 2 日,浙江省政府以省人民政府办公厅文件浙政办发〔2003〕61 号下发《浙江省人民政府办公厅关于成立浙江省深化农村信用社改革试点工作领导小组的通知》,决定成立改革试点工作领导小组,由时任常务副省长章猛进担任组长、陈加元副省长担任副组长，成员为陈国平、楼小东、傅祖蓓、龚方乐、顾益康、罗石林、岑国荣、臧耀民、单美娟、徐志祥、方镛泉、丁敏哲。领导小组办公室设在省信用协会，傅祖蓓兼任办公室主任。9月20日省深化农村信用社改革试点工作领导小组办公室又发文增补吴鸟春（省信用合作协会）、郑南源（人民银行杭州中心支行）为办公室副主任。

2003年10月31日，时任浙江省委书记习近平同志主持召开省委常委会，听取浙江省深化农村信用社改革试点工作有关情况汇报，并与大家进行讨论。会议原则同意关于农信社改革的汇报意见，同意《浙江省深化农村信用社改革试点实施方案》，同意组建省联社，并决定适时召开全省农村信用社改革试点工作会议。

2003年11月4日，省政府以浙政〔2003〕28号文件《浙江省人民政府关于上报深化农村信用社改革试点实施方案的请示》，将浙江省农村信用社改革试点实施方案上报国务院审批。

2003年12月15日，中国银行业监督管理委员会以银监复〔2003〕120号发布《中国银行业监督管理委员会关于浙江省农村信用社改革试点实施方案的批复》，正式批复同意浙江省的农村信用社改革方案。同时明确浙江省农村信用社2002年末实际资不抵债数额为75.71亿元，经国务院批准，浙江省农村信用社可以购中央银行专项票据的额度为37.85亿元（分县、市核定数额）。

2003年12月26—27日，省政府在杭州召开"浙江省深化农村信用社改革试点工作会议"，全面部署全省农村信用社深化改革试点工作。时任常务副省长章猛进、副省长陈加元分别作大会主报告和总结报告，陈国平、楼小东副秘书长参加会议，全省市、县政府分管金融的副市长（县长），人民银行省、市、县三级行的行长，省银监局和市银监分局（筹）负责人，农村信用社省协会、市农村信用合作管理办公室主任、县（市）联社主任参加了会议。这次会议的召开，标志着全省农村信用社深化改革的工作正式全面铺开。2004年1月，中共浙江省委办公厅、浙江省人民政府办公厅下发《浙江省深化农村信用社改革试点实施方案》(浙委办〔2004〕5号),标志着全省农村信用社改革正式启动。人民银行浙江省内各分支行按照浙江省政府制定的农村信用社改革试点实施方案,着力做好农村信用社改革试点的资金支持工作,扎实推进农村信用社的改革。

(二)省农信联社成立

根据国务院深化农村信用社改革的要求,浙江省委、省政府组建成立省农信联社。省农信联社由全省81家县(市、区)行社自愿入股组成,是具有独立企业法人资格的地方性金融机构。成立后的省农信联社是省政府授权管理全省农村信用社的一个省级金融管理机构,履行对全省农村信用社的管理、指导、协调和服务职能。

2004年2月6日,省农信联社筹建领导小组成立,楼小东任组长,杨小苹、郑志耿、朱范予、方镛泉任副组长,冯俭青、周才康、赵克、傅晓风为办公室成员。2004年4月9日,省农信联社创立大会暨第一届社会员大会第一次会议顺利召开,审议通过《章程》并选举理事长和高管人员。

2004年4月18日,根据国发〔2003〕15号、浙委办〔2004〕5号等文件精神,浙江省农村信用社联合社正式成立,全省农村信用社有了真正意义上的总部,这是全省农村信用社发展史上的一件大事,它标志着全省农村信用社将进入一个崭新的发展阶段。根据省政府授权,履行对全省农村信用社的管理、指导、协调和服务职能。时任省长吕祖善参加挂牌仪式并授牌。

2004年5月,浙江省农村信用社杭州、宁波、温州、嘉兴等10家办事处成立,同年10月,绍兴办事处成立。嘉兴、绍兴两家市级联社在市级办事处成立的同时撤销。各地办事处承上启下、上传下达,在省农信联社授权范围内依法履行职责。农村信用社的省级管理服务平台全面搭建,使浙江省农村信用社的风险责任得到确认、历史包袱逐渐化解,从而得以有条不紊地深化改革。

（三）县级行社分类改革

2004 年，根据全省深化农村信用社改革实施方案，省农信联社按照省委、省政府有关"在原合作制基础上引入股份制机制"的部署，推进股份合作制的产权制度改革，将全省 81 家农信社分组建农村合作银行、县级联社统一法人和继续规范县联社、信用社两级法人体制三个层次进行改革。

1. 组建农村合作银行。选取南浔、萧山等 26 家区域经济较发达、城乡一体化程度较高及信贷资产规模较大、经营管理水平较高的农村信用社，分期分批组建农村合作银行。

2. 实行县级联社统一法人。选取区域人口较稠密及经营状况较好、账面资金能抵债、符合条件的 42 家农信社实行县级联社统一法人制度。其中 20 余家规模较大、效益较好的农村信用社将积极创造条件在"适当时候再逐步改组为农村合作银行"。

3. 暂时保留两级法人体制。13 家资不抵债较严重、经营状况较差的农村信用社暂时保留两级法人的体制，待条件成熟后再改组为县级统一法人联社。

浙江省农村信用社组织指导全省农村信用社做好清产核资、清理老股金、增资扩股等工作。2004 年 8 月，改革启动后全省第一批农村合作银行——萧山农村合作银行、南浔农村合作银行正式挂牌成立，紧接着余杭、瑞安、龙湾、瓯海、乐清等农村合作银行陆续成立。同时，统一法人的县级联社组建也在有条不紊地进行，2004 年 10 月 15 日，浙江省第一家县级统一法人联社——龙游县农村信用合作联社成立。到 2005 年末，浙江农信系统率先在全国完成第一阶段改革任务，全省 68 个县（市、区）的农村信用社完成以县（市、区）为单位的统一法人改革并开业，其中农村合作银行 26 家、农村信用合作联社 42 家；13 个暂时保留两级法人的县（市）全部完成了农村信用社规范工作。

为实现全省县级农村信用社全部成为统一法人，省农信联社积极指导、支持和推动 13 家县(市)农信社做好相关工作、创造条件向统一法人转变。2004 年,选择德清、龙游、奉化 3 个县(市)的农村信用社作为县级联社统一法人的试点。2006 年、2007 年两年间,全省共有 9 家县(市)联社完成统一法人改革;2008 年又有 4 家县(市)联社完成改革,随着 2008 年 8 月 8 日仙居县农村信用合作联社挂牌,全省所有县(市、区)农村信用社完成统一法人改革。至此,全省共组建农村合作银行 36 家、农村信用合作联社 45 家。到 2010 年末,全省农信系统共有农合行 43 家、农村信用合作联社 38 家。随着农村信用社县级统一法人改革工作的完成,全省农村信用社组织形式发生了质的变化,产权结构进一步优化,公司治理结构进一步健全。

(四) 股份制改革

在完成统一法人改革后,全省农村信用社开始进行农村信用社股份制改革试点的探索。2010 年 11 月,银监会出台了《关于加快推进农村合作金融机构股权改造的指导意见》(银监发〔2010〕92 号),根据银监会的股改试点意见以及省政府的部署和相关精神,浙江省开始试点工作。2010 年 6 月,经省农信联社与省金融办、人民银行杭州中心支行、浙江银监局沟通、协调、研究,确定杭州联合、绍兴瑞丰、南浔、义乌、镇海和定海等 6 家行社为第一批股份制改革试点行社。2011 年 1 月 6 日,全省第一家农村商业银行南浔农村商业银行挂牌。2011 年 12 月,确定余杭、慈溪、龙湾、鹿城、禾城、德清、诸暨、柯城、临海和莲都等 10 家行社为第二批股份制改革试点行社。2012 年 12 月,确定奉化、苍南、瓯海、瑞安、乐清、永嘉、嘉善、安吉、新昌、成泰、永康和普陀等 12 家行社为第三批试点行社。至此,全省共确定了 28 家行社为股份制改革试点单位。

为有效推进股份制改革试点工作,经省农信联社、省金融办、省财政厅、人民银行杭州中心支行、浙江银监局的协商一致,浙江省农村信用社联合社代拟了五部门联合文件《关于推进我省农村合作金融机构股份制改革的若干意见》,经省政府同意,于 2012 年 8 月 2 日以浙金融办〔2012〕60号文件正式下发,该文件明确了股份制改革试点中若干重大问题的原则与要求。浙江省农村信用社根据省委、省政府的统一部署,加强与省金融办、财政厅、人民银行、银监局等有关部门的沟通,明确了"城区机构不合并、法人层级不上收、推进改革不折腾、跨区经营不盲目"的"四不"原则,指导县级行社强化服务"三农"和小微企业的经营方向,要求改制行社坚持"改制不改根,换牌不换心"的原则,坚持在浙江农信的体系框架内,采取"简单翻牌、定向增股、暂时保留"三种方式积极稳妥推进股份制改革。

2011年3月12日,杭州联合农村合作银行改制为股份制商业银行。改制前的杭州联合农村合作银行在2006年7月与荷兰合作银行、国际金融公司签署战略合作协议,成为国内第一家引进外资股东的农村合作银行。2008年4月又作为主发起人,在长兴建立了浙江省首家村镇银行。改制后的杭州联合农村商业银行为响应中央和浙江省委、省政府的援疆号召,在省农信联社的领导下和省援疆指挥部的协调下,其阿克苏分行于2011年12月底在新疆阿克苏市开业,这是浙江省农村信用社金融援疆的一大举措。

深化改革以来,全省农村信用社各项存款从2003年末的2399.61亿元增长到2012年末的10196.19亿元,率先在全省银行业中突破万亿元大关,跃居全省银行业第一位;各项贷款从2003年末的1803.61亿元增长到2012年末的7270.71亿元,跃居全国农信第1位和全省银行业第2位;不良贷款从实施五级分类以来到2011年末,持续保持余额和比例"双降",资产质量居全国农信社的领先水平。即使在2012年浙江银行业存款大幅少增、不良贷款整体明显反弹的大环境下,全省农村信用社继续保持存款平稳较快增长、信贷风险保持在可控范围内。

第二节 深化改革过程中的重大事项

一、 朱镕基总理视察浙江省农村信用社

2000 年 12 月,时任国务院总理朱镕基赴江苏、浙江等地调研农村金融改革等工作。12 月 10 日,朱镕基总理在杭州西子宾馆主持召开了农村信用社改革与发展座谈会,随同的有戴相龙、尚福林等领导,时任省委书记张德江、省长柴松岳等省委、省政府有关领导、市县政府代表及人民银行、农村信用社各级代表参加了座谈会。时任常务副省长吕祖善作了"浙江省农村金融工作情况汇报",时任人民银行杭州中心支行行长龚方乐汇报了"农村信用社改革和发展需要解决的几个问题"。

建德农信联社主任阙正荣、景宁农信联社主任刘日东、安吉报福镇信用社主任陈柏清、温州市农村金融体制改革领导小组办公室专职副主任屠双燕汇报了服务"三农"的改革发展的情况与建议。义乌甘三里信用社主任施子福等 5 位县(市)农村信用社领导参加了座谈会,向总理做了汇报。

汇报结束后,朱镕基总理做了重要指示。他说:"千万不要忘记对农业、农村、农民的支持和帮助。"并特别强调:"中央经济工作会议明确把支持农业的发展问题作为明年工作的一个重点,加强农业基础地位、增加农民收入是明年农村工作的重点;搞好农村金融体制改革、农村信用社改革要从实际出发,不搞'一刀切',农村信用社要调整服务对象,要为'三农'服务。"朱总理指出:"浙江的农村信用社改革,靠你们自己,但一定要围绕'明晰产权,防范风险,为三农服务'这一目标进行改革","农村信用社改革,不能搞'一刀切',要看你们自己。这次我带了一个方案出来征求你们的意见,就是农村信用

社和农业银行组成由农行控股的农村的新的银行，这个方案不出台了。"

同年 12 月 12 日，朱镕基总理临时决定赴萧山宁围农村信用社调研。朱镕基总理在宁围农村信用社营业大厅与柜员亲切握手并逐一询问他们的学历背景等情况，当得知当时信用社员工里有一个本科生、七个大专生和一个中专生之后，他表现出惊喜的样子，夸奖信用社做得好，并说信用社的员工文化素质、营业大楼可以和专业银行相比了。经过调研考察，朱镕基总理一锤定音，指出："农村信用社改革为三农服务这个大方向不能变。但全国各地情况千差万别，特别是经济发展水平和经济结构不一样，农村信用社改革要从实际出发，采取符合当地特点的具体组织形式，不搞'一刀切'。"

朱镕基总理在浙江调研后，又先后到山东、重庆等地考察，发现问题后，他亲自召开了农村金融体制改革座谈会，对农村信用社的体制改革、职能定位、经营方向等重大问题，作了一系列重要指示，这为农村信用社的改革发展指明了方向。

为此，国家组成专题小组对农信社的改革进行调研，并提出了改革方案，中国人民银行于 2002 年 6 月 21 日以银函〔2002〕164 号向深化农村信用社改革专题小组各成员单位、上海、辽宁、河北、山东、浙江、湖南、四川、贵州、陕西、宁夏（省、区、市）政府发出《关于征求〈深化农村信用社改革实施方案〉的意见的函》。

二、 县级行社的试水求索

（一）全国首家农村合作银行——鄞州农村合作银行

浙江诞生了全国首家农村合作银行——鄞州农村合作银行。1987 年，经中国人民银行总行批准，鄞县农村信用联社成为全国最早与农业银行脱离行政隶属关系的 6 家农村信用联社之一。1998 年，经原中国人民银行浙江省分行批准，鄞县农村信用联社成为沪、浙、闽地区首家实施一级法人核算管理试点的信用联社。2001 年 8 月，时任中国人民银行行长戴相龙来到宁波鄞县农村信用联社调研,该社时任理事长陈耀芳向戴行长提出改革的想法。10月,人民银行总行确定鄞县农村信用联社改革为农村合作银行。年末,鄞县农村信用联社实施组建农村合作银行的试点工作,民间资本开始大量进入。经过清产核资、增资扩股,召开股东代表大会等各项流程,2003年4月,鄞县农村合作银行(2011年改名为鄞州农村合作银行)成立,开全国先河。当时股东代表大会由员工股东、其他自然人(农户、个体工商户等)股东、法人股东三者以2∶3∶3的比例选举产生代表组成。

农村信用社改组成农村合作银行后,仍保留了"农村"两字,还加上了"合作"两字。一方面通过改制成银行,增加了自有资本金,拓宽了经营领域,有利于扩大盈利来源;另一方面仍然定位为为农村民营中小企业、个人和农村地方经济发展服务的金融企业,可以继续发挥其他金融机构所不具备的独特的优势。鄞州农村合作银行成为浙江省唯一一家能够参与国债、金融债发行一级市场的农信机构,以及全国第二家、浙江第一家拥有自营外汇业务经营权的农信机构,为其全面开展本外币业务奠定了基础。

(二)深化改革以来浙江首批农村合作银行

2004年8月,浙江省第一批农村合作银行——萧山农村合作银行、南浔农村合作银行正式挂牌成立,农村信用社深化改革取得突破性进展。

农村合作银行是在农村信用联社及其下辖信用社的基础上,由企业法人、自然人投资入股组建的股份合作制社区性银行。这在治理结构上有效防止了被少数人、大股东控制的可能,有利于保证对区域内"三农"经济的支持力度。同时,由于员工在其中也占有一定的比例股份,他们对经营成果更为关注,这对经营管理层来说压力更大、激励也更直接。三者之间既有机结合又相互牵制,形成了农村合作银行既不同于合作制又有别于股份制的全新机制。

合作银行通过对原有农村信用社产权制度的改进,促进了机制转换。主要体现在：一是通过明晰产权、增资扩股的方式，股东、员工的积极性得到了提高；二是产权明晰后，减少了政府行政力量的干预，经营自主权得到加强；三是采用规范的法人治理结构，经营活动和风险管理的规范化水平得到提高；四是通过强化员工培训和创造社区价值的活动，经营活动得到了社会各界的支持和认同。

三、 专项中央银行票据实现全部兑付

浙江省农村信用社改革试点工作于 2004 年 1 月正式启动，央行专项票据发行是农村信用社深化改革的重要组成部分。此轮农村信用社改革，按 2002 年底账面资不抵债数额（不良资产和历年挂账亏损）的 50％，由人民银行发行专项中央银行票据（以下简称专项央行票据），用于置换信用社的不良贷款的历年挂账亏损。票据期限两年，按不低于准备金存款的利率按年付息。该票据不能流通、转让和抵押，可根据改革绩效情况，考核兑付。其余 50％ 资不抵债的缺口由当地政府和农村信用社自行消化。通过中央"花钱买机制"的方式，有效支持和激励了农村信用社深化改革。

2004 年，人民银行对浙江省 79 家农村信用社（含农村合作银行、农村商业银行，下同）共发行专项央行票据 37.6433 亿元。央行专项票据发行后，省农信联社按照人民银行和银监会联合印发的《农村信用社改革试点专项中央银行票据兑付考核办法》的要求，组织指导行社开展票据兑付的准备工作，争取尽早实现票据全额兑付。同时还下发了《浙江省农村信用社专项票据兑付考核指导意见》（浙信联发〔2005〕7 号），2005 年 6 月上旬人民银行杭州中心支行、浙江银监局、省农信联社联合举办了专项央行票据兑付工作培训班，通过人民银行总行专家授课的方式，学习有关办法和规定，通过讨论浙江省实施细则和操作范本等形式，为专项央行票据的顺利兑付打下了基础。

至 2006 年 6 月末，全省农村信用社启动专项央行票据兑付工

作,共有三批 47 家行社申请专项央行票据兑付,经人民银行、银监会审核,42 家顺利兑付了专项央行票据。其中,杭州地区 8 家县级行社的 71227 万元专项央行票据全部按期兑付,成为浙江省第一个全辖行社全部兑付的地区。2007 年又有四批 35 家行社、119854 万元专项央行票据兑付,2008 年 8 月最后一家行社专项央行票据 586 万元兑付,至此全省有专项央行票据的 79 家行社全部完成了所持票据的全额兑付,使浙江成为全国首个专项央行票据实现全部兑付的省份。专项央行票据兑付后,省农信联社根据人民银行专项央行票据兑付后的管理要求,对行社做好为期 3 年的按季监测考核指导工作,引导各行社转换经营机制,真正实现"花钱买机制"的改革目标,这标志着浙江省农村信用社第一轮深化改革取得了阶段性成果。

第三节 改革与发展的亮点

一、 支持小微发展与改革创新

20 世纪 80 年代以来,浙江省农村信用社根据省委、省政府的指导精神,在保障支农资金的同时,将以乡镇企业为主的农村工业作为重点支持领域,将有限的资金向市场占有率高、出口创汇多、为大工业配套的优质企业倾斜。在乡镇企业发展较快的地区,重点支持企业技术改造,要求"上等级、上质量、上效益";在乡镇企业起步晚的地区,重点支持企业立足当地资源、开拓新的生产领域。

1992 年,邓小平南方谈话发表后,浙江改革的一个重要特点是推进乡镇、城镇集体企业产权制度改革,从而大批农村家庭工业向股份合作制和公司制企业转变。在浙江省委、省政府的正确指导下,浙江省农村信用社紧紧围绕浙江经济发展的新特点,重点支持并扶持了一批民营企业的发展,在推进农村城镇化、块状经济发展中发挥了重要的作用。到 1996 年末，全省农村信用社的乡镇企业贷款余额达到 344 亿元，占全部贷款的五分之三以上。在省委、省政府对农村信用社的鼎力支持下，极大促进了浙江省经济社会的改革发展。穷乡僻壤的诸暨山下湖成为世界最大的珍珠产地，珍珠产量占全世界的 70%；嵊州领带的年产量达 3 亿条，占全世界的 40%；台州缝机业拥有众多整机和零部件生产企业群，缝制机械的产量在世界名列前茅；桐庐县分水镇产笔 60 亿枝，相当于全世界人均一枝。在东阳农村信用社信贷支持下，花园服装厂逐渐发展成浙江民营企业百强之一——花园工贸集团；在杭州市区农村信用社信贷支持下，泥水匠吴建荣的建筑队发展成浙江民营百强企业——中南建设集团；在萧山农村信用社信贷支持下，李水荣创办的益农化纤网络丝厂成为浙江民营企业百强之一——荣盛控股集团；在永嘉农村信用社支持下，农民王振滔的奥林鞋厂发展为中国鞋业的龙头老大、浙江民营企业百强之一——奥康集团；在临安农村信用社信贷支持下，临安特种电子电缆厂发展为浙江民营企业百强之一——万马集团；在鄞县农村信用社信贷支持下，三星仪表厂发展成为浙江民营企业百强之一——奥克斯集团；在德清农村信用社信贷支持下，华盛工贸总公司逐步发展为知名的华盛达集团。

改革开放以来的浙江省农村信用社虽历经多次体制变化，但坚持支农支小的方向始终不变，培育了数以百万计的浙商，如传化集团、万马集团、吉利集团等。同时，浙江省农村信用社始终保持着首创精神，许多工作走在全国农信社前列。1980 年 10 月，苍南金乡信用社率先突破全国统一的固定利率制度，试行利率浮动制度，成为全国第一家实行利率改革的农村信用社，首开中国利率改革之先河。金乡信用社被誉为"全国浮动利率启动点"并被载入史册。1993 年，浙江省农村信用社在全国率先实行资产负债比例管理。1998 年 10 月起，余姚农村信用社在全国率先实行农村信用社贷款清分，开始了农村信用社贷款五级分类的先锋实践。2010 年 1 月，浙江省农村信用社在全国率先实施新会计准则。

二、改革发展与战略转型

（一）支农支小

省农信联社在省委、省政府的有力指导下，先后提出了坚持"四主定位"的服务方向、"三做三不做"的经营理念和"姓农、姓小、姓土"的核心定位，从 2008 年开始连续 9 年组织全省农信系统开展"走千家、访万户、共成长"的活动，开展"地毯式"金融服务需求调查，弘扬发展浙江农信人的"三水"精神，使浙江省农村信用社成为离农村最近、与农民最亲、为农民服务最好的金融机构。

1. "走千访万"摸清金融需求。2010 年 3 月中旬，省农信联社拉开"万名农信干部下基层办实事"的活动序幕，全省农村信用社上下齐动，纷纷走访小微企业、春耕备耕重点种养户、新农村建设重点推进村居、村级便民服务中心、各类专业市场等，及时掌握"三农"的生产经营情况和金融服务需求。温州农信联社走村入户，深入田间地头，使"流动银行"送贷上门；临海农信联社扎实做好"扩户增面"工作，"流动服务队"利用晚上时间进行走访，得到了当地政府大力支持；桐乡农信联社分别为石门镇提供新镇规划建设信贷资金 2000 万元、为洲泉镇发放新村社区建设资金 200 万元，旨在积极支持新农村建设。全省农村信用社通过开展"走千家、访万户、共成长""进村入企"金融服务送基层、"服务实体经济"等活动，走访了全省半数以上的农户和三分之一多的小微企业，建立了 500 多万户农户和近 20 万家企业档案，为及时、快速提供金融服务奠定了坚实基础。浙江省农村信用社通过这种"住下来、蹲下去、沉下心"和"同工作、同生活、同讨论"的工作方法，了解了农民的真实想法，记录了翔实的发展数据，触摸到农村这片土地蕴藏的发展潜力，更破解了金融服务"三农"转型升级的新思路。

2. 拓宽金融服务渠道。针对农村金融服务存在的不足，以省政府确定的 141 个省级中心镇为重点,省农信联社积极引导全省农村信用社拓宽农村金融服务渠道,加快网点的战略规划和布局;推进自助金融机具的布放;积极打造"微型银行",在偏远山村布设多功能的助农终端;大力推进农信金融服务点进驻村级便民服务中心,至 2012 年末,已进驻 24607 家,进驻率达到 99.47%;稳步扩大网上银行、手机银行、电话银行开办范围,便农村金融服务覆盖面有效扩大。

3. 健全农村信用建设体系。全省农村信用社业务骨干、青年员工组成信用创建评定工作组,对各乡镇、村社进行走访,再对农户进行走访调查,白天访谈,晚上记录整理,逐户以电子文档形式录入客户信息表、农户信用评定表。到 2012 年末,全省农信系统共评定信用户 531.33 万户,占全部农户的 47.79%;信用村 15493 个,占全部行政村的 52.26%;信用镇 298 个,占全部乡镇的 22.99%。其中,联合省农办率先在全国开展省市县三级信用村镇创建工作,首次评定省级信用乡镇 28 个、信用村 148 个,促进了农村信用服务体系进一步健全。

4. 支持新农村建设发展。多年来,省农信联社紧紧围绕浙江省"新农村、新农业、新农民"这一中心,坚定"加快建设浙江新型农村合作金融,不断提高新农村建设金融支撑贡献"这一目标,提供差异化服务,满足广大农户和农村中小企业客户的独特金融需求,促进农业增效、农民增收和农村经济发展。临安市农信联社"个性化"地为新农村建设提供有效的信贷支持和服务,2010 年 7 月,推出"绿色家园、富丽山村"新农村建设贷款,至 2012 年末,累计发放贷款 1910 万元,支持 9 个精品村建设;同时发放精品村、特色村村民建设贷款 3037 户,发放金额 29010.9 万元。龙游农信联社推出"安居创业"贷款,贷款利率较其他贷款下降超过 20 个百分点。到 2012 年末,全省农信系统涉农贷款余额 5055.79 亿元,增幅达 15.73%,高出全部贷款增幅 2.06 个百分点。同年,连续第 6 年获得"省社会主义新农村建设优秀单位"荣誉。

5.战略合作拓宽支农领域。省农信联社先后与省农办、省农业厅、省林业厅、省供销社、省扶贫办、省计生委、省财政、团省委、省金融办、省中小企业局等部门建立战略合作关系,就农民专业合作社、"三位一体"、农村金融结算服务网络、农村计划生育奖励扶助金、非税收收入系统、微小企业培育、小额贷款公司等以及金融产品创新方面进行合作,共同推进信贷支农工作。加强金融同业战略合作,与工行、农行、中行、建行、国开行、人寿保险、人保财险、太保人寿等建立全面业务关系,为全省农村信用社进一步拓宽了支农服务空间。

(二)科技创新

在省委、省政府的大力支持下,自 2008 年以来,省农信联社累计投入数十亿元资金,从完善架构、规划引领、队伍建设、硬件建设等方面入手,大刀阔斧地推进科技创新转型建设。建成以开发中心、运维中心、测试中心为主要架构的科技平台,研发团队从最初的十几人发展壮大到 1300 多人。省农信联社在上线新一代核心业务系统、实现全省数据大集中后,又在全国农信系统率先建成"金融＋互联网"双核心应用架构,为各项新型业务的发展搭建基础平台,并积极探索私有云和大数据的应用。已经建成各项系统 168 个,近五年先后开发 470 个科技项目,其中,数据仓库平台荣获银监会颁发的"最佳金融 IT 产品创新"奖。

省农信联社在科技风险管理上开展了大量的实践。建立杭州、温州"两地三中心"灾备系统,24 小时实时监控,系统实现"在线零数据丢失"。指导行社建立前置机集中灾备和网络灾备,防范局部灾难风险。部署运维管理、监控预警、网络管理和运维审计、日志审计等平台,运维监控由"人控"向"机控"升级,通过 ISO20000 和 ISO27001 认证。有效落实银监会"信息科技监管达标路线图",科技风险管理整体控制水平达到监管要求。

浙江省农村信用社已基本形成"统分结合、资源集约"的科技信息建设布局,实现了从"账务为中心"向"客户为中心"的根本性转变,有效提升了科技信息整体水平和全系统的核心竞争力。省农信联社连续三年荣获"全国农信银清算系统运维工作先进工作单位"和"浙江银行卡跨行交易质量优胜单位"称号;连续五年被浙江省评为"网络与信息安全保障工作先进集体",并成为中国银行业信息科技风险管理高层指导委员会成员单位中仅有的两家省级联社之一。

(三) 总部建设

针对县级行社内部管理相对粗放、经营管理流程不够科学等问题,省农信联社在省委、省政府的正确领导下,紧紧围绕管方向、管风险、管队伍、强服务的"三管一服务",积极履行行业管理职能,引领全省农信系统保持正确的发展方向,指导行社大力推进总部建设,通过优化调整组织架构和管理流程,着力提升决策管控能力、后台支撑水平和管理服务效率,保持浙江省农村信用社系统的完整和行社县域法人地位的稳定,使其实现稳健可持续的发展。同时,省农信联社指导行社将总部建设纳入"十二五"发展规划和董(理)事会发展战略之中。

"三管一服务",即在管方向上,带领全省 81 家行社坚守"姓农、姓小、姓土"的核心定位和"三做三不做"(做小不做大、做实不做虚、做土不做洋)的经营理念,大力发展普惠金融,服务地方经济社会发展;在管风险上,把防控风险作为核心要务,坚持"小额、流动、分散"的原则,严控大额贷款,推进扩面增量;在管队伍上,适度开展行社班子成员异地交流的活动,将敢担当、能力强、作风硬的优秀干部选拔到领导岗位,强化干部从严管理制度,完善人才梯队建设;在强服务上,大力推进以科技为代表的省级平台建设,做县级行社做不好或做不了的事,打造"小银行、大后台"的发展模式。省农信联社通过"三管一服务",有力贯彻了国发〔2003〕15 号文件精神,保持了浙江农信体系完整稳定,既发挥了农信大系统优势,又给予了行社充分的自主权。其发展质量由改革前的"困难户",提升到目前不良贷款率低于全省平均水平。浙江省农村信用社已成为贯彻党和国家农村金融方针政策好，发展规模、质量、效益优和对地方经济社会发展贡献大的金融体系。

（四）网点转型

针对部分基层网点服务设施陈旧、服务流程不够科学、服务意识和服务水平有待提高，影响全省农村信用社整体品牌形象和竞争力的情况，省农信联社提出大力推进网点转型的计划了。2006年，省农信联社第一届社员大会第六次会议通过了新LOGO标识，随后进行了完善并在全省农村信用社全面推广，新标识由蓝绿白相间图案组成。2011年，进一步出台营业网点视觉形象建设指引，用于指导行社按照统一标准规范网点建设。2012年，对浙江农信LOGO标识进行修改完善，新增"浙江农信"字样。在此基础上，出台新版VI视觉识别规范手册，并在全系统推广应用。同时，省农信联社积极优化网点柜台业务流程，提升服务效率。出台浙江农信系统员工服务规范指引的文件，开展文明规范服务示范单位和服务品牌示范网点创建活动，不断提升网点文明规范服务水平。

（五）机制转换

针对经营机制责权不统一、用人机制不灵活、激励机制趋于平均化等问题，省农信联社带领81家县级行社借鉴现代银行的先进管理经验，在人力资源管理、内部控制等方面迈出了坚实的机制转换步伐。这体现为"三会一层"运行机制不断完善，干部"能上能下"、员工"能进能出"、收入"能增能减"的机制初步形成，有效激励、严格约束的内控制度逐步建立，以价值创造为导向的财务资源配置机制逐步完善，从而强化了内部管理，促进了业务发展。并积极指导行社从"防风险"向"控风险"转变，建立全面风险管理机制，积极探索流程银行、经济资本管理、管理会计等先进管理工具的使用，不断向集约化、精细化的现代银行转型。

第四节 全面深化改革成效显著

一、 改革前基本情况

改革前,浙江省有农村信用社县级联社 81 家、独立核算信用社 1011 家、职工 3.62 万人。2002 年末,存款余额 1847 亿元,贷款余额 1338 亿元;不良贷款率 13.62%。当时农村信用社存在的主要问题有：产权不明晰,所有者缺位,法人治理不完善,缺乏有效的激励与约束机制;经营规模过小,抗风险能力较弱,业务开拓和发展受到制约;发展不平衡,历史包袱较重,部分经营困难。全省 1011 家信用社和 81 家联社营业部,当年亏损的有 138 家,占总数的 12.6%;资不抵债的有 621 家,占 56.7%。

二、 改革焕发新活力

（一）存贷业务稳健发展。2012 年末,浙江省农村信用社各项存款余额 10158.49 亿元,同比增长 13.7%,总量和增量保持全省银行业第一;各项贷款余额 7284.26 亿元,同比增长 12.7%,贷款总量超过广东农信社跃居全国农信系统第一,增量继续保持全省银行业第一。

（二）资产质量稳步提高。全省农村信用社资产质量总体良好。2012 年末,不良贷款余额 127.87 亿元,不良贷款率 1.76%,不良贷款率低于全国农村信用社平均水平 2.74 个百分点,抗风险能力较强。可以说,这是深化改革以来,浙江农村信用社取得的最重要的成绩。

（三）资本约束能力增强。一是资本充足率提高,2012 年末,全省农村信用社资本充足率 13.81%,高出全国农村信用社平均水平 5.81 个百分点。二是拨备覆盖水平较高,2012 年末,全省农村信用社拨备覆盖率 259.8%,是全国农村信用社平均水平的 2.34 倍。

（四）盈利能力持续提升。2012 年,全省农村信用社实现税前利润 241.8 亿元,同比增长 12.78%,所有农村信用社均实现账面盈余。全省农村信用社资产利润率为 1.83%,高于全国农村信用社平均水平 0.83 个百分点。

三、 法人治理有改进

（一）产权制度改革稳步推进。浙江省农村信用社股份制改造持续推进。杭州联合农村商业银行、浙江南浔农村商业银行、浙江绍兴瑞丰农村商业银行、浙江德清农村商业银行、浙江义乌农村商业银行、浙江临海农村商业银行、浙江诸暨农村商业银行、宁波镇海农村商业银行、浙江舟山定海海洋农村商业银行等相继挂牌开业。2012 年末,全省共有 9 家农村商业银行、37 家农村合作银行、36 家统一法人农村信用社。

（二）股权结构初步得到优化。浙江省农村信用社随着股份制改造进程加快,股权结构进一步优化。2012 年末,全省农村信用社股本金总额 307.56 亿元,比年初增加 88.56 亿元。其中：社会自然人股余额 120.73 亿元,增加 32.28 亿元,占股金总额的 39.25%;内部职工自然人股余额 55.42 亿元,增加 13.24 亿元,占股金总额的 18.02%;法人股余额 131.41 亿元,增加 43.04 亿元,占股金总额的 42.73%。

（三）法人治理结构不断改善。全省 81 家行社都建立了股东（社员）代表大会、董（理）事会、监事会和经营管理层的"三会一层"组织架构。他们基本上都按照现代企业制度的要求,制定了章程、"三会一层"办事议事规则,《董（理）事、监事、高级管理层绩效评价考核办法》《董（理）事会、监事会和高级管理层成员专项审计和离任审计制度》等规章制度,持续完善信息披露机制、人事管理体制、信贷财会管理流程,这些举措健全了监督体系,提高了风险控制水平。

四、 服务能力大提升

浙江省农村信用社加大对"三农"和小微企业的信贷投放力度，有力支持浙江省新农村建设。2012 年末，全省农村信用社涉农贷款和小微企业贷款余额分别为 5055.79 亿元和 2926.25 亿元，同比分别增长 15.7％和 17.1％，增速分别高于全部贷款 3 和 4.4 百分点。同时，不断推出金融产品和创新服务方式，积极研发存货、应收账款、林权、海域使用权等抵质押贷款，2012 年林权抵押贷款余额 28.31 亿元，约占全省的 60％；依托农村信用工程发放信用贷款，农户及小微企业信用贷款余额 75.27 亿元，这有效缓解了农户及小微企业贷款抵押担保难的问题。

（一）服务网络打通"最后一公里"

2010 年 7 月 22 日，在省委省政府的正确领导下，省农信联社在温州举行"服务三农真情回馈"大型活动，启动全省农村信用社空白乡镇网点全面开业仪式，标志着在全省 84 个金融机构空白乡镇设立的 14 家标准网点、65 家非全日制固定网点、5 家自助银行全面开业。从此，这些偏远乡镇结束了无金融机构、缺乏基础金融服务的历史，当地农民长期以来存取款难、贷款难等问题得到有效解决。

浙江省农村信用社不断加大资源投入，在农村布放了 5000 多台 ATM 机、8 万多台 POS 机，在偏远农村设立了 1 万多个"助农取款服务点"。同时，积极对接村级便民服务中心，设立农信金融服务点 2 万多个。大力推广银行卡助农取款服务点（助农 POS）的建设，积极设立助农终端，使农村老百姓在"家门口"就享受到了和城里人一样的金融服务。开通全国农村信用社通存通兑和全省农村信用社免费通存通兑的业务，初步形成了汇通天下、即时到账的清算体系，使城乡居民享受到便捷、优质的金融服务。

东极岛位于舟山外海中间山列岛，是一个远离大陆、孤悬大海的岛屿。普陀农村合作银行东极分理处位于东极岛上，每天准时开

门,为岛上的渔民服务。这个网点成了这座小岛上唯一的金融机构,拉近了农村信用社和偏远海岛渔民之间的距离,极大地方便了渔民的生活。东极岛渔民们说:"如果这里没有这个信用社,我们的钱存取很不方便,这个信用社对我们渔民是最好的了。"普陀农村合作银行东港支行负责人说:"说实在的,我们一个分理处4名员工,我们办的业务都是存取款,从功利角度来说我们是没有赚钱的,甚至是亏损的。但是,如果这个网点没有的话,渔民兄弟要坐3个小时的船,到沈家门去取钱存钱,这是无法想象的。"

(二)产品服务创新满足有效需求

全省农信系统不断创新金融产品,为客户提供新的服务和新的产品,对地方经济社会建设具有举足轻重、影响深远的意义。省农信联社从服务对象入手,联合团委、省委在全国率先推出农村青年创业贷款项目,指导各地农村信用社先后推出了以农村青年、党员、妇女、大学生村干部等为目标的创业小额贷款项目。其中,农村青年创业贷款荣获首届"中国地方金融十佳特色产品"称号,团中央专门在浙江总结农村青年创业小额贷款经验,并举办工作座谈会和全国首期培训班。全省农村信用社因地制宜,从抵押担保入手,发展特色金融服务,积极探索林权、农村住房、海域使用权、大型农机具、渔船捕捞证、土地承包经营权等抵押贷款业务。

余姚农合行在2012年3月首推"道德银行"建设工作,借助当地政府力量,将"道德"与"信贷"有机关联,为具备良好道德表现且有实际需求的农民群众提供无担保、免抵押、低利率的信用贷款。至2012年末,该项工作已在全市40个行政村推广,累计有314户农户通过"道德银行"获得信用贷款1580万元,受到当地农户普遍欢迎,得到了中央电视台、《人民日报》等中央级媒体的广泛关注。

宁波农信系统尝试开创全国先河的信贷产品——"两权一房"抵(质)押贷款,盘活了上百亿元的农村"静态资产",为缓解农村融资困境提供了有效解决办法。"两权一房"抵(质)押贷款是宁波市区信用联社与江北区政府于 2009 年 4 月联合推出的新型担保贷款，把农民的股份经济合作社股权、土地承包经营权以及农村住房都纳到有效担保物范围内，为宁波江北区的农民筹集资金、创业增收开辟了一条新路。林海敏是洪塘街道横山村村民，从事种植业，这一年以农户集体土地权证为抵押，在洪塘信用社获得贷款 30 万元，购买化肥、农药，扩大种植规模，当年收入 20 万元左右。2010 年，由于急需资金，林海敏又向洪塘信用社贷款 20 万元，解了燃眉之急。2012 年，林海敏收入将近 50 万元。

嘉兴农信系统率先推出了农村住房抵押贷款项目，积极推进金融创新支持嘉兴市政府推行的城乡统筹综合配套改革，着力破解农村贷款担保难题。海盐农信联社率先在全省推出"农钻通"——农村流转土地经营权抵押贷款，这是针对城镇化过程中，农民耕作兴趣不大、农村土地利用率低下，而推出的推进农地流转、整合连片资源、吸引工业企业反哺农业的贷款品种；率先推出党员创业贷款项目，后演变为党群创业扶助一体化贷款，这在国内开了先河，得到时任国家副主席习近平、时任中组部部长李源潮等中央领导的批示肯定；并又开全国之先河，与嘉兴市住房公积金管委会合作，率先代理非公企业职工住房公积金扩覆业务，同时试点办理非公企业职工住房公积金贷款业务，这是全国第一个面向农村的，允许非公企业职工缴纳住房公积金的贷款业务，在全国首推农村建造住房也可申请住房公积金贷款，为城乡非公企业职工实现"住有所居"的梦想开辟了新通道。

舟山农信系统主动融入舟山群岛新区建设，积极推行具有海洋经济特色的海域使用权质押贷款、"政银保"贷款、鱿鱼经营户联户担保贷款、"科技之声"贷款、"渔贷保"贷款、"渔家乐"贷款等海洋经济特色贷款项目，倾力支持"现代海洋渔业基地""水产品精深加工基地""休闲观光渔农基地"和"港口物流基地"建设。

衢州农信系统紧跟市场需求变化，在全国首创推出"粮食订单质押贷款""惠农快车"贷款,深度破解贷款两难问题。柯城农信联社推出"相伴人生"养老金贷款,通过贷款缴纳"社保"费用,运用金融便利为老年人解决融资困难,受到群众普遍欢迎。该项金融创新,保证了符合参保条件的城乡居民都有条件参保,从而鼓励帮助困难居民能缴费、多缴费、长缴费、多享受养老金待遇,这不仅为经济困难的农民解决了一时之难题,还在一定程度上推动了农民思想观念的革新。通过向农户灌输"适度负债"的理念,让他们能够通过金融项目获得更多的保障。

五、 主动承担社会责任

浙江省农村信用社在省委、省政府的正确领导下,深知自身的改革发展源于浙江经济社会发展,多年来,始终以普惠的情怀,践行公益事业,勇担社会责任。

(一)建立公益慈善长效机制。2011 年 9 月 27 日,浙江省农信联社向省慈善总会捐赠 1 亿元,成立"浙江农信慈善基金"。2012 年 6 月 18 日,在省农村信用社成立 60 周年的新闻发布会上,捐赠 550 万元,用于支持爱心营养午餐、慈善义工、自闭症和关爱脑瘫患儿以及慈善造血型扶贫基地等项目。在汶川特大地震发生后,浙江省农村信用社向汶川特大地震灾区人民捐款 4059 万元,捐款额位居全省银行业第一。省农信联社副主任冯俭青一行还专程赴四川省农村信用社,对口援建了青川农村信用社,帮助青川农村信用社灾后重建新的办公大楼。2012 年 4 月,省农信联社揽获我国慈善领域最高奖——第七届中华慈善奖。

(二)开展金融扶贫报效社会。浙江省农村信用社充分发挥农村金融机构的职能,大力开展扶贫帮困活动。省农信联社与省有关部门合作,支持低收入农户脱贫致富,对低收入农户提供小额低息贷款服务,增强低收入农户的"造血"功能。针对农村妇女就业难、创业缺乏资金等问题,社积极推出巾帼创业贷款项目,帮助农村妇女脱贫;推出生源地助学贷款项目,满足低收入群众教育资金的需求,让每一个孩子都有书读。到 2012 年末,累计发放扶贫小额贷款两万户、6 亿元。同时,免费代理发放计划生育、水库移民、农民直补、被征地农民补贴项目、养老保险等 40 多种财政补贴,以高效优质的服务传递党的惠农政策。

第十二章 浙江金融业面临的问题和未来发展

第一节　浙江金融业发展中面临的问题

1992—2012年期间,浙江金融业快速发展、率先发展,金融总量跃居全国前列,金融组织体系不断健全,金融服务水平显著优化,金融创新项目层出不穷,金融开放程度稳步提升。但相应的,在这种快速发展的背后,其内在结构矛盾和问题却逐渐积累并显现,如直接融资与间接融资发展不协调、组织体系结构不平衡、区域金融要素支撑不均匀等等,加之国际金融危机后宏观审慎管理理念日趋强化、利率市场化等金融改革不断深化、金融混业经营等新形势日益涌现,这使得我省金融业发展既面临十分严峻的挑战,又面临新的战略性调整机遇。

一、浙江金融发展的经济背景

浙江经济正处于转型升级关键期,中小企业、民营经济作为浙江经济的主体和基础,是经济转型升级的重要力量。中小企业融资难阻碍了其进一步的发展,民间资本无序流动阻碍了其投资转化,"走出去"难阻碍了企业国际化进程,这些都是浙江经济转型升级必须也是亟待解决的难题。

(一)浙江经济正处于转型升级关键期

2012年,浙江正处于工业化中后期阶段,人均生产总值10022

第十二章

浙江金融业面临的问题和未来发展

美元,首次突破 10000 美元。从发达国家经验看,这个时期需求结构、产业结构、企业结构和社会结构都将发生深刻变化。与此同时,国际金融危机对浙江发展提出了严峻挑战,2007 年以来,浙江生产总值每年增长 14.5％、10.1％、8.9％、11.8％、8.9％、8.0％,增幅在全国的位次不断下滑,分别居第 9 位、第 22 位、第 28 位、第 27 位、第 29 位、第 30 位。随着后国际金融危机时代逐步到来,经济全球化模式将发生趋势性变化,低碳经济将成为发展的重点,全球产业链将面临重组和整合,发达国家工业发展战略随之调整,如美国提出"产业回归"观点,德国提出"再工业化"主张,越南、泰国等国家推进制造业向产业链上游发展,这些均对浙江经济发展产生深远影响。因此,无论是从浙江经济自身发展阶段的内在需求看,还是从主动适应后国际金融危机时代全球经济转变大局,再获率先发展的体制机制新优势看,浙江经济都已到了转型升级的迫切时期和关键阶段。

(二) 中小企业融资难是阻碍浙江经济转型发展的"绊脚石"

如果说,抓好"大平台、大产业、大项目、大企业"建设是浙江推进经济转型升级的重要突破口,那么巩固发扬中小企业发达的传统优势更是浙江经济的现实需求,这也是中央领导同志对浙江的战略要求[①]。浙江省中小企业产值贡献率达到 80％以上,就业贡献率达 90％以上,税收贡献率和出口贡献率均达到 60％以上,在促进全省经济发展、增强经济活力、扩大居民就业、保障社会稳定等方面发挥

---

① 2007 年 7 月 28 日至 29 日,时任中共中央总书记胡锦涛视察浙江,在调研中控科技集团有限公司时的讲话中指出:"民营经济是浙江经济发展的生力军,要按照转变经济发展方式的要求,在提高发展质量、提高自主创新能力、提高市场竞争力上多下功夫,不断取得更大成绩。"2008 年 11 月 21 日,时任总理温家宝视察浙江,在浙江部分企业负责人座谈会上的讲话中指出:"改革开放 30 年来,浙江在各方面工作中都创造了许多好的经验,而发展民营经济是最主要的一条经验。"2004 年 2 月 3 日,时任浙江省委书记习近平在全省民营经济大会上的讲话中指出:"民营经济是浙江活力所在,是浙江的品牌,发展民营经济对增强经济活力、调动人民群众和社会各方面的积极性,加快生产力的发展,具有极为重要的意义。"

着举足轻重的作用,是全省经济社会发展的关键支撑、优势所在和活力之源,也是经济转型升级的基础动力、根本优势和关键所在。

但是,目前浙江中小企业发展面临诸多突出问题:产业结构升级缓慢、大多处于劳动密集型传统行业;产业链层次偏低、大多处于低附加值的加工环节、缺少自有品牌和渠道;自主创新能力不强、生产技术主要依赖简单模仿。中小企业面临的上述突出问题,从根本上看,还是一个"融资难"的问题。融资难使得大多数中小企业在资本和技术方面的投入不足,技术创新、品牌建设、渠道拓展、产业升级更是无从谈起,只能依赖廉价劳动力和规模经济效益,走粗放式的发展道路。由于中小企业是浙江经济的主体和基础,中小企业面临的问题,很大程度上也是浙江经济面临的问题,中小企业融资难已经成为阻碍浙江经济转型发展的"绊脚石"。

中小企业融资难突出表现为企业规模越小,融资越难,新创办的企业融资更难。由于中小企业,特别是微小企业和初创企业的现金流紧张、抵押物缺少、财务制度不透明、信用评估制度不健全,在现有的金融体制框架内,中小企业难以获取满足其自身进一步发展的资金,主要表现在以下三个方面:一是中小企业融资渠道单一,浙江自身缺乏直接融资平台;二是信贷机构对中小企业的贷款覆盖率不足 10%;三是信用担保制度不完善,阻碍中小企业融资。

(三)民间资本投资难和中小企业融资难并存的"两难"困境

在中小企业融资难的同时,浙江还存在一个比较有意思的现象,那就是民间闲置资金的实力异常雄厚,但是因为金融行业垄断和隐性壁垒高叠等因素导致其一直游离在正规金融体系之外,民间资本转化实体资本、产业资本的效率低下,对中小企业发展的资金支持作用更是微乎其微。改革开放以来,随着浙江民营经济、私营经济和个体经济的大力发展,居民收入水平显著提高。2012 年,全省城镇居民人均可支配收入达到约 34550.3 元,连续 12 年居全国第3 位,农村居民人均纯收入 14551.9 元,连续 28 年位列各省区第 1

位。浙江闲置的民间资本随着国民财富的日渐积累，进入了规模能级不断扩大的新时期，特别是以温台为代表的沿海地区，其资金实力异常雄厚。据不完整的监测分析，浙江民间资本在10000亿元左右，并且基本处于无序流动的状态，炒煤、炒房、炒棉花等事件中都不乏浙江民间资本的影子。这些炒作不仅推高了各类资产价格，而且对我省乃至全国商品要素市场都产生了较大冲击，增加了经济运行中的泡沫和不稳定性。民间资本亟须寻求有效的投资渠道，传统的金融体系无法充分吸纳和转化逐利性的民间资本，甚至容易引发非法集资、盲目投资和资本外流等问题，对支持实体经济发展及解决中小企业融资难的问题也显得力不从心。

（四）浙江外贸经济和企业国际化面临"一高一低"的现状

浙江是东部沿海典型的高经济外向度地区。1981—2012年，全省进出口总额年均增长25.3%，约为地区GDP增速的两倍，2012年，浙江出口占全国的比重提高到8.07%，经济外向度高达57%，有4000多家企业在160多个国家进行投资经营，实际对外直接投资居全国各省区市第一。但总体而言，相对于浙江较高的经济外向度，企业国际化程度仍然偏低，主要表现为：一是浙江企业基本处于国际化的初始阶段。一般认为，企业国际化进程主要包括零星出口、通过代理商经常出口、国外设立营销机构、国外设立制造企业就地制造与销售四个阶段，从现实情况看，浙江多数企业都处于第一、第二阶段，只有少数积极活跃、已经开展境外直接投资的企业正在向更高阶段行进。二是从投资角度分析，浙江企业的内向国际化程度[①]远远高于外向国际化[②]程度，即"引进来"的速度远远快于"走出去"。2012年，浙江新批外商直接投资项目1597个，实到外资131

---

① 所谓内向国际化，是指企业并不跨出国门，立足于国内，通过吸引或引进国外的资金、技术、管理经验等加快企业发展，满足国内外市场的需求，即"引进来"。

② 所谓外向国际化，是指企业积极地开拓国际市场，跨出国门进行产品销售，进行国外投资、收购、兼并等，以满足国际市场的需求。

亿美元,而全年实际对外直接投资 87.8 亿美元。三是浙江跨国公司发展步伐缓慢,至今未能如 20 世纪 80 年代的日本那样培育出丰田、索尼这样闻名全球、遍布世界的跨国公司。

二、 浙江金融业发展中存在的问题

20 世纪 90 年代以来,浙江金融发展取得了显著的成绩,特别是最近十年,更是实现了跨越式发展。当然,在取得成就的同时,也存在不少问题。

(一)金融业占经济的比重显著提高,但总量依然偏小

近几年来,依托浙江发达的民营经济与市场经济,浙江省的金融业发展非常迅速。从横向看,2012 年,浙江省 GDP 在全国各省区市中位列第四,而金融业增加值位列全国第三,达到 2762 亿元;从纵向看,浙江省金融业增加值占 GDP 的比重从 2000 年的 3.5% 上升到 2012 年的 7.9%,仅次于北京的 14.2% 和上海的 12.1%(见表 12 - 1)。

表 12 - 1　全国主要省市 2012 年度 GDP 及金融业增加值情况

地区	GDP		其中:第三产业增加值		其中:金融业增加值			
	全年 GDP（亿元）	位次	第三产业增加值（亿元）	位次	金融增加值（亿元）	位次	在 GDP 中占比（%）	位次
全国	540367		244821					
广东	57067	1	26519	1	3171	1	5.56	5
江苏	54058	2	23517	2	3136	2	5.80	4
山东	50013	3	19995	3	1936	6	3.87	6
浙江	34665	4	15681	4	2762	3	7.97	3
上海	20181	5	12199	6	2450	5	12.14	2
北京	17879	6	13669	5	2536	4	14.18	1

数据来源:《中国统计年鉴 2012》。

虽然金融业在浙江经济中的重要程度越来越高,但是我们可以明显看到,作为经济发达的省份,浙江省金融业的总量依然是偏低的。从国际比较来看,发达国家的金融业占 GDP 的比重普遍在

10%以上,美国更是超过20%。从国内比较来看,上海、北京都超过12%,浙江虽然排名第三,但是与其差距非常大。

(二)金融机构较齐全,但金融结构发展不均衡

浙江省金融机构发展较齐全,银行、证券、保险等金融机构一应俱全。从银行业来看,浙江是商业银行机构最为齐全的省份之一,除了四大国有银行外,先后吸引了十多家全国性股份制商业银行和不少城市商业银行进入浙江。而且来一家盈利一家,经济效益在全国都是名列前茅的,形成了特有的"浙江金融现象";从证券期货公司来看,2012年末,共有证券公司3家,证券营业部385家,证券经营机构数位居全国第三。全年证券交易总额居全国第三,证券营业部平均利润水平居全国第二,期货公司综合实力和盈利能力继续保持领先,期货经营机构代理交易金额居全国第一;从保险公司情况来看,截至2012年末,全省共有各类保险机构112家,新增保险市场主体3家,保险业经营效益继续保持平稳较快增长,财产险公司利润总额23.5亿元,居全国第三。

尽管金融机构比较齐全,但是金融机构发展不均衡的现象也较明显。银行业在金融业中占绝对比重,证券、保险、信托、租赁的规模偏小,为资本市场服务的、具有较高服务水平、较大资本规模的中介机构极少,财务顾问、资产管理、投资银行业务等开展不多,难以满足今后浙江资本市场的快速发展需要。

(三)融资总量不断扩大,但是直接融资与间接融资比例失衡

就融资基本情况而言,从总体上看,浙江省通过金融的融资量不断扩大(见图12-1)。从2001年到2012年的情况看,除了2004年与2005年的个别年份外,其余年份融资量基本上是逐年增长的,特别是在2008年出现了爆发式增长,全年融资量达到了10357.5亿元,比2001年增长了8倍多,2009年之后稍有下降。

在融资量不断扩大的同时,我们也应该看到直接融资与间接融

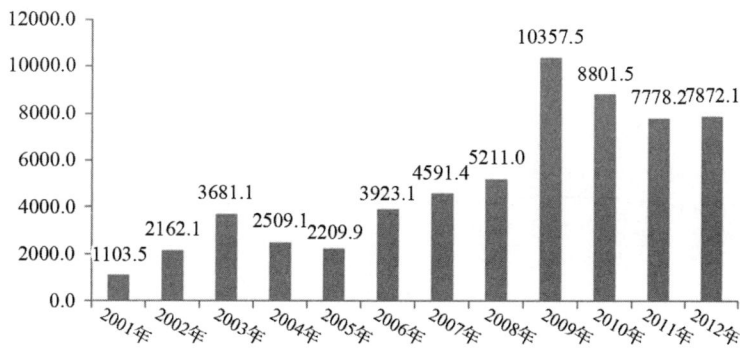

图 12-1 2001—2012 年浙江省融资量

数据来源：《2012 年浙江省金融运行报告》，人民银行杭州中心支行。

注：融资量包括贷款、债券（含可转债）、股票融资三个部分。

资严重失衡的问题。从全国来说，直接融资和间接融资的比例也是不平衡的，但是这在浙江更加明显。2012 年，全省通过银行融资占总融资额的近 80％。在直接融资方面，20 家企业通过 IPO 的方式融资 142.24 亿元，上市公司通过增发融资，募集资金 98.13 亿元，两者合计融资 240.37 亿元，股票市场融资仅占全年总融资额的 3％。债券方面，浙江企业一直存在债券融资比例偏小的问题，未能利用国家大力发展债券市场这一有利时机从中获益。2012 年，浙江通过公司债融资 97.8 亿元，占全国总融资额的比重不到 1％。十多年，浙江省直接融资与间接融资比例失衡的问题一直没有得到有效的缓解（见表 12-2）。

表 12-2　2001—2012 年浙江省融资结构

年份	比重（％）		
	贷款	债券（含可转债）	股票
2001	96.5	0.0	3.5
2002	99.0	0.0	1.0
2003	98.6	0.3	1.1
2004	97.1	0.6	2.3
2005	96.9	2.9	0.3
2006	95.2	2.3	2.5
2007	86.9	3.9	9.2

续　表

年份	比重（%）		
	贷款	债券（含可转债）	股票
2008	90.9	4.4	4.7
2009	92.6	4.6	2.8
2010	87.6	4.3	8.1
2011	83.3	9.5	7.2
2012	79.6	17.4	3.0

数据来源：《2012 年浙江省金融运行报告》，人民银行杭州中心支行。

（四）全省金融竞争力不断增强，但中心城市金融竞争力有待进一步提高

依托浙江省发达的民营经济与县域经济，浙江省总体金融竞争力不断增强，特别是台州、绍兴等二线地市的金融业迅速发展。从金融业的实际运行效果看，浙江的银行贷款总量、小额贷款公司试点、保险深度与密度、上市公司数量与证券机构交易量在全国各主要省市排名中位居前 2—4 名。

在全省金融竞争力不断增强的同时，杭州、宁波等中心城市的竞争力有待进一步提高。从"中国金融中心指数"对全国 24 个城市的综合金融竞争力排名结果（上海、北京、深圳、广州、杭州、大连、宁波、南京、天津、沈阳、西安、郑州、武汉、成都、福州、长沙、厦门、济南、昆明、青岛、重庆、石家庄、长春、哈尔滨）来看，浙江的杭州与宁波虽然比较靠前，但没有进入前四名。再从人民银行总行在统计季报中公布的 317 家外资和合资及外国银行分行在全国各主要城市分布情况看，杭州、宁波的家数排名比较落后，杭州与成都、青岛、大连并列第 7，宁波第 17，与浙江的金融大省地位不相适应（见图 12 - 2）。

外资银行入驻的家数虽然不能完全反映一个城市的金融竞争力，但是从一个侧面反映了一个城市金融的国际化程度，以及未来金融的发展潜力，因为外资银行是在通过充分的市场调研与分析的

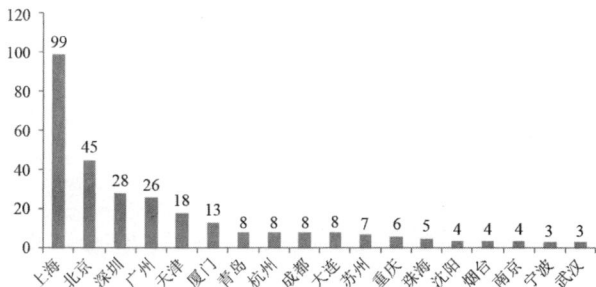

图 12-2　外资和合资及外国银行分行在主要城市分布（单位：家）
资料来源："浙江省金融产业发展现状、问题与政策研究"，《浙江金融研究报告》，2010 年第 34 期。

基础上，通过市场化手段选择入驻城市的。我们认为，中心城市金融竞争力的提高是非常重要的。因为中心城市具有两种功能，一方面可以吸引该地区资金、技术和劳动力向该地流动，提高区内生产要素的配置效率，产生"极化效应"。另一方面，这些城市又能将自身的商品、技术、资金向周边地区释放，提升周围的经济发展能力，产生"扩散效应"。因此，在未来一段时间内，迅速提升杭州、宁波等中心城市的金融竞争力，有利于提高周边地区和全省的金融发展水平。

三、 浙江金融与经济发展转型之间的矛盾

1. 中小金融机构的缺乏与中小企业发展转型的大量融资需求之间的矛盾

众所周知，浙江的经济发展以中小企业的发展为主。浙江省中小企业产值贡献率达到 80％以上，就业贡献率达 90％以上，税收贡献率和出口贡献率均达到 60％以上，是全省经济社会发展的关键支撑，也是经济转型升级的基础动力、根本优势和关键所在。在未来一段时间内，中小企业在推进经济转型升级、深化市场机制改革方面，仍将发挥基础动力作用。中小企业在转型升级过程中需要大量的金融支持，但目前浙江的中小企业融资难，即使主要依靠间接融资的银行贷款也不能满足这些企业转型升级的资金需求。对中小

企业的贷款余额占全部贷款余额的比例与中小企业在全省经济中的贡献率还存在一定的差距就是最好的证明。其中，中小企业贷款户数在全省企业总数的覆盖率仅为 25％左右，大部分的中小企业还无法通过信贷渠道获得资金。

中小企业难以获得发展转型过程中的资金需求的一个重要原因就是，浙江省缺少与中小企业门当户对的中小金融机构。商业性银行尤其是大型商业银行出于对成本、利润的考虑，贷款主要面向国有企业或其他大型企业。目前，浙江金融业的主力军仍是全国性的大型金融机构，部分大型银行对中小企业贷款的意愿相对较弱，认为给中小企业贷款会花费相当多的人力物力，贷款管理成本相对较高。同时，中小企业贷款风险相对较高，市场上还缺乏有效分散、转移风险的工具，使得金融机构开展中小企业信贷时顾虑较多。除了银行、证券、保险外，与浙江经济金融发展的要求相比，仍然缺少真正能够为弱势群体、小企业、个人创业服务的小型金融机构，金融供给尚存在一定的盲区。同时，缺乏对风险投资基金、产业投资基金和兼并收购基金等股权投资基金进行支持的创新产品，也客观上阻碍了企业创业创新的步伐，延缓了区域经济产业结构转型升级的步伐。尽管浙江还有一些小额贷款公司、村镇银行，但目前这些机构毕竟数量有限，对于数量众多的浙江中小企业的大量金融需求来说，无疑是杯水车薪。

2. 融资方式和对象失衡与大量非国有中小企业经济转型升级
  之间的矛盾

由上一部分的阐述可知，浙江金融的融资结构存在严重失衡，直接融资比例过小。世界范围的经验表明，在现代市场经济条件下，直接融资是将社会储蓄资金有效地转化成长期投资、促进企业资本形成和经济可持续增长的有效方式。随着经济的不断发展，以银行融资占绝对主导地位的融资模式将会呈现出越来越多的弊端。特别是像浙江这样以民营经济为主的地区，直接融资发展的滞后，制约了民营企业的进一步发展,也给经济转型升级带来了金融上的制约。这种金融结构的资金形成和导向机制,导致产业领域存在两个结构性矛盾:一是传统产业相对于高科技产业获取的金融资源过多,国有经济部门相对于非国有经济部门占有的货币量过大;二是资金供给与需求转化渠道不畅,致使产业结构调整资金运行不畅。浙江民营企业资金需求有相当一部分要靠地下金融来满足,其融资成本往往要比正规中小金融机构融资高出30%左右,甚至更多。

直接融资方式相比银行贷款的优势在于,金融机构在解决中小企业融资难问题的同时,将金融风险分散在整个社会中,让整个社会共同承担支持中小企业发展的风险。近年来,中小企业直接融资创新也异常活跃:深圳创业板开启了中小企业股权融资新篇章,交易所市场发行中小企业集合债券,银行间市场相继推出中小企业集合票据、短期融资券、中期票据等。但是,由于发行门槛高企,市场分割,多头监管,融资效率低下,流动性不足等原因,浙江只有2%的中小企业能通过股权、债权、基金等方式直接融资,而这些中小企业都是规模较大、效益较好的企业,小企业、微小企业和初创企业根本无法达到公开发行融资的资格。全国性的直接融资平台进入门槛更高,服务对象以大型企业为主。2012年,浙江省参与直接融资的企业总共为61家,而且这些企业也是规模较大的企业,绝大多数规模较小的中小企业无法享受直接融资的便利。更多的中小企业,特别是微小企业、初创企业,主要是通过民间融资的方式来解决生存问题的。过高的民间借贷使这些微小企业、初创企业举步维艰,发展缓慢,从而制约了其发展转型的步伐。

3. 金融机构整体实力较弱与第三产业全面发展要求之间的矛盾

金融业是生产性服务业的重要组成部分,而浙江金融机构的整体实力较弱,制约了第三产业的全面快速发展。

从银行方面来看,虽然资产负债规模较大,截至2012年末,存贷款余额分别为6.7万亿元和5.9万亿元,居全国第4位和第2位,无论是总量还是质量都非常高。但是，在银行类金融机构中，全国性商业银行市场份额占较大比重，地方法人机构业务规模份额逐年下降，在金融创新和市场竞争力上都处于相对劣势。从证券业来看，浙江曾经是证券业发展领先的地区，在我国证券市场初始发展时，浙、沪、深曾被誉为证券业金三角，但之后浙江的发展势头减弱。尽管2012年浙江省股票交易额占全国的12.44％，位居全国第3位。但是，目前总部在浙江省的证券公司只有3家，市场占有率总和只占全国的3.44％。并且这3家证券公司以经纪业务为主，鲜有资格涉及证券发行和承销等综合性业务。从保险行业来看，2012年全省保费收入984.6亿元，排名全国第4位，同比增长12.0％。

第二节　浙江省金融业的未来发展与布局

随着国家金融体制改革开放力度的加大，金融市场化改革将进一步深化，金融组织体系将不断演化创新，加上金融国际化、长三角经济金融一体化加快，我省金融产业正面临难得的发展机遇。总体而言，经济越发达的地区金融贡献度也将越高，我省金融产业仍有很大发展空间。但是，在经济进入发展新常态的情况下，金融领域较容易出现风险上升的阶段性特征，这对我省金融产业发展构成了一定的挑战。

浙江金融未来一段时间将重点围绕五大金融产业、四大金融产业平台和三大区域金融布局来打造。

（一）打造具有特色优势的五大金融产业

1. 做强做优持牌主力金融充分发挥全国大型在浙金融机构的支撑作用，积极争取各大银行机构总行、证券和保险等总公司的金融资源配置，争取信贷资源、表外融资、资产处置、股权直投、金融租赁、资产管理、保险资金运用等资源,支持我省经济社会发展、打造"资金洼地""资本高地"。吸引各类金融机构区域总部及业务总部入驻我省,推进设立中小企业专营机构或中小企业金融管理总部、财富管理或私人银行总部、消费金融中心、离岸金融中心、后台服务中心等。积极引进各类外资金融机构入驻浙江,引进先进的服务模式和管理技术,创新服务企业"走出去"模式。稳步推进企业跨境融资,支持企业运用境内外两个市场、两种资源降低融资成本。进一步做强以银证保为主的基础性支柱产业,推进银行业加快转变发展方式,创新业务模式,巩固其对金融业的贡献率;支持证券期货业多元化创新发展,做大资产证券化、融资融券、资产管理等业务,继续保持证券、期货交易额全国领先的地位;积极发展农业保险、责任保险、信用保证保险、商业健康养老保险等险种,加快建设现代保险服务业,以服务社会治理体系建设和治理能力现代化的提高,使保险业创新持续推进。

2. 着力发展浙商总部金融。充分发挥浙江法人金融机构数量多、活力强、质量优的优势,按照行业发展前景、机构行业地位、核心竞争力等方面进行择优培育,做强做大专注服务浙商经济的"浙商系列"总部金融机构,将浙商银行、浙商证券、财通证券、永安期货、浙商保险等打造成我省总部金融旗舰企业。做精做优专注服务中小企业的城商行,加快推进杭州银行、宁波银行进入资产规模万亿级银行行列。做实做优专注服务"三农"的农村合作金融机构。构建社区性金融服务体系。推动我省证券、期货公司壮大规模,扩大业务半径和品牌影响力,积极推动在宁波、温州、舟山、嘉兴设立专业性保险公司,推动信托公司、金融租赁公司、融资租赁公司、消费金融公司和企业集团财务公司等非银机构的发展壮大。充分发挥遍布全球的浙商网络优势,着力发展服务浙商经济的金融产业,加强对浙商"走出去"和"浙商回归"的金融服务,鼓励省内金融机构开展战略性机构布局,积极推动金融机构"走出去"并加快国际化进程，为境内外浙商提供多方位、链条化的金融服务，构建适应浙商总部经济特点的金融产业体系，打造浙商金融服务新高地、新品牌，增强浙商总部金融规模实力和影响力。

3. 大力发展私募金融。抓住私募金融大发展的有利时机，打造以产业链为纽带的"龙头引领、业态丰富、集群共进"的私募金融产业发展格局。引进培育私募金融机构，发展一批具有标志性、影响力的私募基金，提升我省私募金融产业的发展层次。积极引进国外私募基金先进的投资技术和管理经验，吸引全球知名金融机构及综合实力雄厚的大型企业集团在我省发起设立或合作发展私募基金。支持条件成熟的私募金融机构向大型资产管理公司转型。推动形成私募金融产业链，加快细分私募股权投资行业市场，发展并购基金、夹层基金、平行基金、天使基金等在内的多元化投资基金。鼓励私募理财、私募证券、私募对冲、私募期货、私募债券等多种私募金融业态的发展，逐步形成具有较高层次和知名度的"浙江私募"系列品牌。着力优化私募金融生态圈，鼓励私募金的募、投、管、退形成专业化分工与合作机制，推动业务外包，依托浙江股权交易中心等平台，为私募基金、私募债券及众筹等提供登记、结算、交易服务，促进私募金融产业集聚。适时组建 LP 俱乐部，建立私募金融研究院，发挥股权投资行业协会作用，举办中国（杭州）财富管理大会、全球对冲基金杭州峰会等具有影响力的行业峰会和论坛，营造私募金融的发展氛围。

4. 创新发展互联网金融。顺应互联网金融发展趋势，发挥我省信息经济、电子商务发展优势，坚持开放包容的思路，加快信息技术与金融深度融合，鼓励互联网金融产品创新、服务创新、技术创新和业务模式创新，利用电子商务、第三方支付、社交网络形成的庞大数据库和数据挖掘技术降低交易成本，着力打造以支付宝、浙江网商银行为龙头引领的互联网金融新业态。积极引导互联网金融企业集聚发展，建设互联网金融企业孵化器，建设一批具有全国影响力的互联网金融集聚区。重点发展第三方支付、P2P、众筹、网络理财、网络小贷等业态,充分发挥互联网金融在改善信息不对称、提升资金配置效率和服务质量方面的作用,使互联网金融成为规范引导民间金融、发展普惠金融的重要力量。优化互联网金融的政策支持,推动信用信息基础建设,加强行业监管和风险防控,营造扶优限劣的互联网金融发展生态环境。

5. 规范发展草根金融。规范发展小额贷款公司、新型农村金融互助组织、民间融资管理创新机构等准金融、类金融的草根金融业态,坚持"小微化、普惠化"的发展定位,推进普惠金融工程实施。支持小额贷款公司持续健康发展,形成一支扎根基层、服务草根的"支农支小"力量,进一步打响"浙江小贷"品牌。探索发展一批建立在"三位一体"农村新型合作体系基础上的农村资金互助组织,完善服务"三农"的农村金融合作机制。积极发展由龙头骨干企业和专业资产管理机构发起设立的民间资本管理公司,引导更多的民间资金通过股权、债权等方式有序进入实体经济。积极推进知识产权质押融资工作。通过规范发展融资租赁、典当、保理等方式,满足企业多元化融资需求。大力扶持融资性担保业发展,积极推动政府出资设立融资担保机构,为更多小微企业和"三农"融资提供增信分险服务。加强信用体系和监管体系建设,提升草根金融规范水平和可持续发展能力。

(二)建设四大金融产业平台

1. 打造直接融资平台。推动省政府重点发展的七大万亿产业中的龙头骨干企业到主板、中小板和创业板上市融资,加快省内法人金融机构上市步伐,助推不同行业、不同规模的企业在沪深交易所、"新三板"、浙江股权交易中心及港交所等境内外市场上市挂牌,依托资本市场开展国企混合所有制改革,引导省内国资通过整合上市、借壳等方式实现间接上市。搭建上市公司并购平台,鼓励上市公司根据发展需要开展区域产业并购整合,推动以获取技术、人才、品牌、渠道等为主要目的的跨国并购。大力拓展公司债、企业债、银行间市场债以及私募债等债券融资，满足企业中长期资金投入需求。充分发挥期货市场功能，鼓励企业运用期货市场的手段管理价格风险。

2.打造产业基金平台。大力推动产融结合、投融结合，加快发展产业引导基金，组建浙商转型升级母基金、浙商回归基金、"浙民投"等一批百亿级规模产业投资基金，发挥杠杆效应，撬动更多的社会资本支持我省产业转型升级。积极发挥省创投引导基金、省海洋产业基金、省创新强省基金、舟山群岛新区海洋产业基金、省信息经济创业投资基金等一系列专业性产业引导基金的作用，引导更多资金投向我省战略性新兴产业、现代服务业、传统产业改造升级等重点产业，加强金融资本与产业资本的有效对接。

3.打造地方交易市场平台。统筹优化省内各类交易场所的区域和行业布局，积极探索交易场所的新业态、新模式，推动设立一批符合实体经济发展需求、风控机制较为健全、具有较强影响力和集聚力的交易场所。加快浙江股权交易中心、浙江金融资产交易中心、浙江产权交易所的创新发展，充分发挥推动企转股和股上市、规范企业治理、改善企业融资结构的重要作用。发展大宗商品交易场所，着力提升发现市场价格、集聚国内外资源优化配置等功能。开展排污权、碳排放权交易试点，积极推进技术成果交易。

4.打造金融控股平台。将做强做大省金融控股公司作为整体提升我省金融产业发展水平的重要抓手，充分发挥综合协同效应，整合推动我省法人金融机构发展。支持省属国有企业打造金融业务板块，加强省属国有企业金融和类金融机构股权的整合。支持杭州、宁波、温州等有条件的地区发展金融控股公司。引进央企的金融业务板块，吸引平安、复星等金控平台到浙开展机构和业务布局。支持有实力的民营企业发展产业金融控股集团，发挥产业集团资本运作、战略管理等方面的优势，实现产融结合。支持省内金融机构根据自身风控能力和比较优势探索集团化发展,推动建立混业经营的浙江农信金融集团模式,深化浙江农信省县两级改革,强化其管理和服务功能。

(三)推进三大区域金融布局

1. 打造杭州、宁波金融核心区域。推动杭州建设有特色优势的国内一流财富管理中心和互联网金融中心,充分发挥承接上海、面向长三角的辐射带动作用,发展以私募金融为龙头,以场外交易市场和财富管理机构为两翼的财富管理产业,进一步推动大众理财、公募理财和资产管理市场的发展,构建高效的资本转化机制和财富管理体系。加快建设宁波保险创新综合示范区和港口金融、航运金融区域中心,发展专业性航运保险法人机构,深化小额贷款保证保险、农村保险互助社等创新,发展一批服务海洋经济、科技型企业、中小企业、"三农"及民生事业的重点保险产品,在运用保险机制创新社会治理、航运融资、离岸金融等方面形成特色品牌。

2. 打造区域金融特色城市。深化推进温州金改,以落实民间融资管理条例为抓手,完善民间融资的备案、发布、交易、征信查询等服务平台,大力发展民间资本管理公司等载体,推动定向债券融资和定向集合资金业务发展,扩大"温州指数"的影响力,打造民间金融改革创新"温州样板"。深化丽水农村金融体系建设,打造林权抵押贷款"丽水标准",发展"三权①"抵押贷款,推进"四信②"工程,深化"保险服务民生示范区"建设,形成金融支农惠农"丽水模式"。推进台州小微企业金融发展,做深做实小微企业信用保证基金,拓展和提升信用信息共享平台,创新小微企业金融服务机制和模式,打造小微金融发展先行区和创新示范区。推动义乌贸易金融创新发展,拓展人民币跨境业务、外汇管理、贸易金融、供应链金融创新,构建

---

① 林权、土地经营权、农民住房财产权。
② 信用户、信用村、信用乡、信用县。

与市场采购贸易方式相适应的金融特色体系。积极推进舟山海洋金融创新，建设嘉兴科技金融示范区，支持绍兴直接金融、衢州绿色金融、湖州生态金融的发展。加快德清长三角金融后台基地建设，引进金融业后台服务机构，培育新金融信息处理、金融服务外包等新兴产业。

3. 打造一批金融特色小镇。按照"政府引导＋市场运作"模式，引入社会资本成立专业的开发公司对其进行市场化运作，加强政府配套政策，建立"主导产业＋基金"的创业创新机制，建立资金、人才、技术互联互通机制，引驻一批国内外高端金融研发和管理团队，促进高端要素集聚，形成专业性功能型金融集聚地。打造玉皇山南私募基金小镇、余杭仓前梦想小镇、嘉兴南湖基金小镇、宁波梅山私募基金小镇、桐庐健康金融小镇、德清金融后台小镇、路桥小微金融小镇、运河小镇、杭州西溪谷互联网金融小镇、鄞州首南量化交易金融小镇等金融主业突出、特色鲜明、具备一定行业影响力的示范型金融特色小镇。谋划发展集疏物流金融港、金融服务外包产业园、天使投资人 LOFT 社区等一批具有广阔发展空间、易形成集聚效应的金融特色小镇。深入推进金融创新示范县（市、区）建设，加大在建设金融集聚平台、完善地方金融服务体系等方面的创新力度。

后　记

　　本丛书缘起于浙江大学金融研究院 2014 年特聘高级研究员年会上各位特聘高级研究员的提议,建议编撰系列丛书,系统呈现浙江金融二十年(1992—2012 年)的发展历程。随后经全省金融系统的通力协作,共同努力,历时三年才最终完成,作为反映我省金融改革开放历程的重要文献,向改革开放四十周年献礼。

　　本丛书由蔡惠明、谢庆健、陈国平三位担任主编。三位主编从本书主题的确定、参与撰写具体人选的确定、大纲的确立和修改到丛书版式和格式的确定等方面均亲力亲为,多次组织各种研讨会和协调会,为本书的顺利出版倾注了大量的心血。

　　《浙江金融改革发展二十年(1992—2012)》是"浙江金融改革发展历史回顾丛书"的第一卷。本卷的编写可以追溯到 2015 年 11 月 16 日,在中国人民银行杭州中心支行七楼会议室举行的"浙江金融改革发展历史回顾"丛书编委会会议,在那次会议上,决定由浙江省人民政府金融工作办公室和中国人民银行杭州中心支行共同牵头,组织相关部门重点研究编纂此书,回顾浙江金融二十年(1992—2012 年)改革发展历程,总结经验得失。

　　本卷的出版得到了中国人民银行杭州中心支行、浙江银监局、浙江证监局、浙江保监局、浙江省政府金融工作办公室、浙江大学金融研究院、浙江省农信联社等单位的大力支持。

　　除了编委的成员之外,还有以下同志参与了本卷的具体编撰工作,他们是人民银行杭州中心支行的楼航、费宪进、蒋仲山、关欣、杨曦、汪雨、胡小军、杜国庆、童红坚、胡虎肇、邵荣平、吴伟岐、吴一颖、姚可、骆舒欢、芦华征、易振华、陈一稀、宋玮、汪燕飞;浙江省金融办的谭艳平、项力敏、张颖；浙江银监局的陈志法、孔凝、朱莉莉、孟繁颖、王晔翔、王夏怡、刘金红、陈露莎、李冰冰、胡斌；浙江证监局的王怀章、张微、汪盈；浙江省农信联社的应朝晖、徐国兴、周建国、王俊等同志。浙江大学出版社对于本书顺利出版也做了大量工作，在此一并致谢。